Ingemar Anderson

Standard- und Individuallösungen für Informationssy.

Am Beispiel von SAP

Bibliografische Information der Deutschen Nationalbibliothek:

Bibliografische Information der Deutschen Nationalbibliothek: Die Deutsche
Bibliothek verzeichnet diese Publikation in der Deutschen Nationalbibliografie;
detaillierte bibliografische Daten sind im Internet über http://dnb.d-nb.de/ abrufbar.

Copyright © 1993 Diplomica Verlag GmbH
Druck und Bindung: Books on Demand GmbH, Norderstedt Germany
ISBN: 9783838621913

http://www.diplom.de/e-book/218017/standard-und-individualloesungen-fuer-
informationssysteme

Ingemar Anderson

Standard- und Individuallösungen für Informationssysteme

Am Beispiel von SAP

Diplom.de

Ingemar Aae

Standard- und Individuallösungen für Informationssysteme
Am Beispiel von SAP

Diplomarbeit
an der Fachhochschule Rosenheim
Fachbereich Allgemeine Wirtschaftsinformatik
Prüfer Prof. Dr. Dusan Petkovic
Dezember 1993 Abgabe

Diplomarbeiten Agentur
Dipl. Kfm. Dipl. Hdl. Björn Bedey
Dipl. Wi.-Ing. Martin Haschke
und Guido Meyer GbR

Hermannstal 119 k
22119 Hamburg

agentur@diplom.de
www.diplom.de

Aae, Ingemar: Standard- und Individuallösungen für Informationssysteme: Am Beispiel von SAP / Ingemar Aae - Hamburg: Diplomarbeiten Agentur, 2000
Zugl.: Rosenheim, Fachhochschule, Diplom, 1993

Dipl. Kfm. Dipl. Hdl. Björn Bedey, Dipl. Wi.-Ing. Martin Haschke & Guido Meyer GbR
Diplomarbeiten Agentur, http://www.diplom.de, Hamburg 1999
Printed in Germany

Diplomarbeiten Agentur

Wissensquellen gewinnbringend nutzen

Qualität, Praxisrelevanz und Aktualität zeichnen unsere Studien aus. Wir bieten Ihnen im Auftrag unserer Autorinnen und Autoren Wirtschaftsstudien und wissenschaftliche Abschlussarbeiten – Dissertationen, Diplomarbeiten, Magisterarbeiten, Staatsexamensarbeiten und Studienarbeiten zum Kauf. Sie wurden an deutschen Universitäten, Fachhochschulen, Akademien oder vergleichbaren Institutionen der Europäischen Union geschrieben. Der Notendurchschnitt liegt bei 1,5.

Wettbewerbsvorteile verschaffen – Vergleichen Sie den Preis unserer Studien mit den Honoraren externer Berater. Um dieses Wissen selbst zusammenzutragen, müssten Sie viel Zeit und Geld aufbringen.

http://www.diplom.de bietet Ihnen unser vollständiges Lieferprogramm mit mehreren tausend Studien im Internet. Neben dem Online-Katalog und der Online-Suchmaschine für Ihre Recherche steht Ihnen auch eine Online-Bestellfunktion zur Verfügung. Inhaltliche Zusammenfassungen und Inhaltsverzeichnisse zu jeder Studie sind im Internet einsehbar.

Individueller Service – Gerne senden wir Ihnen auch unseren Papierkatalog zu. Bitte fordern Sie Ihr individuelles Exemplar bei uns an. Für Fragen, Anregungen und individuelle Anfragen stehen wir Ihnen gerne zur Verfügung. Wir freuen uns auf eine gute Zusammenarbeit

Ihr Team der *Diplomarbeiten* Agentur

Dipl. Kfm. Dipl. Hdl. Björn Bedey
Dipl. Wi.-Ing. Martin Haschke
und Guido Meyer GbR

Hermannstal 119 k
22119 Hamburg

Fon: 040 / 655 99 20
Fax: 040 / 655 99 222

agentur@diplom.de
www.diplom.de

Auch ein Standard muß flexibel sein.

Standard- und Individuallösungen
für Informationssysteme
20. Dezember 1993

Diplomand Ingemar Aae:

    Friedrich-Ebertstr. 21
    95100 Selb
    Tel.: 09287/87727

Fachhochschule Rosenheim:

    Marienbergerstraße
    83024 Rosenheim

    Fachbereich Informatik
    Erstprüfer: Prof. Dr. Dušan Petković
    Zweitprüfer: Prof. Dr. Burghard Feindor

Firma:

    Rosenthal AG
    Bereich ORG/DV, Herr H. Tauber
    Wittelsbacherstraße 43
    95100 Selb

Erklärung

Ich bedanke mich bei allen Mitarbeitern der Firma Rosenthal für die außerordentliche Unterstützung während der Erstellung meiner Diplomarbeit. Einen besonderen Dank möchte ich den Mitarbeitern aus dem Bereich Organisation/DV und Finanzbuchhaltung aussprechen, die mir in vielen Gesprächen wertvolle Informationen und Denkanstöße für meine Arbeit gegeben haben.
Außerdem danke ich dem Bereich Personal, der durch die Inszenierung monatlicher Treffen (eMoMo = erster Montag im Monat) für neue Rosenthaler, die Möglichkeit geschaffen hat, nicht nur die rein betriebliche Wirklichkeit zu erfahren, sondern auch die Menschen kennenzulernen, die hinter ihren Aufgaben stehen.

Ich versichere, daß ich diese Arbeit selbständig erstellt, nicht anderweitig für Prüfungszwecke vorgelegt, keine anderen als die angegebenen Quellen oder Hilfsmittel benutzt sowie wörtliche und sinngemäße Zitate als solche gekennzeichnet habe.

_____

(Unterschrift)

Selb, den 20. Dezember 1993

Vorgedacht:

Vollkommen ist die Norm des Himmels;
Vollkommenes wollen die Norm der Menschen.
<Johann Wolfgang von Goethe (1749-1832)>

Der Irrtum ist das Leben, und das Wissen ist der
Tod.
<Friedrich Schiller>

Nichts macht den Menschen argwöhnischer als
wenig zu wissen.
<Francis Bacon>

Nachgedacht:

Auch ein Standard muß flexibel sein.

Vielfalt ist Reserve, Einheit Effektivität.

Standards schaffen ist mühevolle Kleinarbeit.
Sie sind das Ergebnis eines langen Entwicklungs-
prozesses aller Beteiligten; sie sind ein sich
weiterentwickelndes normatives Maß.

Ein Standard ist verbunden mit einem speziellen
Zweck.

In der Einheit liegt die Kraft,
in der Vielfalt das Überleben.

Standards schaffen heißt sich aufzuraffen und
mitzumachen.

Der Begriff Standard ist wohl der am häufigsten
mißverstandenste.

Je standardisierter, desto kurzfristiger.

Größenordnungen:
Mit 3% unseres Wissens müssen wir alle Aufga-
ben erledigen.
Diese 3% müssen zu 95% standardisiert sein.
97% des Wissens muß Reserve sein.

Kurzfassung

Sowohl Literatur für Informationstechnologien als auch politische, kulturelle und gesellschaftskritische Veröffentlichungen nehmen Begriffe wie Normung, Standardisierung und Vernetzung immer häufiger in ihr Vokabular auf und machen sie zum Thema zahlreicher Schriften.

Viele Software-Hersteller haben den Trend der *'Informationsexplosion'* erkannt und versuchen mit Ihren Produkten auf dem DV-Markt Boden zu gewinnen. So setzen sich verschiedene Produkte durch und werden zu einem 'Quasi'-Standard.

Welche Auswirkungen diese Entwicklung auf die Effizienz, die Entscheidungsfindung von Anwendern und den Standardisierungsprozeß selbst hat, ist Thema dieser Arbeit.

Im Mittelpunkt steht das Informationssystem, dem als Produktionsfaktor in Unternehmen heute ein hoher Stellenwert beigemessen wird. Ich versuche das Informationssystem aufzubrechen und seine Einzelelemente unter dem Gesichtspunkt der Standardisierung und Normung zu durchleuchten.

Diese Elemente sehe ich miteinander in Wechselbeziehungen stehen und behandle das Informationssystem wie jedes andere System, nämlich als ein Gefüge mit eigenen sehr schwer erkennbaren Gesetzen. Ich gehe davon aus, daß seine Eigendynamik und seine Synergieeffekte nicht in seiner gesamten Mannigfaltigkeit vorausgesagt werden können.

Die ganze Dimension des Begriffs *Identität* spielt in dieser Arbeit eine wesentliche Rolle. Im Zusammenhang mit den Begriffen System und Information kann ein Standard auf eine *Gleichheits-* und *Unterschieds-Beziehung*, also auf einen Prozeß der *Abgrenzung* zurückgeführt werden.

Die schwierige Aufgabe eines Entscheidungsträgers, sich auf eine bestimmte Lösung eines Informationssystems festzulegen, sehe ich durch evolutionistische Entwicklungen solcher Systeme zusätzlich kompliziert. Deswegen sind meine Ausführungen interdisziplinär gehalten. Eine Beschränkung auf ein bestimmtes Fachgebiet könnte zu keiner befriedigenden Lösung führen, da zu viele Faktoren ignoriert werden müßten. Die Grenze der Standardisierbarkeit kann so skizziert werden. Sie muß aber relativiert werden, da sie vom Sinn und der Relevanz eines Standards bestimmt wird.

Der Leser, der schnell die Grenzen der Standardisierbarkeit für Informationssysteme nachlesen möchte, sei auf die Kapitel *2.4 Standard und Objektorientiertheit*, Kapitel *3.3 Offene Systeme* und Kapitel *2.6 Entscheidungsverfahren* verwiesen. Das Thema dieser Arbeit ist allerdings so vielschichtig, so daß es nicht durch eine Formel oder ein allgemeingültiges Gesetz dargestellt werden könnte. Daher möchte ich durch folgende Kapitel den Horizont dieser Arbeit erweitern: *2.8 Grenzen der Standardisierung, 2.3 Standard und Kommunikation, 2.5 Standard und Vielfalt* und *3.5 Verteilung der Verantwortung*.

Inhaltsverzeichnis

Vorwort

Bestrebungen des Menschen, seine Mitwelt standardisieren zu wollen, gibt es schon seit dem Anbeginn der Menschheit. Die Standardisierungen der für die Konversation notwendigen Worte einer Sprache und deren Regeln für ihren Gebrauch sind in der Vergangenheit und bis heute für die Entwicklung und den Fortschritt in einer Zivilisation von größter Bedeutung gewesen. Mangelnde Verständigungsfähigkeit zwischen Kulturen oder auch innerhalb eines Kulturkreises führten beim Kontakt meist zu agressiven Auseinandersetzungen, die das Gesellschaftssystem zerrütteten und ein geregeltes, effizientes Fortschreiten nicht mehr ermöglicht haben. Ausdruck hierfür sind Namen, die verschiedene Völker anderen, meist benachbarten anderssprachigen Völkergruppen gaben. Die Deutschen werden so zum Beispiel von den slawischen Völkern als 'Stumme' (německý) bezeichnet. Ein afrikanisches Volk nennt seine Nachbarn die 'Agressiven' (alakde).[1]

Kommunikation stellt somit das wichtigste aller Merkmale einer entwicklungsfähigen und überlebensfähigen Kultur dar. Darum liegt es auf der Hand, die heute immer weiter ansteigende, weltweite Kommunikation weitgehender zu standardisieren. Durch die neuartigen Medien unserer Zeit sind wir in der Lage, Informationen nicht nur über weite Strecken, sondern auch innerhalb kürzester Zeit übertragen zu können. Die computerunterstützten Informationssysteme spielen bei dieser Entwicklung eine wesentliche Rolle. Das moderne Informationssystem ist dabei ohne weiteres mit früheren Methoden, Informationen zu speichern, zu übermitteln und darzustellen, zu vergleichen. Es besteht, wie seither, aus den vier Komponenten Mensch, Informationen, Methoden und Organisation. Während der Mensch immer derjenige ist, der die Bedeutung der Informationen verstehen kann, sind die Methoden für die Darstellung und Vorverarbeitung verantwortlich, die Organisation für die Verteilung und den Zugriff auf die Informationen. Ein erheblicher Unterschied zu herkömmlichen Systemen, mit Informationen zu verfahren, besteht jedoch darin, daß die neuzeitlichen Informationssysteme Informationen durch die Methoden vorverarbeiten und aufbereiten können. Die daraus resultierenden Möglichkeiten für den Menschen, Informationen zu selektieren und darzustellen, ermöglichen es mit mehr Informationen umzugehen, als er es ohne jene technische Errungenschaft könnte.

Welche Rolle der Standard bei solchen Informationssystemen spielt, soll diese Arbeit erörtern. Die Grenzen für den Einsatz von Standard-Software werde ich ausmachen, indem ich den ominösen Begriff 'Standard-Software' untersuche.

---

[1] Vergl. Dr. Bayer, 82418 Murnau am Staffelsee, Sprachforscher für Germanistik und Slawistik

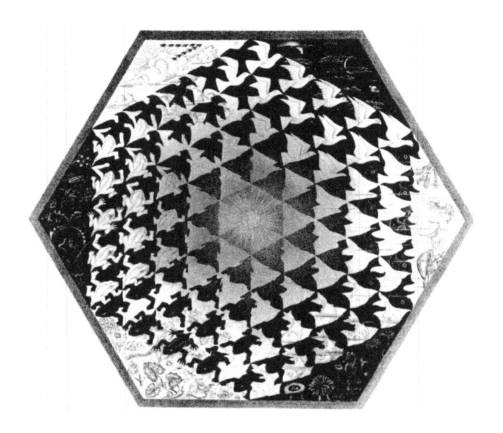

VERBUM
Lithographie von M.C. Escher, 1942
Verbum: *Entwicklung von der Mitte zum Rand. Entlang den Rändern ist mehr Raum für entwickelte Gebilde vornanden als in der Mitte. Der zentrale Begriff verbum erinnert an die biblische Schöpfung. Aus der neblig grauen Mitte tauchen dreieckige Urgebilde auf, welche sich am Rand des regelmäßigen Sechsecks zu Vögeln, Fischen und Fröschen entwickeln. Sie bewegen sich immer in ihrer Eigenart; in der Luft, im Wasser und auf der Erde. Sie fügen sich zusammen und bewegen sich im Uhrzeigersinn entlang des Umrisses des Sechsecks. (Frei übersetzt aus: Grafika a kresby ISBN 3-89450-391-2], [Esch92])*

TEIL A:

Einleitung

Nach den Einführungsgesprächen zur Diplomarbeit hatte sich herausgestellt, daß die Formulierung des Themas der Diplomarbeit einen wesentlichen Teil meiner Arbeit ausmachte. Johann W. v. Goethe pflegte dieses Problem in den einfachen Worten zu fassen: "*Wenn du eine weise Antwort verlangst, mußt du vernünftig fragen*".
Es wurde mir bald klar, daß die Frage aus Goethes Spruch nahezu alle Bereiche der betrieblichen Instanzen betrifft. Viele Mittel- bis Großunternehmen stehen vor dem Problem, wie ein Informationssystem in Zukunft *ganzheitlicher* und effizienter eingesetzt werden kann. Die technische Realisierung scheint dabei immer mehr an Bedeutung zu verlieren, im Gegensatz zu organisatorischen und konzeptionellen Fragen.

Der Titel für diese Diplomarbeit "*Standard- und Individuallösungen für Informationssysteme*" soll einerseits die Unterschiedlichkeit zweier Ansatzmöglichkeiten für Informationssysteme erahnen lassen, nämlich die individuelle, einmalige Einzellösung und die Standard-Lösung, und andererseits die Koexistenz beider Möglichkeiten in einem Informationssystem in Betracht ziehen.
Falls dieses Nebeneinander möglich oder sogar zwingend ist, müssen die Grenzen zwischen *Standard* und *Individualität* ausgemacht werden. Dazu soll der Untertitel "*Grenzen der Standardisierung*" hinzugefügt sein.

Im ersten Kapitel werde ich auf die Begriffe Information, System und Informationssystem eingehend Bezug nehmen. Begriffe wie *Standard, Normung* und *offene Systeme* sind seit geraumer Zeit in aller Munde und werden im Laufe dieser Arbeit diskutiert.
Das Problem, das sich bei dem vehement steigenden Informationsvolumen in den Unternehmen ergibt, läßt sich nicht ohne weiteres auf einen Nenner bringen. Die historisch gewachsenen betrieblichen Verfahren zur Bewältigung der für die innerbetrieblichen anfallenden Prozesse notwendigen Schritte sind der Informationsflut nicht mehr gewachsen. Zukunftsforscher und Technologie-Experten behaupten aus Anlaß der Internationalen Buchmesse 1993 in Frankfurt, daß "*das Informations-Verarbeitungssystem 'Buch' der Komplexität unserer sozialen Systeme nicht mehr gewachsen ist.*"
Nicht mehr die alexandrinische Bibliothek, sondern der Computer sei inzwischen zum Realmodell unserer Welt geworden - als Steuerungssystem eines gigantischen Datenprozesses[1].

Hinzu kommt eine atemberaubende Entwicklungsgeschwindigkeit neuer Informationstechnologien, die eine längerfristige Planung von betrieblichen Informationssystemen nahezu unmöglich macht. Die konventionelle Einführung von System-Lösungen, ob Eingenentwicklungen oder Standard-Software, bringt häufig durch die Integration umfangreiche Umstrukturierungen des Firmenaufbaus mit sich und dieser ist bei der Fertigstellung oft schon wieder unzeitgemäß.

Da die Firma SAP in Walldorf weltweit der größte Standard-Software-Hersteller für gesamtwirtschaftliche Anwendungen ist, und weil ich diese Arbeit in bezug zu den Software-Modulen der Firma SAP erstelle, werde ich mich im Teil B dieser Arbeit häufig auf die Produkte von SAP beziehen. Im Teil C beschreibe ich das Unternehmen und seine Produkte ausführlich.

---

[1] In der Tageszeitung DIE WELT am 7. Oktober 1993 kommentiert Dieter Thierbach: *Die Maus knabbert an der Schriftkultur*" und beschreibt, wie der Computer die Welt der Literatur seit der Erfindung des Buchdrucks weltweit heute schon revolutioniert.

Das Unternehmen Rosenthal

Auch wenn ich bei der Suche nach einer für die praxisorientierten Untersuchungen im Rahmen meiner Diplomarbeit unterstützenden Firma eher durch einen Zufall auf das Haus Rosenthal stieß, so hat das Unternehmen zu dem Thema dieser Diplomarbeit einen besonderen Bezug und kann mich außerordentlich bei meiner Arbeit unterstützen. So fiel mir gleich auf dem Weg zu meinem ersten Gespräch ein großes Plakat in einem Gang des Verwaltungsgebäudes mit einem Auszug aus dem Duden auf: "*Individualität*: *Eigenartigkeit, persönliche Eigenart, ...*".

Historie

Selbstzufriedenheit ist der Sargdeckel des Fortschritts.
<Philip Rosenthal>

Die im Jahre 1879 von Philipp Rosenthal gegründete Firma mit dem heutigen Namen Rosenthal AG ist einer der weltweit führenden Hersteller von Porzellan-, Keramik- und Glaswaren. Außerdem wird in dem Unternehmen Möbel und Besteck produziert. Da schon zu Gründerzeiten nicht nur das Porzellan selbst im Vordergrund stand, sondern auch die Dekore, drückten die Produkte der Firma von jeher künstlerische Phantasie und Charakter aus. Individualität und kritische Reflexion des aktuellen Zeitgeistes waren bis heute Markenzeichen des Unternehmens. So arbeiteteten und arbeiten viele berühmte Künstler mit der Firma Rosenthal zusammen. Sie bestimmten oft sogar das Image des Unternehmens.

Ich möchte dem Firmengründer und seinem Sohn als Nachfolger besondere Aufmerksamkeit widmen. Die Maximen des Philip Rosenthal junior sollten gerade hier betont werden oder zumindest bedacht werden. Er ist ein *Real-Idealist* und verdammt jegliche Ideologie:

"Weder Marktwirtschaft noch Vergesellschaftung sind heilige Kühe. Wer das nicht erkennt, ist selbst ein Rindvieh."
<Philip Rosenthal>

So solle ein Manager sich der Verantwortung seines Tuns für die Zukunft stets bewußt sein, ist aus seinen Memoieren zu entnehmen. Sie erinnern etwas an die Grundsätze von Kant in seiner *'Kritik der reinen Vernunft'*. Philip Rosenthal ist im Jahr 1980 aus dem Vorstand der Firma ausgetreten und hat sich in den Ruhestand begeben (vergl. [Rose79]).

Die Firma Rosenthal beschäftigt heute ca. 2800 Mitarbeiter im In- und Ausland. Sie produziert in acht Werken im Inland und in zwei außerhalb Deutschlands (Spanien und Brasilien) Porzellan-, Keramik, Besteck- und Glaswaren, sowie Möbel. Elf Verkaufsleitungen sind für den Vertrieb im Ausland verantwortlich: in Italien, Frankreich, den Niederlanden, Großbritanien, Schweden, der Schweiz, Österreich, den USA und Kanada.

Der Welt-Jahresumsatz der Firma beläuft sich ca. auf 400 Millionen Mark. Davon konnte die Firma einen Gewinn von zirka zwei Prozent ausweisen. Der Kundenstamm beläuft sich auf ungefähr 50.000, wobei 20.000 davon auf die Hotelbranche fallen. Zirka 20.000 Firmen beliefern Rosenthal und die Produktpalette umfaßt ca. 128.000 Erzeugnisse.

Folgende Tabelle veranschaulicht die Entwicklungsgeschichte der Firma Rosenthal seit der Gründung:

Abb. A-1: *Zeitliche Darstellung einiger, wichtiger Ereignisse des Unternehmens Rosenthal. [Rose79]*

Die Firma Rosenthal präsentiert ihre Produkte heute unter drei verschiedenen Marken: Thomas, Rosenthal Classic und Rosenthal Studio-Linie. Besonders bei den Produkten der Marke Rosenthal Studio-Linie werden die Künstler, wie zum Beispiel der berühmte Modemacher Gianni Versace oder der Architekt und Gründer des Bauhauses Walter Gropius, in einen besonderen Bezug zu den Produkten gebracht. Die Firma Rosenthal verstand es immer die rein zweckgerichtete Produktorientierung mit einer wohlbemessenen Dimension künstlerischer Phantasie und damit zeitkritischer Reflexion zu kombinieren, und dies häufig sogar vereint in einem Produkt. Vergl. [Rose79]

Die DV-Landschaft der Firma Rosenthal (RAG)

Das Szenarium der elektronischen Datenverarbeitung präsentiert sich heute als eine heterogene Software- und Hardware-Landschaft. Es werden verschiedenartige Produkte eingesetzt, wobei Produkte aus dem PC-Bereich in den letzten Jahren immer mehr an Bedeutung gewonnen haben. Durch den Einsatz mehrerer LAN´s verstärkte sich diese Erscheinung noch.
Andererseits nimmt der zentrale Großrechner von COMPAREX durch die Einführung der SAP-Module RF (Finanzbuchhaltung), RM (Materialwirtschaft), und RA (Anlagenbuchhaltung) eine wichtige Stellung ein. Die Firma Rosenthal hat als erstes Unternehmen innerhalb der Porzellan-, Keramik- und Glaswarenbranche im April des Jahres 1993 die von SAP angebotene Vertriebsab-wicklung (SAP-RV) auf dem Großrechner eingeführt und hat damit fast alle Module (außer RK) von SAP auf dem R/2-System - Release 4.3i - im Einsatz. Die Firma SAP (Systeme, Anwendungen, Produkte) ist weltweit das einzige Unternehmen, das ein, alle betrieblichen Anwendungen unterstüt-zendes, Software-Produkt anbietet. Ich werde im Teil C dieser Arbeit auf die Firma SAP eingehen und die Einführung des Moduls RV bei Rosenthal beschreiben.

Die im laufe der letzten zwanzig Jahre zumeist in COBOL auf dem Großrechner entwickelten Software-Lösungen bei Rosenthal wurden mehr und mehr von Standard-Software abgelöst. So zeigt folgende Graphik, wie innerhalb von zwei Jahren ein großer Anteil der Eigenentwicklungen durch Fremdsoftware ersetzt wurde. Hierbei handelt es sich um Teile der Kalkulation, die Stammdaten-verwaltung und Zentrallager-Anwendungen.

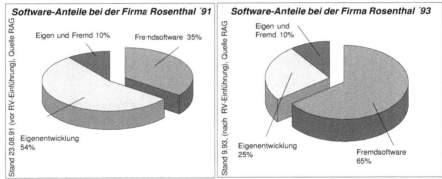

Abb. A-2: Anteile der Standard-Software und Individual-Software im Jahre 1991 und 1993.

Während im Jahr 1991 noch zu 54% Software-Eigenentwicklungen eingesetzt wurden, machte zwei Jahre später diese Software nur noch ca. 25% aus. Der Anteil der Fremdsoftware nahm innerhalb dieser Zeit um fast 100% zu und liegt 1993 bei über 65% der gesamten eingesetzten Software. Der Grund für diese Entwicklung ist hauptsächlich auf das im April 1993 eingeführte, von SAP angebotene Software-Modul RV, zurückzuführen.

Die aktuelle Anwendungs-Software ist auf folgende Bereiche der RAG verteilt:

Werks-Informationssysteme:
PP, PPS, PS, RM-SAP, CAD, Inventur, Einkaufssystem

Administration/Personal:
RF-SAP, RA-SAP, FiBu, Kalkulation RV, Lizenzabr., Paisy, M/
Text, Bonusabr., Zeiterfassung X/TIME, Bruttolohn,
Unternehmenspl., Strategische Planung

Vertriebs-Informationssystem:
A+F, Versand, Stammdaten, Gutschriften, ZL, Statistik (VIS,
WIS, KIS), Nürnberger Bund, Auftragsabw., WWS, CAS, seit
April ´93 RV.

Abb. A-3: Verteilung der Anwendungs-Software auf die drei Bereiche Werke, Administration und Vertrieb bei der Firma Rosenthal.

Der hohe Bedarf an Plattenspeicher mit einer heutigen Speicherkapazität von 110 Giga Byte verdeutlicht den Ressourcen-Verbrauch der Standard-Software SAP. Während 1991 noch mit 9% der Plattenbelegung für die Eigenentwicklungen auf dem Host 54% der Anwendungen abgedeckt werden konnten und der freie Speicherplatz noch fast 30% ausmachte, stieg der Plattenanteil der Fremdsoftware von 20% auf über 50%. Dies ist teilweise auf die sehr großen Belegdateien von SAP zurückzuführen. Sie benötigen einen beträchtlichen Plattenanteil, da sie periodisch reorganisiert werden müssen und so zusätzlich noch freien Speicherplatz zur Auslagerung benötigen. Durch diese Belegdateien ist Rosenthal in der Lage, über sehr detaillierte Informationen die Geschäftsprozesse zu verfügen.

Die Fremdanwendungen von SAP benötigen somit ein Vielfaches an Ressourcen gegenüber den Eigenentwicklungen. Dafür bietet die Standard-Software von SAP *'im Normalfall'* eine sehr hohe Leistungsfähigkeit.

Für die Bürokommunikation werden die Produkte der M/Serie von der Firma Kühn & Weyh eingesetzt. Insgesamt arbeiten 402 Mitarbeiter mit dieser Software. Sie besteht aus einem Textver-arbeitungssystem M/Text, einer Mail-Komponente M/Mail, einer graphischen Anwendung M/Graph, einer Archivierungs-Software M/Archiv, einem M/Transfer und M/Delta. Diese Produkte sind deshalb interessant, weil sie über die Möglichkeit verfügen, auf beliebige Datenstämme, z.B. auf die des Zentralrechners, zuzugreifen. Desweiteren sind über 200 MS-Excel-Programme und Windows-Textverarbeitungen auf Personalcomputern installiert.

Darstellung der Rechner-Verbindungen der Betriebs- und Vertriebsstellen bei Rosenthal:

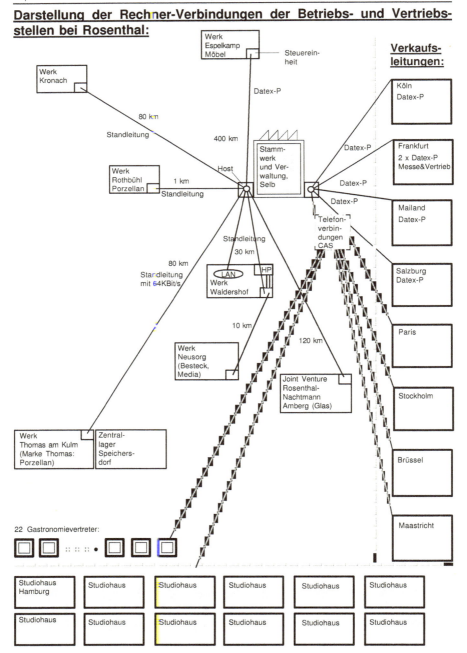

Abb. A-4: Darstellung der Rechner-Verbindungen der Betriebs- und Vertriebsstellen bei Rosenthal.

TEIL B:

1. Informationsverarbeitende Systeme
1.1 Begriffsfestlegungen

1.1.1 Grundbegriffe

In sich wandelnden Zeiten, wie sie sich uns heute im auslaufenden zweiten Jahrtausend darbieten, sind Normen, Standards, Maßstäbe und Definitionen großen Veränderungen unterworfen. Zum einen spielen dabei politische Umwälzungen in Ost und West eine große Rolle. Damit verbunden sind gesellschaftliche Veränderungen, die nicht zuletzt auch von technologischen Neuerungen stark beeinflußt werden. Gerade die neuen *Informations-Technologien* sind heute einer tiefgreifenden *Begriffs-Entleerung* unterworfen. Sie entsteht zum einen durch eine übermäßige Verwendung bestimmter Begriffe, wie System, Information oder Standard. Zum anderen werden die Bedeutungen und Abgrenzungen der Begriffe nur wenig in der Öffentlichkeit diskutiert.

An dem Begriff Information ist zu erkennen, wie sich dessen Bedeutungen und die Verwendungen im Laufe der Zeit völlig verändern können. Dies werde ich in dem Kapitel *1.1.2 Information* aufzeigen. Aber auch andere Begriffe wie Standard-Lösung oder Informationssystem werden in viele Zusammenhänge gebracht und in einem weiten Bedeutungsspektrum verwendet. Dabei können lexikalische Ortungsversuche für jene Begriffe natürlich nur die Bedeutungen wiedergeben, die während des Erscheinens des Lexikons üblich sind. So ist der Begriff Standard-Programm in den siebziger Jahren noch nicht gebräuchlich und tauchte erst in den achtziger Jahren verstärkt auf. Folgende Erklärung ist in einem Computerlexikon heute nachzulesen:

Standard-Programm:
Ein Programm, das für gleichartige Anwendungen in unterschiedlichen Betrieben oder ganzen Branchen erstellt wird und durch parametrische Programmierung an betrieblich-individuelle Anforderungen mit relativ geringem Aufwand angepaßt werden kann. In einigen Fällen erfolgt die Anpassung auch durch individuelles Programmieren bestimmter Teile des Programms, da mit Hilfe parametrischer Programmierung eine vollständige Anpassung an die betriebliche Organisation nicht immer möglich ist. Der Einsatz von Standard-Programmen hat in den letzten Jahren enorm zugenommen, was hauptsächlich auf zwei Umstände zurückzuführen ist: 1) Es hat sich erwiesen, daß viele Anwendungen in unterschiedlichen Betrieben sehr ähnlich sind, so daß der Einsatz von Standard-Programmen wirtschaftlicher ist als die individuelle Eigenprogrammierung. 2) Die Zahl der Anwender, die gar nicht mehr in der Lage sind, selbständig Programme zu entwickeln, hat mit dem Entstehen der Arbeitsplatzrechner so zugenommen, daß der Markt für Softwarehäuser so groß geworden ist, daß es wirtschaftlich lohnt, Standard-Programme zu entwickeln. Es muß allerdings ausdrücklich darauf verwiesen werden, daß nicht jedes Programm, das auf dem Software-Markt angeboten wird, auch als Standard-Programm zu kennzeichnen ist. **Als Standard-Programm sollten nur Programme gezeichnet werden, die mit relativ einfachen Mitteln auf die individuellen Anforderungen zugeschnitten werden können und daneben auch die heute üblichen formalen Ansprüche an Programme wie Benutzerfreundlichkeit, Änderungsfreundlichkeit usw. (Software-Qualität) voll erfüllen.**

Desweiteren ist nachzulesen: *<roro89>*

Standard-Software:
Der Bergriff deckt sich in seinem qualitativen Inhalt weitestgehend mit dem Begriff des Standardprogramms. Qualitativ geht er darüber hinaus, als damit ganze Programmpakete gemeint sind, die standardisiert wurden, z. B. für ganze Gruppen von Aufgaben, die praktische in jeder Art von Betrieb auftreten (z. B. Buchhaltung, Kostenrechnung, Lohn- und Gehaltsabrechnung, Lagerbestandsrechnung, Fakturierung usw.) oder für ganz spezifische Branchen (Branchen-Software). Vergleiche dazu das Stichwort ISIS-Report.

<roro89>

Eine strikte Trennung wird ferner zwischen Individual-Software und Standard-Software gemacht. Würde eine Standard-Software eingesetzt, sei die Verwendung von Individual-Software zur gleichen Thematik nahezu ausgeschlossen:

Individual-Software:
Als Individual-Software bezeichnet man ein Programm, das für einen speziellen Anwendungsfall, der in dieser Weise an anderer Stelle nicht auftritt, entwickelt worden ist. Die Entwicklung von Individualsoftware ist nur sinnvoll, wenn tatsächlich für diesen Fall Standardsoftware nicht verfügbar ist oder der Aufwand der Änderung von Standardsoftware größer ist als die Erstellung eines neuen Programms. Die Erstellung von Individualsoftware kann genau wie Standardsoftware sowohl in Eigenprogrammierung als auch durch Fremdprogrammierung erfolgen. Welche Form vorgezogen wird, hängt im wesentlichen von den fachlichen und finanziellen Möglichkeiten des betreffenden Anwenders oder Benutzers ab. Angesichts des ständigen Ausweitung des Software-Marktes, der immer leistungsfähiger wird, geht der Anteil von Individualsoftware gegenüber der Standard-Software immer mehr zurück.

<roro89>

Aktuelle Entwicklungen in Richtung *down sizing* und Dezentralisierung lassen durch die Verteilung der Verantwortungen jedoch eine Mischung aus Standard- und Individual-Software zu oder bedingen sie sogar. Die Problematik der *Parametrisierung* der Standard-Software bei Up-Dates, Up-Grades und Informationssystem-Wechseln und die eingeschränkte Standardisierbarkeit betrieblicher Verfahren machen die Grenzen von Standard-Software-Lösungen offensichtlich.

Der *Begriff Standard* wird in vielen Zusammenhängen verwendet, sei es in der Technik, in gesellschaftlichen Bezügen oder in der Literatur. Er bezeichnet immer eine überaus übliche Kategorie, wie zum Beispiel: der Lebensstandard, das Standardwerk, die Wiener Tageszeitung DER STANDARD, Standardabweichung, Technologie-Standard, ...
Das *Wort Standard* steht also immer für eine allgemein *bekannte* und *anerkannte* Art. Durch eine zu häufige Verwendung des Wortes in der Sprache besteht allerdings die Gefahr der Begriffs-entleerung. Es kommt dann in sovielen Zusammenhängen zur Anwendung, daß dieses Wort nicht mehr eindeutig zu orten ist. Was hat der Lebensstandard zum Beispiel mit einem literarischen Standardwerk zutun? Sicherlich, beides sind allgemein bekannte und anerkannte Kategorien. Bedeutet dies, daß es keine anderen literarischen Werke gibt, oder daß alle Menschen den gleichen Lebensstandard besitzen? Ist es anstrebenswert dies zu erreichen, oder ist es genauso wichtig, daß es Kategorien gibt, die eben nicht diesen Standard besitzen, und *welche Bedeutung* haben die Nicht-Standards? Auf diese Fragen werde ich im Laufe dieser Arbeit eingehen und die Grenzen der Standardisierbarkeit ausmachen.
In einem allgemeinen Standard-Lexikon ist desweiteren folgende Definition zu lesen:

Standard:
Bezeichnung für eine Vereinheitlichung von Kategorien, die der Vereinfachung, der besseren Übersichtlichkeit und der Einsparung von Kosten dient. Im Deutschen versteht man unter einem Standard im wesentlichen eine betriebliche Maßname oder eine überbetriebliche wirksame Maßname, die aber noch nicht den Stand der Norm hat (Normung), während im Englischen die Begriffe Standard und Norm kaum unterschieden werden, was auch dadurch zum Ausdruck kommt, daß für beides das Wort *standard* verwendet wird. In der Datenverarbeitung hat sich sowohl auf betrieblicher Ebene als auch darüber hinaus eine Vielzahl von Standards als zweckmäßig erwiesen. So werden sie verwendet bei der Organisation, bei der Programmierung oder auf der Ebene der Verträge. Standards haben den großen Vorteil, die Dinge überschaubarer, leichter produzierbar, wirtschaftlicher zu gestalten, also dieselben Vorteile wie die Normung selbst zu haben, wobei der Standard aber nur in einem kleineren Wirkungsbereich, z.B. eben in einem einzelnen Betrieb von Bedeutung ist.

<roro89>

Es wird also in der deutschen Sprache im Gegensatz zur englischen zwischen Standard und Normung unterschieden. Ein Normungsinstitut, die Deutsche Industrie-Norm DIN, legt hierzu wichtige Definitionen von Standards, eben Normen fest:

Normung:
Normung ist die planmäßige, durch die interessierten Kreise gemeinschaftlich durchgeführte Vereinheitlichung von materiellen und immatriellen Gegenständen zum Nutzen der Allgemeinheit.

DIN 820, Teil 3 [DIN]

Normung ist die einmalige, bestimmte Lösung einer sich wiederholenden Aufgabe unter den jeweils gegebenen wissenschaftlichen, technischen und wirtschaftlichen Möglichkeiten.

Nach Otto Kienzle
Mitbegründer des DIN
[DIN]

Nach eigenen Angaben des Normungsinstituts DIN veröffentlicht es *"jährlich zirka 1000 neue DIN-Normen. Sie sind Regeln der Technik und dienen der Rationalisierung, der Qualitätssicherung, der Sicherheit, dem Umweltschutz und der Verständigung in Wirtschaft, Technik, Wissenschaft, Verwaltung und Öffentlichkeit."* [DIN]

1.1.2 Information

Das aus dem Lateinischen stammende Wort *informatio* (Substantiv) setzt sich aus den zwei Stammteilen "in" und "forma" zusammen. Sie bedeuten einformen, etwas eine Gestalt, eine Form geben. Im klassischen Latein hat *informare* daher folgende Bedeutungen: formen, bilden, gestalten, ein Bild entwerfen, darstellen, schildern, durch Unterweisung bilden, unterrichten, befähigen. Das Wort Information kam im 15. bis 16. Jahrhundert in die deutsche Sprache. Seine Bedeutung wandelte sich im Laufe der Jahrhunderte:

15. - 16.Jahrhundert:	Versehen der Materie mit einer Form (philosophischer Fachbegriff)
bis 16. Jahrhundert:	Bildung durch Unterweisung (Unterweisung durch Unterricht)
	(*Informator* war in der Bedeutung von Hauslehrer üblich)
bis 19. Jahrhundert:	Darlegung, Mitteilung und Nachricht
bis 20. Jahrhundert:	Information als Objekt, Begriffsinhalt in vielfältigen Zusammenhängen zu anderen Objekten und Begriffen (durch Shannon initiiert).
- heute:	System und Information als sich dialektisch und damit gegenseitig bedingende Grundkategorien der Kybernetik.

vergl. [Völz82, S. 1]

Die Entwicklungsgeschichte des Begriffs Information ist heute noch nicht abgeschlossen. So geht [Völz82] von einer Dreiteilung von Information aus:

- das *Wort*: Information,
- der *Begriff*: Information,
- das *Objekt*: Information.

Das *Wort* beschreibt eine durch *einen Begriff* zusammengefaßte Klasse von *Objekten*. *Objekte* können also aufgrund ihrer Eigenschaften zu einem *Begriff* zusammengefaßt werden und mit einem *Wort* bezeichnet werden. Die *Begriffs*definition unterliegt einzig und allein der menschlichen Assoziation und der Fähigkeit, komplexe *Objekte* zu erkennen. Der *Begriff* ist nicht notwendig gefordert. Das bedeutet, daß ein *Begriff* für eine *Objekt*-Klasse nicht notwendigerweise existieren muß. Ein Musterbeispiel führt [Völz82, S. 335] mit der von Hertz veröffentlichten Arbeit zur Mechanik an: *"Ihm war immer der Begriff Kraft unanschaulich. Er versuchte ihn daher auch stets zu vermeiden. In dieser Arbeit baut er eine ganze Physik auf, in der der Begriff Kraft nicht existiert."* Das **Objekt Information** selbst kann heute versuchsweise definiert werden:

"1. Information bezieht sich im wesentlichen auf komplexe Ursache-Wirkungs-Gefüge (Wechselwirkungen). Sie stellt das zwischen Systemen ausgetauschte Objekt dar.
2. **Information ist die Zusammenfassung aus einem Informationsträger und dem, was er trägt,** nämlich das *Getragenen*.
3. Es hat einen quantitativen und einen qualitativen Aspekt (etwa: Maß und Einheit z.B. 5 km).
4. Es gilt für das Objekt das Modell des Erkenntnisprozesses. Information stellt also die Verknappung der komplexen Zusammenhänge in den Vordergrund.
5. Information ist prozeßorientiert. Sie ist damit vorrangig in der Zeit organisiert. **Wird Information gespeichert, also zeitunabhängig gestaltet, so ist sie im eigentlichen Sinne keine Information mehr. Sie ist dann eine *räumliche Struktur* geworden!** Sie kann aber jederzeit durch einen Wiedergabevorgang erneut zur Information werden."

[Völz82. S. 236]

Aufgrund der zweiten These stellt sich die Frage, ob ein *Informationssystem* nicht selbst als *Information* angesehen werden muß. Stellt die Rechenanlage (die Hardware) und das von ihr Getragene (die Software) also ansich schon Information dar? Könnte man davon ausgehen, daß das durch dieses Informationssytem *widergespiegelte Objekt Firma* eine Information darstellt? Welche Bedeutung hat in diesem Zusammenhang ein zum Beispiel von dem Unternehmen SAP entwickeltes Datenmodell (R/2 und R/3)? Ist ein Datenmodell, also die schlichte qualitative und quantitative Beschreibung zur *Widerspiegelung* der Firma und deren Aufbau- und Ablaufstrukturen ausreichend, oder werden zusätzliche Dinge, wie **Zeit**, Dienste, Funktionen und Gewichtungen benötigt? Sind relationale und objektorientierte Datenbanken in der Lage, Informationen besser zu verwalten? Im Laufe der Arbeit soll diese Frage erörtert werden.

Aus These eins und zwei folgt desweiteren, daß Information selbst ein System darstellt. Wenn nämlich Information als Objekt zwischen Systemen ausgetauscht wird (1), und Information gleichzeitig das Getragene (das Immatrielle I) und der Tragende (also das stoffliche Element S) ist (2), muß sie ein System sein, denn ein System ist schon durch die Koexistenz mindestens zweier Elemente, die sich gegeseitig beeiflussen (in diesem Fall mindestens I und S) gegeben.

Falls diese Schlußfolgerung zutrifft, **müßten Hard- und Software also nicht *Daten*, sondern *Systeme* verwalten.** Diese Forderung rückt die Datenverarbeitung in ein völlig neues Licht. Daten stehen also in der Realität (*Objekt* Information) erstens in einem Kontext mit ihrer Umgebung und der Zeit, und zweitens stellen sie selber ein komplexes Gebilde, ein System dar. Eine *Date*[1] müßte also einen Stapel weiterer Größer beinhalten, um der '*objektiven Realität'* näherzukommen.

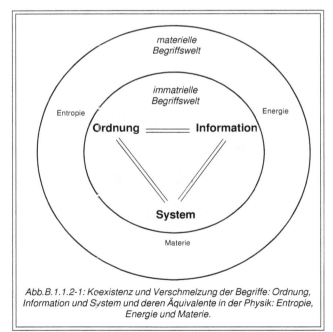

Abb.B.1.1.2-1: *Koexistenz und Verschmelzung der Begriffe: Ordnung, Information und System und deren Äquivalente in der Physik: Entropie, Energie und Materie.*

---

[1] Interessant ist die bei Diskussionen oft störende Verwandschaft der Begriff *Datum* und *Date*. Sie deutet darauf hin, daß in einer *Date* eben auch eine zeitliche Komponente enthalten sein müßte wie in dem Begriff *Datum*. Spielen also auch Angaben eine Rolle, wann eine *Date* entstanden ist, wie oft sie benötigt wird und wie lange?

Wenn die drei Begriffe Information, Ordnung und System wirklich in einer engen Verwandtschaft zu einander stehen (Abb. B.1.1.2-1), ist die Verarbeitung von Information dann nicht sehr gefährlich? Neil Postman, ein kritischer Betrachter der Informationsgesellschaft und Autor des Buches *Das Technopol* schrieb dazu: "*Information ist gefährlich, wenn es keinen Platz für sie gibt, wenn keine Theorie da ist, auf die sie sich stützt, kein Muster, in das sie sich fügt, kurz, wenn es keinen übergeordneten Zweck gibt, dem sie dient... Information ohne Regulierung kann tödlich sein.... Das Technopol, eine totalitäre Technokratie, gedeiht in einer Umgebung, in der sich der Zusammenhang von Information und Orientierung aufgelöst hat, in der die Informationen wahllos und beliebig in Erscheinung tritt, nicht an bestimmte Adressaten gerichtet, aber von gigantischem Umfang, in hohem Tempo, aber abgespalten von Theorie und Sinn, von Zweck und Ziel.*" [Mana-G], Vergl. [Post91].

Laut Informatik-Duden von 1988 wird der Begriff Information mit den folgenden drei Ausdrücken beschrieben:

- Syntax   (Lehre vom Satzbau)
- Semantik   (Lehre von der Bedeutung)
- Pragmatik.   (Sachbezogenheit)

"Information umfaßt eine Nachricht zusammen mit ihrer Bedeutung für den Empfänger. Diese Bedeutung kann darin bestehen, daß ein Mensch der Nachricht einen Sinn gibt, oder die Bedeutung kann indirekt aus der Art der weiteren Verarbeitung der Nachricht geschlossen werden. In der Praxis werden die Begriffe Nachricht und Information sehr oft gleichbedeutend benutzt. Dies wird sich erst ändern, wenn der Informationsbegriff in der Informatik präzisiert worden ist." [Duden88]

Information ist also in hohem Maße *zweckorientiert*. Der Zweck richtet sich auf den Empfänger der Nachricht und die Verwendung hängt von den *äußeren* und *inneren* Umständen des Empfangenden ab. Die Zwecke sind also beliebig gestreut und beliebig komplex.

Was passiert aber, wenn sich der Zweck einer Information ändert? Sollte Information nicht viel *"breitgestreuter"* sein, also dem Zweck anpaßbar? Sollte eine Information nicht aus nur einem geringen Teil *Zweckorientierung* bestehen und einem großen Teil *überflüssige Bestandteile* enthalten, um sich dem sich ändernden Zweck anpassen zu können? Kann es andernfalls passieren, daß Informationen schlechthin *falsch* sind, wenn sie jemand anders an einem anderen Ort zu einer anderen Zeit bekommt und sie einem anderen Zweck dienen soll? Diese Fragen erörtere ich in dem Kapitel *3.2 Datenbanken.*

Es stellt sich daher die Frage, ob herkömmliche, deterministische Computeranlagen diese Komplexität in vertretbarer Weise erfassen können oder ob assoziative Rechner (Fussy Logic oder Neuronale Netze) besser für dieses schwere Unterfangen, eine Welt abzubilden, geeignet sind.

Wäre es demnach angebracht, erhebliche Abstriche von dem Plan, das Informationssystem für unternehmensweite Datenmodelle und Computer Integrated Manufacturing einzusetzen, zu machen? Dieser Aspekt sollte in der Öffentlichkeit eine breite Diskussionsgrundlage finden.

Sollte das sich derzeit entwickelnde Informationssystem lediglich für operative Zwecke eingesetzt werden? Besonders für Arbeitsgänge, die heute gleichartig (das bedeutet eben auch standardisiert) ausgeführt werden, könnten heutige Informationssysteme optimal und effizient eingesetzt werden. *Schwächen Experimente, wie die Individualisierung einer starren Standard-Software, die Leistungsfähigkeit eines Unternehmens und gehen sie am Ziel vorbei?*

1.1.3 System

Das Wort *System* kam erst im 18. Jahrhundert aus dem Griechischen (*systeme*) in die deutsche Sprache und bedeutet etwa *Zusammengesetztes*. Im Zusammenhang mit der Nachrichtentechnik entstand der Begriff *Systemtheorie* erst im Jahr 1937 bis 1943. Der Begriff System findet heute eine breite Anwendung, so daß von einer umfassenden Systemtheorie gesprochen werden kann. Vergl. [Völz82, S. 2]. Folgende Graphik veranschaulicht die Entwicklung der mit Information und System zusammenhängenden Kategorien:

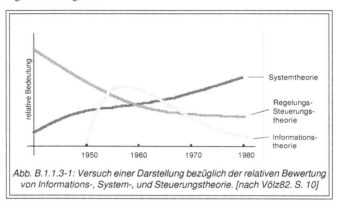

Abb. B.1.1.3-1: Versuch einer Darstellung bezüglich der relativen Bewertung von Informations-, System-, und Steuerungstheorie. [nach Völz82. S. 10]

In dieser Arbeit möchte ich mich auf die systemtheoretischen Sichtweisen stützen und dadurch versuchen, Informationssysteme zu besprechen.

Ich gehe von den zwei folgenden, heute üblichen Definitionen des Begriffes System aus:

1. Zusammenfassung von Elementen, zwischen denen Relationen bestehen.
2. Ein System ist eine sinnvolle Ordnung. Vergl. [Völz82, S. 2].

In dem Kapitel *2.5 Standards und Objektorientiertheit* werde ich Ansätze zur Standardisierung aus systemtheoretischer Sicht weiterführen. Hier möchte ich noch auf die lexikalische Definition eingehen:

System:

*"1. Bezeichnung für eine Zusammenstellung von Einzelteilen (Komponenten) zu einer neuen Einheit, die durch das Zusammenwirken der Einzelteile innerhalb des Systems neuartige Leistungen hervorbringt, die die Einzelteile allein nicht bewirken können. **Man unterscheidet natürliche Systeme (Organismen, ökologische Systeme, aber auch Gesellschaften, Familien usw.), die gewachsen sind und sich langfristig so entwickelt haben, wie sie sich zeigen, und künstliche Systeme (z. B. Datenverarbeitungssysteme, aber auch Organisation, Betriebe), die vom Menschen bewußt geschaffen worden sind, um eben gerade die Wirkungen zu erzeugen, die diese Systeme haben.** Ein System ist je nach der Komplexität, die es besitzt, ein Gebilde von Beziehungen, die einzelnen Komponenten untereinander haben und aus denen sich die besonderen Wirkugen erdeben, die das System jeweils spezifisch kennzeichnen. Dabei kann ein System bei zunehmender Komplexität Beziehungen erhalten, die nicht mehr deutlich erkennbar und in ihren Wirkungen nicht mehr beherrschbar sind. Ein wichtiges Instrument zur Erkennung der Eigenschaften und Wirkungen eines Systems ist die Systemanalyse, die auf die Erkenntnis gerichtet ist. Daneben existiert die Systementwicklung, die auf der Systemanalyse aufgebaut und gezielt auf Grund erkannter Beziehungen und Wirkungen ein System künstlich gestaltet, erweitert, ergänzt oder verändert, je nach den eigenschaften und Wirkungen, die man erreichen möchte. Hinsichtlich der formalen Betrachtungsweise von Systemen hat sich heute eine eigene Wissenschaftsdisziplin, die Systemtechnik, entwickelt, die als Grundlagenwissenschaft, Strukturen, Voraussetzungen und Wirkungen von Systemen erforscht. 2. Kurzbezeichnung für Datenverarbeitungssystem, Datenfernübertragungssystem, Betriebssystem, Programmsystem."*

Dieser hier beschriebene Unterschied zwischen künstlichen und natürlichen Systemen könnte auch mit der Differenz zwischen einer relativen und einer absoluten Wahrheit verglichen werden. Vergl. [Völz82, S. 324, *Kap. 7.3.1 Komplexität und Erkenntnisprozeß*].

Bei dem Bestreben, Standards einzusetzen oder zu entwickeln geht es darum, die richtigen Standards zu finden und deren Grenzen auszumachen. Ein Standard muß aber einer gewissen Wahrheit entsprechen, das heißt, an seine Umgebung angepaßt sein. Es geht also darum, ein System zu verwenden oder zu entwickeln, das möglichst gut der absoluten Wahrheit angenähert ist.

So selbstverständlich die Behauptung: *'Die absolute Wahrheit ist nie zu erreichen'* ist, sooft wird sie doch als solche ausgegeben und verwendet. Aus der Tatsache jedoch, daß die Zeit gerichtet ist, existiert Evolution und das bedeutet die Forderung an das System, sich ständig anzupassen. Die Erkenntnisse aus dem *Neo-Darwinismus* und der *Soziobiologie* zeigen, daß jenes System überlebt, welches am besten angepaßt[1] ist und das durch einen Zufall zu besseren Eigenschaften gelangt[2]. Dieser revolutionierende Bewußtseinswandel scheint das Problem der *'Herrschaft'* von Mehrheiten über Minderheiten zu relativieren und stellt die im Grunde genommen perfide Annahme, ein System sei lediglich aufgrund seiner vollzogenen Entwicklungsstufen elaborierter als andere, in Frage. Mehrheiten und Minderheiten spielen eine wichtige Rolle bei dem Verständnis der Evolution. Die Bedeutung der Minderheiten wird vom Menschen oft unterschätzt. Er ist auf die Zweckorientierung fixiert. Minderheiten erfüllen im Allgemeinen nicht die *'aktuellen Zwecke'*, also nicht den aktuellen Standard. Daher sind sie in bestimmten Kategorien oft nicht so *'effektiv'* wie die Mehrheit. Haben diese Minderheiten deshalb keine Funktion? Welche Eigenschaften machen sie eigentlich zu Minderheiten und warum werden sie nicht akzeptiert? Wie groß sollten diese *'nichtfunktionalen'* Minderheiten sein?
Daß Minderheiten, also Nicht-Standards, in einem bestimmten Maß für das Überleben eines Systems von sehr großer Bedeutung sind, werde ich in dieser Arbeit zeigen. Offensichtlich ist, daß das Überleben nicht nur durch eine ***größt mögliche Effektivität*** bestimmt wird, sondern auch durch eine ***größt mögliche Flexiblität***.

Wie lassen sich Computer und Evolution vereinbaren?
Viele Verfahren, Methoden oder Darstellungen können durch den Computer unterstützt werden, wenn er lediglich operative Hilfe leistet, das heißt schon lange standardisierte Kategorien wie die Textverarbeitung. Diese Kategorien haben sich im Laufe von Jahrhunderten entwickelt und sind relativ stabil. Sobald Anwendungen aber Bereiche betreffen, die entweder nicht einheitlich bei allen Anwendern sind oder nicht besonders gut an die Umwelt angepaßt sind, ist der Einsatz eines Computers aber in hohem Maße ***evolutionshemmend***. Verfahren werden somit nämlich einmal festgesetzt, in die entsprechende Hard- und Software implantiert und sind nur mit großen Mühen zu ändern, was zum Beispiel durch die Altlasten im *Hostbereich* ersichtlich wird.

---

[1] nach dem Zoologen A. Weismann und dem engl. Naturforscher Charles Darwin [Darw85]
[2] Die aus der Gen-Technik und der Chaos-Theorie stammenden Feststellungen über Mutation und Zufall reformieren die Evolutionstheorie. Vergl. [Darw85] und [Saga93].

1.1.4 Das Informationssystem

Welche Farbe das Auto haben soll ist uns egal, hauptsache es ist schwarz.

<Henry Ford>

Jedes System in der belebten und unbelebten Natur besteht aus Einzelkomponenten, die miteinander in Wechselbeziehung stehen. Jede einzelne Komponente[1] nimmt aber durch seine Einzigartigkeit Einfluß auf die anderen Komponenten des Systems und damit auf den Zustand des Gesamtsystems. Dieser Einfluß kommt durch die, durch den Nachrichtenkanal fließende Information, zum Tragen. Im Ganzen gesehen drückt sich also jede Komponente durch ihre **äußere Individualität** und ihre **innere Identität** aus. Das System mit seinen Wechselbeziehungen wird als kybernetisches System bezeichnet.

Die Rolle des Informationssystems hat sich seit Beginn der computerunterstützten Datenverarbeitung grundlegend geändert. Bestand anfangs ein Informationssystem hauptsächlich aus einem isolierten Programm mit "ein paar programmbezogenen Daten", so nahm die verarbeitbare Datenmenge immer mehr zu und gewann stetig an Bedeutung. Dies führte zu einer getrennten Betrachtung der verschiedenen, am System beteiligten, Elemente. Benutzer, Daten, Programme und die betriebliche Organisation bilden ein System: das Informationssystem, das durch Wechselbeziehungen gekennzeichnet ist:

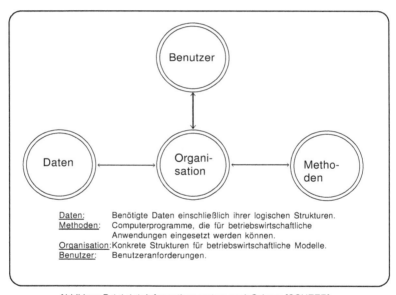

Abbildung B.1.1.4-1: Informationssystem nach Scheer. [SCHEER]

Eine geänderte Anforderung des Benutzers kann eine Änderung der Methoden bewirken. Diese Änderungen können sich wiederum auf die Datenstrukturen und die Organisation auswirken. Geänderte Organisationen können sich umgekehrt auf die Anforderungen des Benutzers auswirken. Somit wirkt auf das Informationssystem ein komplexes Geflecht von Faktoren ein, das schwer kontrollierbar ist.

---

[1] gleichzusetzen mit Objekt oder Entity.

Allerdings ist das Informationssystem nicht eine schlichte Abbildung der betrieblichen Realität. Durch diese neuen Informationstechnologien entstehen gänzlich andere Betriebsmodelle, als die bis heute gewachsenen. Durch die Einführung einer bestimmten Software könnnte sich zum Beispiel die Verantwortung entgegen aller Erwartungen von der Fachabteilung hin zur DV-Abteilung verlagern. Bei diesem wachsenden Grad der Informatisierung eines Betriebes stellt sich unweigerlich die Frage, in welchem Maß Individuallösungen Standardlösungen vorzuziehen sind. Eigenlösungen sind bei steigender Integration verschiedener inner- und außerbetrieblicher Bereiche aufgrund der Darstellungs- und Verarbeitungsinkompatibilitäten oft sehr mühsam in das Gesamtsystem einzubauen. Bei der Integration neuer Komponenten oder gar neuer Subsysteme kann durch die Einhaltung von Standards eine Effizienzsteigerung sowohl während der Projektphasen als auch während der Anwendung erzielt werden. Standardlösungen sind wiederum sehr eingeschränkt individualisierbar und somit nicht immer effizient. Diesen Konflikt bei der Entscheidung für eine Lösung verdeutlicht folgende Graphik:

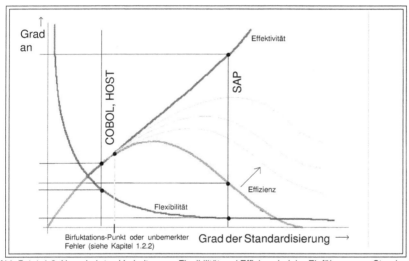

Abb.B.1.1.4-2: Umgekehrtes Verhalten von Flexibilität und Effizienz bei der Einführung von Standards

Der Standardisierungsprozeß von Informationssystemen wird durch das gegensätzliche Verhalten von Flexibilität und Effektivität erschwert. Während ein Anwender eines Standards weniger Spielraum für die Flexibilität gegenüber eines *'Individualisten'* hat, kann er seine Methoden effektiver einsetzen, da er weniger Anpassungsarbeiten leisten muß. Zusätzlich erschwert die Durchsetzung eines Standards die Kluft zwischen Effektivität und Effizienz: Ein zwar leistungs- verbessernder Standard könnte mit seiner Einführung und Einhaltung hohe Aufwendungen erzeu- gen. Diese können Umstrukturierungen innerhalb des Betriebes, zusätzliche Investitionen oder das Beantworten von Sinnfragen und Relevanzfragen eines Standards sein.

Der schwierige Standardisierungsprozeß besteht also darin, die richtigen Standards für die richtigen Anwender zu finden, ohne daß diese Standards die Anwender in ihrer Flexibilität einschränken. Die Graphik verdeutlicht dies durch die Annäherung der Effizienzkurve an die Effektivitätskurve. Die strategischen Argumente einer Standard-Anwendung sind hierbei nicht berücksichtigt.

Da die Begriffe Effizienz und Effektivität in dieser Arbeit zu den Schlüsselbegriffen zählen, möchte ich sie hier genau erörtern:

Definition laut Duden (Fremdwörter Duden 1990):

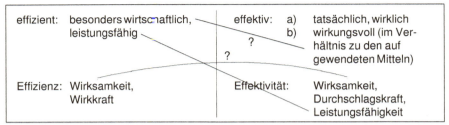

effizient:	besonders wirtschaftlich, leistungsfähig	effektiv:	a) tatsächlich, wirklich
			b) wirkungsvoll (im Verhältnis zu den aufgewendeten Mitteln)
Effizienz:	Wirksamkeit, Wirkkraft	Effektivität:	Wirksamkeit, Durchschlagskraft, Leistungsfähigkeit

Im Fischer-Lexikon (1975) ist desweiteren nachzulesen, Effizienz sei "*das Verhältnis von Aufwand und Ertrag bei einem gegebenen Ziel; auch Wirtschaftlichkeit oder Rentabilität; effizieren, bewirken*" und effektiv sei "*tatsächlich, wirksam oder greifbar, bei physikalischen Größen ist es die Wurzel aus dem zeitlichen Mittelwert des Quadrats, zum Beispiel Stromstärke von Wechselstrom*". [Fisch75]

Es ist aus diesen Definitionen zu erkennen, daß die beiden Begriffe heute nicht völlig in ihrer Bedeutung faßbar sind. Sie scheinen sogar ein und die selbe Klasse von Begriffen darzustellen.

Aus diesem Grund lege ich die Bedeutung dieser beiden Begriffe für diese Arbeit folgendermaßen fest:

Effizienz: Die Wirkung einer Ursache in einem System führt zu einer **nachhaltigen** Veränderung in diesem System zugunsten des Verursachers und *kann* das System *nicht* in einen instabilen Zustand bringen.

Effektivität: Die Wirkung einer Ursache in einem System führt zu einer **maximalen** Veränderung in diesem System zugunsten des Verursachers und *kann* das System in einen instabilen Zustand bringen.

Nachhaltige Veränderungen sind also Veränderungen, die das System nicht in einen instabilen Zustand bringen können. Entweder weil sie nicht groß genug sind oder weil sie gut in das System *integrierbar* sind. Maximale Veränderungen *können* die Stabilität eines Systems schmälern. Effiziente Veränderungen sind also weiter in die Zukunft gerichtet als effektive Vorgänge. Ein effizienter Vorgang ist somit ein Vorgang der sein Umfeld - zeitlich und räumlich - *stärker* miteinbezieht als ein effektiver Vorgang. Effizienz wird häufig mit Wirtschaftlichkeit in Verbindung gesetzt. Wirtschaftlich heißt aber auch nichts anderes, als daß ein Vorgang sich lohnen muß, also für den Verursacher auf *kurze und lange* Sicht einen Vorteil bringen muß.

Ich sehe die Begriffe Effizienz und Effektivität also systemtheoretisch. Man könnte ein System als eine *leicht gefaltete Fläche* ansehen. Eine Veränderungen in dem System könnte man desweiteren als das Wandern eines Punktes auf dieser Fläche verstehen [Saund80] (Siehe Abb. 1.1.4-3). Durch gewisse Vorgänge, sowohl innerhalb als auch außerhalb dieses Systems, **kann** dieser Punkt in einen *kritischen Bereich* wandern. Diese Vorgänge bezeichne ich als effektiv. Vorgänge, bei denen der Punkt nicht in diesen Bereich wandern kann, bezeichne ich als effizient.

Bei den menschlichen Handlungen ist die Vorhersagbarkeit der Wirkungen ihres Tuns ansich problematisch. In einem stabilen System ist eine Prognose einfacher als bei einem instabilen System. Bei instabilen Systemen können durch kleine Ursachen enorme Wirkungen erzielt werden.

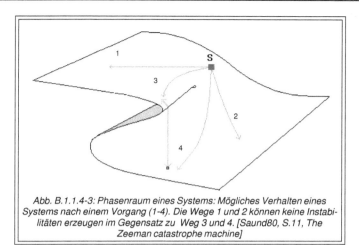

Abb. B.1.1.4-3: Phasenraum eines Systems: Mögliches Verhalten eines Systems nach einem Vorgang (1-4). Die Wege 1 und 2 können keine Instabilitäten erzeugen im Gegensatz zu Weg 3 und 4. [Saund80, S.11, The Zeeman catastrophe machine]

Es gibt also eine Grenze, wo sich effiziente Vorgänge und effektive Vorgänge unterscheiden lassen. Je stärker ein Vorgang standardisiert ist, desto wirksamer kann er in dem System eingesetzt werden weil er seinem Zweck genau angepaßt ist. Je stärker ein Vorgang jedoch an seinen Zweck angepaßt ist, desto unflexibler ist er gegenüber Veränderungen und es kann passieren, daß sich der äußere Zweck ändert, die Bedingungen des Systems sich also verändern, der innere Zweck des Vorgangs aber gleich bleibt und nicht mehr an die Umstände angepaßt ist. In diesem Fall spreche ich von effektiven Vorgängen.

Es ist also für einen Handelnden immer wichtig, zu entscheiden, ob er sich auf der Effektivitätslinie oder auf der Effizienzlinie befindet (siehe Abb. 1.1.4-2). Anhand der Phasenraum-Darstellung eines Systems [Saund80] (Abb. 1.1.4-3) müßte er sich entscheiden, welchen Weg er geht: Weg 1 und 2 oder Weg 3 und 4. Will er effizient handeln oder effektiv? Effektives Handeln könnte ja die Intention des Handelnden beinhalten, genau diesen Zustand der Instabilität zu erzwingen um daraus selber einen Nutzen zu ziehen, frei nach dem Motto: *"Ordnung stabilisiert Vorhandenes, Chaos schafft Raum für neue Dinge".*

Grundsätzlich gilt jedoch: je komplexer ein System ist, desto umfassendere Standards müssen existieren, damit das System in einem stabilen Zustand bleibt.[1]

---

[1] Diese Erkenntnis ergibt sich auch aus der Meß- und Regelungstechnik wonach die Stabilität eines Regelkreises durch Rückkopplungen verändert werden kann. *"Führt man dem Eingang eines Regelkreises die positive Energie des Ausgangs zu, spricht man von Mitkopplung (Audion). Bei sehr starker Mitkopplung (Übersteuerung) kann eine schon sehr kleine Störung am Eingang das ´Aufschaukeln´ einer selbständigen Schwingung bewirken (Selbsterregung). Erfolgt die Rückkopplung so, daß eine negativ rückgekoppelte Größe überlagert wird, spricht man von Gegenkopplung. Während die Mitkopplung zur Erzeugung von Schwingungen oder zur Verstärkungserhöhung dient, lassen isch durch Gegenkopplung Verstärkungsschwankungen und Verzerrungen verringern.*
Im übertragenen Sinn ist Rückkopplung die Rückwirkung einer beliebigen Größe in einem System auf ihre eigene Ursache. Z. B. die Wirkung, daß eine erhöhte Geburtenziffer durch die dadruch entstehende Bevölkerungsvermehrung wiederum die absolute Zahl der Geburten erhöht." [Fisch75, S. 5142].
Um definierte Rückkoplungen in einem Informationssystem zu erhalten, das heißt, daß z. B. Gegenkopplungen nicht zu Mitkopplungen werden, muß ein Konsens über die Gößen der Ein- und Ausgänge des Systems und deren Bedeutungen gefunden werden. Dieser Konsens tritt in Form von Standards in Erscheinung.

1.2 Wege zum Standard

Betriebliche Harmonisierungsprozesse können auf verschiedene Weisen durchgeführt werden. Standards werden entweder durch den Einsatz von momentan aktueller Standard-Software mit eingeführt (SAP) - und somit wird z.b. auch das komplette Firmendaten-Modell übernommen, oder es wird versucht, Methoden zu entwickeln, die individuellen Anforderungen mit Standard-Elementen (CUA, relationale DB, Objektorientierung) erfüllen.
H. Österle geht in seinem Bericht *"Unternehmensstrategie und Standard-Software"* davon aus, daß bei der Einführung von Standard-Software die Verantwortung ´außer Haus´ gegeben werden muß. Bei Individuallösungen hingegen würden die herkömmlichen Software-Erstellungsmethoden (Strukturierte Programmierung in C oder COBOL mit hierarchischen Datenbanken) eingesetzt.
Die modernen Methoden, Software zu erstellen, ermächtigen den *'Programmierer'* allerdings dazu, komplexere Zusammenhänge darzustellen und gleichzeitig übliche Standards in das Produkt zu integrieren.

Nach welchen Kriterien Lösungen für Informationssysteme ausgewählt werden sollten, beschreibe ich nun in den folgenden Kapiteln. Ich gehe von der Standardisierung der einzelnen Komponenten des Informationssysytems (Daten, Methoden, Organisation und Benutzeranforderungen) aus. Allerdings sind die einzelnen Komponenten nicht voneinander völlig abgrenzbar. Viele Kriterien könnten sowohl bei der einen Komponente, als auch bei der anderen ein großes Gewicht haben.

1.2.1 Standardisierung der Daten

Die Loslösung der Daten von den Funktionen zu einer eigenen System-Komponente gründet auf der Idee, Informationen von der Beschränktheit an eine Softwarelösung zu befreien. Daten werden bis heute noch von einem Programm erstellt und können lediglich von ihm wieder überarbeitet werden. Anforderungsänderungen seitens des Benutzers oder Struktur-Umstellungen führen dann meist auch zu Neuprogrammierungen. Der Gedanke, über programmunabhängige Daten zu verfügen, schafft neue Perspektiven in der Informationsverarbeitung.

In den Anfängen der elektronischen Informationsverarbeitung wurden diese Daten teilweise als programminterne Variablen verwaltet, bis dann Daten in eigene Dateien ausgelagert wurden. Diese Dateien hatten eine programmspezifische Struktur und konnten nur von den Programmen bearbeitet werden, mit denen sie erstellt wurden. Als dann entstanden Ad-hoc-Standards für bestimmte Bereiche. Zum Beispiel wurden für die Bau- und Architektenbranche *Standardleistungsbücher* festgelegt, die Positionstexte und deren Numerierungen vorgeben. Daduch können Angebote für Ausschreibungen von Baufirmen schneller erstellt werden, da die oft seitenlangen Leistungsverzeichnisse des Architekten direkt in den Computer der Baufirma übernommen werden können Vergl. [Beuth1].
Solche Branchenlösungen sind dann zwar innerhalb der Branche sehr effizient; die Schnittstellen zu anderen Branchen sind allerdings entweder nur sehr mühsam durch Schnittstellenprogrammierung zu erreichen oder überhaupt nicht möglich, da die *Bedeutungen der Daten* verschieden sind.

Die Idee einer gemeinsamen, allgemeinen Nutzung verschiedener Datenbestände liegt in der Vereinigung der Information über die Datenstrukturen und der Daten selbst. Das heißt, daß Daten zusätzlich Informationen über sich selbst beinhalten (wie z.B. Datentypen, Struktur, Datum, Erfasser...). Relationale Datenbanken besitzen die Eigenschaft dieser Vereinigung und sind deshalb hervorragend für diese Nutzung geeignet. Sie spielen in neuen Informationssystem-Konzepten eine große Rolle und werden in dieser Arbeit noch erläutert.

Bevor relationale Datenbanken allerdings zum Einsatz kommen können, muß die Semantik der Daten harmonisiert werden. Diese Aufgabe ist jedoch eng mit dem Benutzer und seinen Anforderungen verbunden. Sie kann also lediglich durch verstärktes Engagement der Benutzer selbst vereinheitlicht werden und ist branchenspezifisch.
Die Standardisierung der Daten teilt sich somit in zwei Hauptkategorien, dem Datenformat und der Semantik der Daten. Vergl. [Dahm91] und Abb. 1.2.1-2.

Unternehmensweite Datenmodelle spielen heute eine immer wichtigere Rolle in Unternehmen. Dabei steht eine grundsätzliche Frage im Vordergrund: *Woher nehmen und nicht stehlen?* So banal diese Frage klingt, so schwer ist sie dennoch zu beantworten. Grundsätzlich stehen zwei Möglichkeiten zur Auswahl: Die Übernahme eines Standard-Datenmodells (z.B. von SAP R/3) oder die Eigenentwicklung. Bevor eine Diskussion über das Für und Wider beider Methoden angefangen wird, sollte jedoch folgende Überlegung eingebracht werden: Existiert nicht in den Firmen schon ein Datenmodell? Ist es vielleicht nur noch nirgends abgebildet und ist dieses ganze alte Informationssystem überhaupt effizient genug? Gibt es ein effizienteres? Sollte man das alte komplett abbilden oder ein völlig neues einführen?
Standard-Datenmodelle sind durch langjährige Entwicklungs- und Erprobungsarbeit entstanden. Sie sind nach allen Regeln des Datenbanksdesign entworfen und sind so nahezu hundertprozentig normalisiert. Das bedeutet unter anderem, daß sie nicht redundant sind. Keine Date existiert mehr als einmal in der gesamten Datenbank. Vergleicht man dies mit alten *'Datenbanken'*, so wie sie heute in Form von Aktenordnern, Papierstapeln und Belegen besteht, so stellt man einen großen Unterschied fest. Es wimmelt von gleichartigen Datenbeständen. Listen von Artikeln sind in gleichen und verschiedenen Formen in mehreren Abteilungen vorhanden, zu verschiedenen Zeiten entstandene Aufstellungen von Geräten sind in einer Abteilung, usf. Ist dieser *Overhead* an Daten effizienzhemmend oder nicht? Man weiß heute, daß Abfragen an einer vollkommen normalisierten Unternehmensdatenbank mit dem größten Rechner nur mit Mühe zu bewältigen sind - *die Leistung geht in die Knie.* Es gibt also offensichtlich ein Optimum an Effizienz für ein bestimmtes Maß an Redundanz:

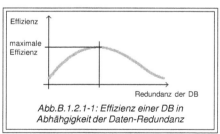

Abb.B.1.2.1-1: Effizienz einer DB in Abhähgigkeit der Daten-Redundanz

Im Kapitel *3.2 Datenbanken* werde ich auf dieses Verhältnis und auf ein alternatives Datenbankdesign näher eingehen. Standard und Vielfalt (siehe Kapitel *2.4*) oder Einheit und Unterschiedlichkeit sind mit diesem Phänomen eng verknüpft und sollen im Laufe der Arbeit besprochen werden. Das Firmen-Datenmodell für R/3 von SAP werde ich im Teil C ansprechen und dessen Grenzen abzustecken versuchen.

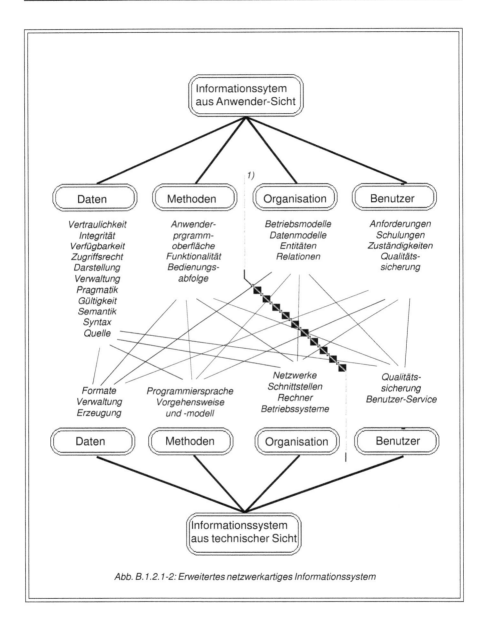

Abb. B.1.2.1-2: Erweitertes netzwerkartiges Informationssystem

[1] Dieser Schnitt durch das Informtationssystem teilt es in den standardisierbaren und in den nicht standardisierbaren Teil ein. Der linke Teil ist der operative Teil und der rechte Teil stellt das strategische Element einer Firma dar. Man könnte es auch einteilen in einen kurzlebigeren und einen langlebigeren Teil.

1.2.2 Standardisierung der Methoden

Nur der Irrtum ist das Leben, und das Wissen ist der Tod.

<Friedrich Schiller>

Der Standard in der Software-Entwicklungsmethodik hat sich in den letzten Jahren grundlegend verändert. Teils durch die neuartigen Möglichkeiten der Computertechnologien und teils durch die Erkenntnisse aus der Systemtheorie und der *Chaosforschung*, dessen Kernaussage ist, daß eine isolierte Sicht- und Lösungsweise eines *Problems* zu keinem langfristigen Erfolg führen kann *[Fromme93]*. So hat sich die Software-Entwicklung in ihren Gestaltungs-Elementen folgendermaßen geändert:

Gestaltungs-Element	Herkömmliche Methoden	moderne Methoden
Anwenderprogramm-Oberfläche:	einzelne Positionierung mit WRITE... *zeichenorientiert*	graphische Oberfläche *objektorientiert*
Funktionalität:	Algorithmen in strukturierten Programmen *satzorientiert*	Algorithmen in objetorient. Programmen *mengenorientiert*
Bedienungsabfolge:	*ablauforientiert*	*aktionsorientiert*
Programmiersprache:	Funktionen teilweise standardisiert *funktions- und datenorientiert*	Objekte standardisiert *objektorientiert*
Vorgehensweise und -modell:	klassisches Vorgehen *iteratives Modell* *Wasserfallmodell*	evolutionäres Vorgehen *rekursives Modell* *ganzheitliches Modell*

Tabelle B.1.2.2-1: Gegenüberstellung der herkömmlichen und der modernen Elemente der Software-Entwicklung. Vergl. auch [Fromme93]

Während herkömmliche *Standard*-Methoden vorwiegend *Detail-Probleme* betrafen, bieten die heutigen Standards eine ganzheitlichere Sichtweise des Problems. Die eher mühsamen Arbeiten wie das Programmieren von Benutzer-Oberflächen oder Datenverwaltungen, sind heute *standardisiert*. Es seien hier die Daten-Manipulationssprache SQL und die CUA-Oberfläche, die alle modernen Entwicklungs-Tools unterstützen, erwähnt. Der ´Programmierer´ kann sich mit Hilfe der neuen Methoden auf die eigentliche Problemlösung konzentrieren. Vor allem kann dies auch der Mitarbeiter aus der Fachabteilung. Ich möchte nun auf die einzelnen Gestaltungs-Elemente eingehen:

Die *Programm-Oberfläche* zählt, neben der *Datenbank* und der *Programmiersprache* zu den drei wichtigsten IV-Komponenten. Die Anwenderprogramm-Oberfläche kann durch graphische und objektorientierte Gestaltungsmöglichkeiten mehr Information übermitteln, als die zeichenorientierte Darstellung. Durch die Reduktion einer Bildschirm-Information auf ein Symbol (Objekt) hat der Anwender der Software einen besseren Überblick beim Arbeiten und kann seinen Arbeitsablauf selber bestimmen (aktionsorientiert). Dadurch ist die Bedienungsabfolge durch den Anwender während der Arbeit flexibler gestaltbar.
Schließlich ist die gesamte Vorgehensweise, die einen *Macher* von der Idee zu einem ablauffähigen Programm bringt, von der herkömmlichen zu unterscheiden.

Der Gedanke der evolutionären Entwicklung hat auch in der Software-Erstellung Einzug genommen. In einem Seminar des Software-Forums '90 in München berichtete Hydenreich-N. vom ADAC München:

> *"Die Anforderungen an die Systementwicklung und die mit der Entwicklung und dem Einsatz von Informationssystemen verbundenen Risiken steigen schneller als die Produktivität durch den Einsatz neuer Methoden und Werkzeuge. Versuche, dieser Problematik in erster Linie mit noch mehr Software (CASE) Herr zu werden, mißlingen. Erfolgversprechendere Ansatzpunkte sind: verbessertes Management, klare Prioritäten sowie ziel- und anwenderorientierte und risikomindernde Vorgehensweisen der Systementwicklung.* **Evolutionäre Vorgehensweisen vermindern das Risiko und ihre Ergebnisse sind rascher einsatzfähig. Vor allem große oder innovative Software-Projekte haben zumeist besondere Risiken, denen durch eine angemessene Vorgehensweise (Projektstrategie) Rechnung getragen werden muß.** *Flexible und evolutionäre Vorgehensweisen stellen hohe Anforderungen an das Management sowie an die bereitzustellende Infrastruktur:* **Eine nachträglich erforderliche Integration von separat entwickelten Anwendungen setzt eine gemeinsame Anwendungsarchitektur und die Beachtung von Standards voraus."**

Die gewachsene Firmenstruktur im Betrieb verhindert jedoch diese evolutionäre Vorgehensweise. Die Voraussetzung für das *klassische Projektmanagement* ist nämlich ein geschlossenes, isoliertes System [Fromme93]. Die heutige Entwicklung auf dem Software-Markt in Richtung **offener Systeme** läßt diese Vorgehensweise jedoch nicht mehr immer zu. Die Komplexität der *Probleme* überfordert das klassische Vorgehen mit seinen bekannten Phasen Hinführung, Auftrag, Planung, Anwender-Design, DV-Design, Realisierung und Abschluß:

> *"1. Unwissen der Anwender über eigene Wünsche*
> *2. Anforderungen nie komplett bekannt (Lücken)*
> *3. Detailfülle übersteigt menschliches Vermögen*
> *4. Systemeinführung verändert Betriebsstruktur*
> *5. Spätere Änderungen konträr zu Design und Struktur*
> *6. IT-Spezialisten haben oft vorgefaßte Meinung*
> *7. Mangelnde Kommunikation zwischen Designer und Anwender"*
>
> [Fromme93]

Diese Aufzählung macht deutlich, daß das Projektmanagement, also die Umsetzung einer Idee in eine Wirklichkeit, einer völlig neuen Situation gegenübergestellt ist. Der hohe Grad der Vernetzung aller inner- und außerbetrieblichen Bereiche macht eine präzise Zielformulierung nahezu unmöglich.

Ein Ausweg aus dieser Misere stellt das Überdenken des Begriffs **Zieldefinition** dar. Das Problem der Zieldefinition ist zu relativieren: Geprägt von der abendländischen Kultur ist die Zieldefinition ein wichtiger Faktor für Unternehmungen[1]. Eine Führung wird auserwählt (Projektmanager), die das von allen befürwortete Ziel überwacht und verantwortet. *Kurskorrekturen* sind wegen der zentralisierten Verantwortung dabei nur sehr schwer durchführbar.

Es stellt sich die Frage, ob eine präzise Zieldefinition in allen Projekten, angesichts der oben aufgeführten Punkte, überhaupt noch möglich und vor allem noch ökonomisch sein kann. Die Laufdauer eines Projekts ist oft viel zu lang im Vergleich mit der *'kurzlebigen Welt'*. Können Ziele noch ausformuliert werden, wenn sie erst verwirklicht sind, wenn völlig neue Situationen das Geschehen beherrschen? Ich denke hierbei an die schnell fortschreitende technologische Entwicklung und an die vielfältigen kulturellen Einflüsse, die den Wirtschaftsmarkt nachhaltig verändern. Es ist also in Zukunft vordringlich wichtig, zu entscheiden, welche Projekt-Managementmethoden in welchen Projekten zum Einsatz kommen sollen.

---

[1] Unternehmung im Sinne von 'Etwas unternehmen'. Vergl. [Mana-A] und [Konfu91]

Eine Schlüsselfunktion hierfür ist das Erkennen, die Definition und die **Verteilung der Verantwortungen**. Dies verhindert zwar die planmäßige Erreichung eines anfangs und auf abstrakter Ebene gesteckten Ziels, aber einerseits ist das Ergebnis jederzeit an die aktuelle Situation angepaßt und andererseits kann auf die Bedürfnisse des Marktes schneller reagiert werden, wenn auch nicht mit dem hohen Zielerreichungsgrad wie mit der klassischen Methode.

Bei evolutionären Vorgehensweisen ist also eine *Verteilung der Verantwortung* auf operative und strategische Instanzen im Betrieb anzustreben.

Konkret bedeutet dies, daß Mitarbeiter in den Fachabteilungen durch den Einsatz von *transparenten Informationssystemen* (Standardisierte und Standard verwendende Produkte) Lösungen für ihre fachspezifischen Probleme selber implentieren, die strategische Führung jedoch immer interdiszipinärere Aufgaben hat. Vergl. [Mana-A] und [Mana-E].

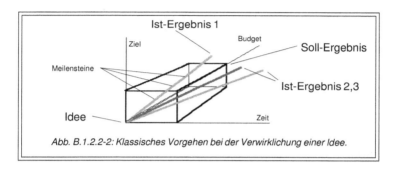

Abb. B.1.2.2-2: Klassisches Vorgehen bei der Verwirklichung einer Idee.

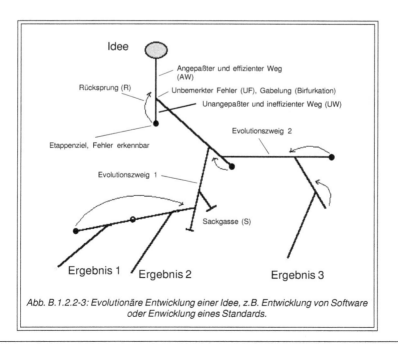

Abb. B.1.2.2-3: Evolutionäre Entwicklung einer Idee, z.B. Entwicklung von Software oder Enwicklung eines Standards.

Das evolutionäre Vorgehensmodell kann mit folgenden Randbemerkungen versehen werden:

1. Je länger UW desto kleiner der Fehler UF.
2. Je größer UF desto weiter liegt der Rücksprung zurück.
3. Der Fehler UF ist erst erkennbar, wenn das Etappenziel erreicht ist und unvereinbar mit der Idee.
4. UF ist nicht immer gleich R.
5. Sackgassen schließen Rücksprünge aus.
6. Je länger UW desto wahrscheinlicher sind Sackgassen.
7. Eine Generation ist AW und UW zusammen (=W).
8. Die Etappenziele sind durch mindestens eine *Generation* getrennt.
9. Es muß nicht nur ein W geben, sondern es können parallel mehrere Wege existieren. Der Weg, der sich am längsten hält, kann sich durchsetzen. Die Anzahl der Wege ist eine Frage des Vermögens. In der Software-Entwicklung ist es unter anderem begrenzt durch das Budget.

Die ungelöste Projektkostenkalkulation beim Einsatz dieses Modells stellt eines der Grundprobleme dar. Dem kann nur dadurch begegnet werden, indem ein überaus strenges Projektmanagement vorrausgesetzt wird. Dies bedeutet nicht unbedingt die ständige Kontrolle aller Entwicklungen von einer Instanz aus (zum Beispiel von einem Projektmanager), sondern kann auch bedeuten, daß jeder am Projekt Beteiligte seine Eigenverantwortlichkeit im höchsten Maße wahrnimmt, sich also fortwährend selbst kontrolliert. Natürlich gibt es auch hier ein Mittelmaß. Völlige Selbstbestimmung und Selbstkontrolle würde schnell zu Anarchie und Ziellosigkeit führen. Ein bestimmtes Maß an Zielvorgabe ist nicht nur zwingend, sonder auch logisch. Eine antroposophische Firmenstruktur, wie sie zum Beispiel das aus Japan *importierte* Lean Management fordert, ist zunächst am Menschen orientiert und nicht an der Firma. Dies erfordert daher eine starke Identifikation und Bindung jedes Mitarbeiters mit der eigenen Firma. Japanische Arbeitnehmer sind deshalb für ihre Loyalität gegenüber ihrem Unternehmen weltweit bekannt. Fehlt diese Verbundenheit, ist das Lean Management von vorne herein dem Scheitern verurteilt. Vergl. [Mana-A] und [Mana-E].

Lean Management und evolutionäre Software-Entwicklung sind also eng miteinander verknüpft. Es ist deshalb wichtig, eine neue Projektkalkulation zu entwickeln. Dazu ist desweiteren darauf zu achten, daß *fehlerhafte Entwicklungen nach erfolgreicher Lösung nicht 'aufzuheben sind'*, dies verbraucht nur unnötige Ressourcen (Vergl. [Fromme93]). Ein weiterer Ansatzpunkt zur Lösung der Projektkalkulation könnte die Attitüde zum ökonomischen Prinzip darstellen. Soll das Minimalprinzip oder das Maximalprinzip angewandt werden? Soll also das Prinzip des kleinsten Mitteleinsatzes oder das des größten Erfolges verfolgt werden? Das Maximalprinzip hätte zur Folge, daß *Kalkulationen* gar nicht mehr diese eklatante Bedeutung hätten wie sie dies beim Minimalprinzip haben. Ein Auftrag könnte demnach ungefähr so lauten: "*Wir möchten, daß Sie für uns ein Problem lösen, dessen Definition uns selbst noch nicht ganz klar ist. Dazu bekommen Sie von uns eine Million DM. Machen Sie mal!*". Würde sich diese Verfahrensweise in das monetär ausgerichtete Marktsystem hinein passen? Müßte sich das überaus effektive, *smithsche* Marktsystem den Gesetzen der Evolution beugen? Bedeutet evolutionäre Entwicklung übermäßige Verschwendung, wie es Carl Sagan beschreibt?

"So entwickelt sich Leben weiter - unter Ausnutzung von Unvollkommenheit im Kopiervorgang und unter erheblichen Kosten. Mutationen haben keinen Plan, keine Zielrichtung hinter sich; ihre Zufälligkeit scheint erschreckend; und der Fortschritt, falls er überhaupt eintritt, ist quälend langsam. Warum gibt es keine effizienteren, mitfühlenderen Mutationen? Warum muß die Malaria-Abwehr mit Anämie gekoppelt sein? Es verlangt uns danach, die Evolution zu drängen, geradewegs auf ihr Ziel zuzugehen und den niemals endenden Grausamkeiten ein Ende zu sezten. Aber das Leben weiß nicht, wohin es unterwegs ist. Es besitzt keinen Langzeitplan. Es hat keinen Zweck im Kopf. Es hat nicht einmal einen Kopf, um einen Zweck zu haben. Das Leben ist verschwenderisch, blind, und kümmert sich auf dieser Ebene auch nicht um Recht und Gerechtigkeit. Das Leben kann es sich leisten, Unmassen organischen Materials zu vergeuden." [Saga93, Kap.13,'Der Ozean des Werdens']

1.2.3 Standardisierung der Organisation

Die Organisation der Firma spiegelt sich in dem Informationsfluß und der Informationsörtlichkeit wider. Dieses entstehende Modell wird von der Organisation verwaltet und umfaßt folgende Instanzen:

-   Betriebsmodell
-   Datenmodell
-   Entitäten   Organisation aus Anwendersicht
-   Relationen

-   Netzwerke
-   Schnittstellen   Organisation aus technischer Sicht
-   Rechner
-   Betriebssysteme

Schnittpunkte mit der Informationssystem-Komponente *Daten*, z.B. das Datenmodell, sind hier nicht berücksichtigt. Sich überschneidende Grenzbereiche sind charakteristisch für Systeme ansich und sind somit mit der Argumentationsführung der Arbeit konform.

Sowohl für die Bestimmung einer Standard-Software, als auch für die Individual-Programmierung ist das Feststellen der Entitäten einer der ersten und wichtigsten Schritte.
Diese Aufgabe wiederum kann entweder einer außerbetrieblichen Instanz übergeben werden oder durch eigene Mitarbeiter (sowohl in den Fachabteilungen, als auch in den Informatik-Abteilungen) übernommen werden.
Die Verantwortung für das eigene Betriebs-Datenmodell darf allerdings nicht komplett an externe Kräfte übergeben werden. Die Euphorie der Standardisierung, Standard-Datenmodelle und Standard-Software sollte nicht darüber hinwegtäuschen, daß die firmeninternen Eigenheiten *nicht unbedingt* in ein allgemeines (vielleicht sogar europaweites, weltweites) Datenmodell zu integrieren sind. Ein allumfassendes Datenmodell wäre viel zu aufwendig zu verwalten, wenn sowieso nur ein Bruchteil davon benötigt wird.

Hinzu kommt die in vielen Firmen ungeklärte Attitüde in bezug auf den immer wichtiger werdenden *Produktionsfaktor* Information. In den meisten Fällen ist das Datenvolumen in den letzten Jahren drastisch gestiegen. Dies bedeutet jedoch nicht unbedingt, daß die Daten, mit denen hauptsächlich gearbeitet wird, mehr geworden sind. Es geht hier vielmehr um die Daten, die gespeichert werden, nicht mehr aktuell sind und nur zu strategischen Entscheidungen wichtig sind.
Ein Beispiel sind die Kunden-Erzeugnisdaten. Wieviele Erzeugnisse hat ein Kunde zu welchen Zeitpunkten gekauft? So oder so ähnlich könnte eine Abfrage lauten von einem Vertriebsleiter. Es kommt also eine wichtige Komponente zur Datenverarbeitung hinzu: Die Entscheidung darüber, ob Daten gespeichert werden sollen oder nicht und wann sie gelöscht werden können. Natürlich hat der Vertriebsleiter durch solche Abfragen einen Vorteil, auch wenn er direkt gar nicht zu erkennen ist. Es muß jedoch immer darüber abgewogen werden, ob es sich wirtschaftlich lohnt, bestimmte Daten 'aufzuheben'. Dabei spielen einerseits die Kosten der Speichertechnik eine Rolle und andererseits der Nutzen dieser Daten.
Jedem Mitarbeiter kann also nur eine begrenzte Menge an Information zur Verfügung gestellt werden. Sie hängt nicht von der Organisation, der Software oder der Betriebsmodelle ab, sondern ist einzig und allein von der Leistungsfähigkeit der Speichertechnik abhängig. Diese Prämisse ist vielen Mitarbeitern heute noch nicht bewußt.

Es wäre jedoch falsch, anzunehmen es sei lediglich ein *technisches* Problem, das gelöst werden müsse, um über genügend Information zu verfügen. Aus den Erkenntnissen der Wirtschaftstheorie geht hervor:

- Die menschlichen Bedürfnisse sind unendlich groß.
- Die Mittel zu ihrer Befriedigung sind knapp.

Information gehört wegen der begrenzten Speicherkapazität der Informationssysteme zu den *knappen Gütern*. Die Aufgabe des Wirtschaftens besteht genau darin, die unbegrenzten Bedürfnisse an Information mit den vorhandenen Mitteln in bestmöglichem Maße zu befriedigen. Das *ökonomische Prinzip* besagt, daß deswegen bei gegebenem Mitteleinsatz entweder nur die Befriedigung der Bedürfnisse (Informationsvolumen) *maximiert* werden kann, oder der Mitteleinsatz bei gegebenem, gewünschten Informationsvolumen *minimiert* werden kann; aber niemals beides gleichzeitig.[1] (siehe dazu auch Abb. 1.2.3-1) Vergl. [Comm88]

Es ist also für ein Unternehmen wichtig, daß dieses ökonomische Prinzip für die Geschäftsprozesse angewendet wird. Die Unternehmensleitung muß mit den *vorhandenen Mitteln*, Information zu speichern, versuchen den maximalen Nutzen für das Unternehmen zu *erwirtschaften*. Dazu muß sie immer wieder entscheiden, welche Informationen diesen Zweck am besten erfüllen können. Diese Informationen sind also eng mit allen Komponenten des Informationssystems verknüpft.

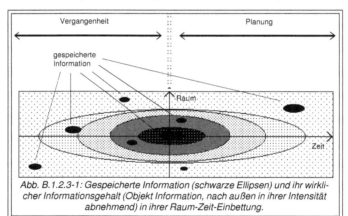

Abb. B.1.2.3-1: Gespeicherte Information (schwarze Ellipsen) und ihr wirklicher Informationsgehalt (Objekt Information, nach außen in ihrer Intensität abnehmend) in ihrer Raum-Zeit-Einbettung.

Ist es sinnvoll, die so für eine Unternehmung selektierten Informationen mit anderen Unternehmungen zu vereinheitlichen? Sind diese Informationen nicht äußerst *zweckorientiert*? Im Laufe dieser Arbeit werde ich diese Frage diskutieren. Dabei wird sich herausstellen, daß die einzelnen Komponenten des Informationssystems sehr unterschiedlich standardisierbar sind.

---

[1] In der Physik ist dieses Problem als die Speicher- und Zeitkomplexität bekannt. Sie sind eng mit einander verknüpft und sind nicht gleichzeitig optimierbar. Vergl. auch Abb. 1.2.3-1 und [Reis].

1.2.4 Standardisierung der Benutzeranforderungen

Die Anforderungen an eine Software sollen klar definiert und einfach zu überprüfen sein. Zur Gewährleistung dieser Forderungen sind viele Methoden entwickelt worden. Die Qualitätssicherung ist somit zu einem wichtigen Faktor in der Software-Erstellung geworden. Die von der International Standard Organisation (ISO) festgesetzten Normen für die Qualitätsicherung nach DIN ISO 9000 versuchen das Vorgehen bei der Beurteilung der Qualität einer Software zu beschreiben. Im Kapitel 3.6.4 Benutzer-Standards werde ich diese ISO-Norm beschreiben. Können aber wirklich objektive Kriterien für die Qualität von Software angegeben werden?

Das Total Quality Management (TQM) bezieht die Selbstorganisation eines Entwicklungsprozesses mit ein. Auf diese Weise wird ein Qualitätsmanagement chaosfähig, das heißt anpassungsfähig an nicht vorhersehbare Veränderung des Marktes, des Teams, schlechthin des gesamten Bereiches, der mit der entstehenden Software verknüpft ist [Hauß93]. Ein Beispiel verdeutlicht die Problematik der Qualitätsbewertung:

"Wenn ich Heizöl kaufe, kann ich die Leistung der Händler nicht unterscheiden. Öl ist Öl für mich. Es zählt für die Auswahl des Anbieters nur die von ihm verlangte oder mit ihm ausgehandelte Gegenleistung - der Preis. Wenn ich aber schon im Kalten sitze, weil ich nicht rechtzeitig bestellt habe, frage ich: "Wer kann sofort liefern?" Ein wichtiges Entscheidungsmerkmal ist dazugekommen."
[Hauß93]

So ist auch die Software-Entwicklung ein evolutionärer Prozeß und deshalb nicht standardisierbar, weil Software, wie jedes andere Produkt, immer verschiedenen Anforderungen genügen muß, abhängig davon, in welchem Zustand sich das System Markt[1] gerade befindet. Qualität ist also ein sich ständig änderndes Kriterium, über das der Kunde in einem Marktsystem entscheidet: *"Qualität ist die Summe der Eigenschaften, derentwegen der Kunde unser Produkt kauft."*, so Haußmann [Hauß93]; *und gerade deswegen hat Qualitätssicherung eine sehr wichtige Funktion* in einem Unternehmen. Allerdings soll die Qualität durch einen Qualitätsregelungsprozeß bestimmt werden. Carl Sagan [SAGA93] zeigt an folgendem Beispiel aus der Biologie, wie wichtig dieser Prozeß ist:

"Auf der Ebene der Moleküle existiert eine riesige Industrie, die beschädigte oder mutierte DNS-Stränge repariert und ersetzt. In einem typischen DNS-Molekül werden je Sekunde Hunderte von Nukleotiden überprüft; dabei werden viele Substitutionen und Irrtümer korrigiert. Diese Korrekturen werden ihrerseits nochmals überprüft, so daß es nur ungefähr einen Irrtum pro Milliarde kopierter Nukleotide gibt. Ein solcher Standard der Qualitätskontrolle und Produktzuverlässigkeit wird etwa in der Buchherstellung, in der Mikroelektronik oder in der Autoproduktion nur äußerst selten erreicht. Die molekularen Kontroll- und Korrekturverfahren beschränken sich allerdings auf jene Abschnitte der DNS, die aktiv an der Kontrolle der Zellchemie beteiligt sind; funktionslose, weitgehend unausgeschriebene oder unsinnige Sequenzen bleiben im wesentlichen unbeachtet.
Die unreparierten Mutationen, die sich in diesen, normalerweise inaktiven Regionen der DNS beständig vermehren, können eventuell zu Krebs oder anderen Erkrankungen führen... dann würden diese Sequenzen aktiviert und die dort gespeicherten Instruktionen ausgeführt. Langlebige Organismen wie die Menschen widmen deshalb auch der Reparatur der inaktiven Regionen ziemlich viel Aufmerksamkeit; kurzlebige Organismen wie Mäuse kümmern sich nicht darum und sterben dann häufig randvoll mit Tumoren. Langlebigkeit und DNS-Reparatur sind eng miteinander verknüpft."

[SAGA93]

Qualitätskontrolle ist demnach von großer Bedeutung für jedes Produkt. Der Anteil der unnützen DNS-Sequenzen im menschlichen Körper ist allerdings sehr groß (97%) [SAGA93]. Die Reparatur-

---

[1] Haußmann geht davon aus, daß der Markt ein System darstellt, dessen Faktoren vielschichtig sind. Für Markt könnte jedoch jedes beliebige Sub-System oder übergeordnetes System eingesetzt werden. Vergl. [Fourier].

Industrie im menschlichen Körper muß also die Qualität mindestens der drei Prozent nützlichen DNS-Stränge garantieren. Je mehr sie *von den unnützen* Strängen kontrolliert, desto langlebiger ist das *'Produkt Mensch'*.

Könnte man dieses Prinzip auch auf künstliche Produkte, also auf die vom Menschen geschaffenen Produkte, anwenden? Dazu müßte ein Produkt also mindestens auf seine, für den Gebrauch bestimmten, Eigenschaften überprüft werden. Damit es aber auf dem Markt eine gewisse Lebensdauer hat, sollte es noch andere *'unnütze'* Qualitätsmerkmale haben. Welche könnten das sein? Soll zum Beispiel eine Compact-Disk zusätzlich zu den Eigenschaften, Musik zu speichern und von einem CD-Player 'abgespielt' werden zu können, Texte speichern können oder Bilder? Sollen die Eigenschaften eingebaut und überprüft werden?

Aus der Tatsache, daß der Mensch mit nur drei Prozent seiner Gen-Information alle seine Eigenschaften als Mensch ausmacht, ergibt sich, daß ein Produkt einerseits durch seine an eine bestimmte Situation angepaßten Attribute überlebt, und andererseits durch sein hohes Repertoire an zusätzlichen immer wieder kontrollierten *'unnützen'* Eigenschaften, überlebt.

Daß diese physikalischen Gesetze, die beim Aufbau des Menschen gelten, auch bei künstlichen, vom Geist hervorgebrachte, Produkte angewandt werden können, zeigt folgende Überlegung von Immanuel Kant, Karl Popper und Haußmann:

Eine Theorie muß wahr sein, d.h. sie muß mit der Wirklichkeit übereinstimmen.

[Immanuel KANT, 1781]

Und sie ist nicht wahr, wenn sich ihre Vorhersage widerlegen läßt, wenn sie also falsifiziert ist.

[Karl POPPER, 1972]

Die Erstellung von Software ist eine Abbildung der Wirklichkeit in eine virtuelle Kategorie. Sie ist also nur eine Theorie, die die Wirklichkeit zu beschreiben versucht. Wird eine Theorie widerlegt, so ist sie falsch.

[Hauß93]

Nach welchen Kriterien soll nun Standard-Software ausgewählt werden, wo doch der Suchende selbst nicht genau weiß, wonach Qualität bei Software-Produkten zu beurteilen ist?

Das Grundproblem stellen die Vielfalt des Angebotes - was eine Chance für das 'Überleben' von Software überhaupt darstellt - und der Mangel an Erfahrungen mit den neuartigen Software-Lösungen dar. *Gerade hier ist es aber notwendig, eigene Maßstäbe zu definieren*, sonst würde der Software-Anwender eine *'Marionette'* des Software-Herstellers werden und das Produkt würde nicht den Zweck erfüllen der gefordert wird, das heißt ein **Standard** sein soll, sondern den Zweck, den der Hersteller vorgibt.

Eine gute Methode, herauszufinden, welches Produkt für seine eigenen Aufgaben eingesetzt werden kann, sind Erkundungen nach den Reputationen der Software auf dem Markt. Wie hat sie sich durchgesetzt und welche Erfahrungen wurden damit gemacht, bei welchen Voraussetzungen; das sind die Fragen, die letztendlich zu einer befriedigenden Lösung führen können.

Sogar die Deutsche Industrie-Norm legt in der DIN 66 234, Teil 8 *"Grundsätze ergonomischer Dialoggestaltung"* fest, daß es *"derzeit noch nicht möglich* (ist), *die Erfüllung einzelner ... Leitsätze objektiv zu überprüfen, da geeignete Überprüfungsverfahren noch nicht bekannt sind". [Röd89]* und legt Qualität folgendermaßen fest: *"Gesamtheit von Eigenschaft und Merkmalen eines Produkts oder einer Tätigkeit, die sich auf deren Eignung bezüglich gegebener Erfordernisse zeigen."* (DIN 55350).

Dagegen können die Anhaltspunkte für die Qualität von Standard-Software, wie sie von Stauss vorgeschlagen werden, bei der Lösungsfindung dienlich sein:

Qualitäts-Merkmal	Beschreibung	Notizen
Kommunikation:	Fähigkeit, sich in den Interaktionen mit dem Kunden verbal und schriftlich klar auszudrücken.	
Enfühlungsvermögen:	Fähigkeit, die Gefühle und den Standpunkt des Kunden anzuerkennen und darauf einzugehen.	
Entscheidungsfähigkeit:	Bereitschaft, Entscheidungen zu treffen und etwas zu unternehmen, um Kundenwünsche zu erfüllen.	
Energie:	Hoher Grad an Wachheit und Aufmerksamkeit im gesamten Interaktionsprozeß.	
Flexiblilität:	Fähigkeit, den eigenen Service-Stil entsprechend der jeweiligen Situation oder Persönlichkeit des Kunden zu variieren.	
Verläßlichkeit:	Zeitgerechte und adäquate Leistung entsprechend der gemachte Zusagen.	
Äußerer Eindruck:	Saubere und ordentliche Erscheinung, positiver Eindruck auf den Kunden.	
Initiative:	Eigene Aktivitäten, um Kundenerwartungen immer wieder zu erfüllen oder überzuerfüllen.	
Integrität:	Einhaltung hoher sozialer und ethischer Standards im Umgang mit den Kunden.	
Fachkenntnis:	Vertiefte Kenntnisse bezüglich des Angebotes und der kundenbezogenen Leistungsprozesse.	
Urteilsvermögen:	Fähigkeit, verfügbare Informationen richtig zu beurteilen und zur Entwicklung von Problemlösungen zu nutzen.	
Motivation, dem Kunden zu dienen:	Eigenschaft, Gefühl der Arbeitszufiredenheit aus dem Umgang mit dem Kunden, der Erfüllung seiner Bedürfnisse und der Behandlung seiner Probleme gewinnen zu können.	
Überzeugungsfähigkeit/Verkaufstalent:	Fähigkeit, mit seinen Ideen und Problemlösungen beim Kunden Akzeptanz zu finden und ihn vom Angebot des Unternehmens zu überzeugen.	
Planungsvermögen:	Fähigkeit, die kundenbezogene Arbeit zeitlich und sachlich richtig vorzubereiten.	
Belastungsfähigkeit:	Fähigkeit, unerwartete Kundenprobleme, unvorhersehbaren Arbeitsanfall oder Arbeitsdruck während des Kundenkontaktes auszuhalten.	
Situationsanalyse:	Sammlung logische Analyse von wichtigen Informationen über die Sitauation des Kunden.	
Hohes Anspruchsniveau:	Hohe Ziele im Kundendienst und ständige Bemühung, diese Ziele zu erreichen.	

Abb. B.1.2.4-1: Qualitätsmerkmale von Standard-Software und Hersteller nach Stauss. [Gil87]

2. Kriterien bei der Wahl zwischen Standard- und Individuallösungen

2.1 Einführung

Welche Vorzüge Standard-Software gegenüber Individual-Software hat und umgekehrt, läßt sich aus vielen Puplikationen in Erfahrung bringen. Da die Veröffentlichungen aber zumeist auf der lexikalischen, eher anspruchslosen Definition von Standard-Software basieren, nämlich daß Software, die bei vielen Anwendern in geringfügig veränderten Versionen installiert ist, sind diese Veröffentlichungen nur teilweise für meine Analyse brauchbar. Genau diese Veränderungen, die Individualisierungen, verursachen die Probleme, die bei dem Einsatz einer individualisierten Software entstehen. Wieviel darf eine Software individualisiert werden, damit sie sowohl langlebig als auch angepaßt ist?

So geht das Institut für Wirtschaftsinformatik in St. Gallen in ihrer Veröffentlichung zum Thema *Standardisierung* lediglich auf die Einführung von Standard-Software als *"black box"* ein. Standard-Software sei ein *fertiges Produkt*, das eingekauft werde und durch Modifikationen zum effizienten Einsatz käme.
Ich möchte in meiner Arbeit bewußt von der üblichen Definition von Standard-Software abweichen und Standard-Software als Teil eines Informationssystems sehen, das sich ständig weiterentwickelt. Ich werde dessen *'Schale zerschlagen'* und versuchen, die Standards der Einzelteile zu untersuchen.

Den Vergleich von Informations*systemen* und anderen Systemen, den ich im *Kapitel 1.1.2* zog, möchte ich nun fortführen. Systemforschung zählt heute zu einer verbreiteten und zukunftsträchtigen Wissenschaft. Daher sollen meine Ausführungen stets einer ganzheitlichen Sichtweise unterzogen sein.

> *Wir gehen davon aus, daß Informationssysteme lineare, kausale Systeme sind*
> Vergl. [Gil87, S. 2-5]

"Bei der Lösung bestimmter Probleme sind Manager", wie Prof. Dr. Peter Gomez und Dr. Gilbert Probst von der Hochschule in St. Gallen darstellen, *"nicht mehr in der Lage, sie mit herkömmlichen Management-Methoden zu lösen: Arbeitslosigkeit, soziale Verantwortung, internationale Beziehungen, politische und wirtschaftliche Verflechtungen usw..."* [Gil87, S. 4]. Daraus leiten sie ab, daß bei komplexen Situationen zumeist sieben Denkfehler bei der Lösungsfindung gemacht werden:

Denkfehler im Umgang mit komplexen Problemsituationen im Management	Die Schritte des ganzheitlichen Problemlösens
1. Denkfehler Probleme sind objektiv gegeben und müssen nur noch klar formuliert werden.	**Abgrenzung des Problems** Die Situation ist aus verschiedenen Blickwinkeln zu definieren und eine Integration zu einer ganzheitlichen Abgrenzung anzustreben.
2. Denkfehler Jedes Problem ist die direkte Konsequenz einer Ursache.	**Ermittlung der Vernetzung** Zwischen den Elementen einer Problemsituation sind die Beziehungen zu erfassen und in ihrer Wirkung zu analysieren.
3. Denkfehler Um eine Situation zu verstehen, genügt eine <Photograpie> des Ist-Zustandes.	**Erfassung der Dynamik** Die zeitlichen Aspekte der einzelnen Beziehungen und einer Situation als Ganzem sind zu ermitteln. Gleichzeitig ist die Bedeutung der Beziehungen im Netzwerk zu erfassen.
4. Denkfehler Verhalten ist prognostizierbar, notwendig ist nur eine ausreichende Informationsbasis.	**Interpretation d. Verhaltensmöglichkeiten** Künftige Entwicklungspfade sind zu erarbeiten und in ihren Möglichkeiten zu simulieren.
5. Denkfehler Problemsituationen lassen sich <beherrschen>, es ist lediglich eine Frage des Aufwandes.	**Bestimmung der Lenkungsmöglichkeiten** Die lenkbaren, nichtlenkbaren und zu überwachenden Aspekte einer Situation sind in einem Lenkungsmodell abzubilden.
6. Denkfehler Ein <Macher> kann jede Problemlösung in der Praxis durchsetzen.	**Gestaltung der Lenkungseingriffe** Entsprechend systemischer Regeln sind die Lenkungseingriffe so zu bestimmen, daß situationsgerecht und mit optimalem Wirkungsgrad eingegriffen werden kann.
7. Denkfehler Mit der Einführung einer Lösung kann das Problem endgültig ad acta gelegt werden.	**Weiterenwicklung der Problemlösung** Veränderungen in einer Situation sind in Form lernfähiger Lösungen vorwegzunehmen.

Tabelle B.2.1-1: Problemlösungsmethoden von Prof. Dr. Peter Gomez und Dr. Gilbert Probst von der Hochschule in St. Gallen [Gil87].

Diese sieben Denkfehler verdeutlichen das Problem bei der Herstellung von Software. Ein *System-Entwickler* muß präzise Informationen über eine Vielzahl von Faktoren haben, die auf das System einwirken, um es lenkbar zu erhalten. Dazu zählen nach [Gil87, S. 34] alle inner- wie außerbetrieblichen Einflüsse wie politische, soziale, ethische, wirtschaftliche, ökologische oder technologische. Die **Eigenverantwortlichkeit** sei ein wichtiges Argument für die Eigenentwicklungen. Nur wer die Folgen seines Tuns abschätzen kann, handelt verantwortlich (Vergl. [JON84, *Vorwort*]). Die Eigendynamik eines Systems kann demnach nur dann abgeschätzt werden, wenn die Faktoren des Systems annähernd überblickt werden.

Ein Standard-Software-Hersteller kann nicht annähernd alle Faktoren eines, die Software einsetzenden, sehr stark vernetzten Unternehmens, berücksichtigen, geschweige denn erkennen. Daher muß er zwangsläufig entweder einen Abstrich bei der ganzheitlichen Sichtweise des Informationssystems machen oder bewußt einen der oben aufgezeigten Denkfehler machen.

Dieser Fehler ist im Laufe des Fortschreitens der Menschheit häufig gemacht worden. Abstraktion, bewußt bestimmte Kriterien in seinem Modell auslassen, um es zu überblicken, ist das Prinzip des menschlichen Geistes [vergl. Popp80, Seite 18 bis 40: *The Theory of Objective Truth*]. Zu entscheiden, welche Faktoren weggelassen werden dürfen und welche nicht, ist eine der schwierigsten Aufgaben überhaupt. Die altbekannte *'Flucht nach Vorne'*, also auszuprobieren, was passiert, wenn unangepaßte Modelle eingesetzt werden, kann zum Chaos führen, aus dem oft eine Neuordnung entsteht. Die *permanente Entwicklung* neuer Modelle kann dagegen das Eintreten unkalkulierbarer Zustände verhindern:

> *Es ist für jeden Anwender von Software am besten, wenn er den evolutionsistischen Prozeß in seinem Wirkungsbereich auch direkt in Software abbilden kann.*

Wenn dies über ein Zwischenglied, den Standard-Software-Hersteller, geschieht, können hier Unsicherheitsfaktoren wie Kommunikationsschwierigkeiten, Verzögerungen und vieles mehr auftreten.

Welche Größe ein System maximal haben kann, um in ein überschaubares Modell abgebildet werden zu können, muß immer wieder erörtert werden und ist abhängig von den Mitteln die vorhanden sind, das Modell zu visualisieren.

Bei der Entscheidung für eine Software-Lösung sind dabei die Datenmodellierung und die Netzwerkkonzeption von entscheidender Bedeutung. Insbesondere müssen die Faktoren ermittelt werden, auf die ein *Macher* keinen Einfluß ausüben kann.

Alle Modelle dieser Welt sind nur für eine kurze Zeit und einen kleinen Raum richtig und sie sind dann falsch, wenn sich bestimmte Faktoren unerwartet so verändern, daß die erwünschte Ordnung nicht mehr gewährleistet wird. [nach Karl R. Popper]

Es ist also anzustreben, ein brauchbar abbildbares Unternehmens-Datenmodell zu finden, das die bestehende Gesamtordnung aufrecht erhält und Anpassungen zuläßt.

Moderne Ansätze der Software-Entwicklung lassen heute völlig neue, weitaus effizientere Entwicklungs-Methoden zu. Objektorientierte Entwicklung ermöglicht eine schnelle und angepaßte Erzeugung von Modellen.

Es stellt sich nun die Frage, ob Eigenentwicklungen durch involvierte Fachleute der eigenen Firma mit diesen modernen Werkzeugen die Firmenstruktur besser abbilden, verwalten und anpassen können als die Hersteller von Standard-Programmen. Ihre Aufgabe wäre es, **das System Firma** in ein Daten- und Beziehungsmodell abzubilden und diese Modelle dann zu pflegen. So könnten die aus der Systemformschung stammenden Ideen der ganzheitlichen Sichtweise konsequenter verfolgt werden.

Der Trend zur Standard-Software ist also zu relativieren:

> *Standard-Lösungen sollen die inner- und außerbetriebliche Kommunikation durch eine harmonisierte Informations-Darstellung fördern, nicht aber die Entwicklung der Firmenstruktur und die Cooperate Identity durch starre Firmen-(Daten)-Modelle einengen.*

2.2 Standards und Standard-Software

Nach diesen Überlegungen ist es offensichtlich, daß ein Standard nicht statisch sein darf, sondern sich ständig verändern muß, je nachdem welche Anforderungen gerade gestellt werden, wie groß das Einsatzgebiet des Standards ist und wer den Standard anwendet.
Eine Standard-Software soll nun diese Standards in Software abbilden. Sie soll dem Anwender ersparen, diese Anpassungen mühevoll selber zu erledigen. Sie sollte dabei aber alle Standards beinhalten. Man könnte Standards in:

- **Verfahren-Standards** und
- **Software-Standards**

unterteilen. Während eine Software zum Beispiel alle aktuellen Standards auf dem Gebiet der *Kalkulation von Bauprojekten* (Standardleistungsbuch, Kalkulationsmethoden, ... vergl. [Beuth1]) zu unterstützen vermag und der Hersteller auch garantiert, alle aktuellen Änderungen eines Standards sofort in der Software anzubieten, die **Verfahren-Standards** also gewährleistet sind, könnte diese Standard-Software die üblichen Darstellungen, Verarbeitungen oder Übermittlungen von Informationen nicht beinhalten (z. B. CUA). Somit wäre diese Standard-Software, isoliert von anderen Anwendungen betrachtet, zwar sehr effizient, bei einem immer stärker wachsenden Software-Markt aber sehr schwer mit anderen Produkten vereinbar.
Die Forderung an eine Standard-Software richtet sich also auf die Unterstützung aller *aktuellen Standards*, sowohl der Verfahren, als auch der Software selbst. Wer zum Beispiel die Absicht hat, eine Heilige Schrift in Deutschland auf einer CD-ROM zu veröffentlichen, darf sich nicht damit begnügen, das Christentum in seiner Mannigfaltigkeit darzustellen, sondern er sollte den Text mit lateinischen Schriftzeichen und nicht zum Beispiel mit arabischen Zeichen oder in der babylonischen Keilschrift veröffentlichen, außer es hätte einen Sinn, einen gewissen 'Standard' (z. B. eine Gruppe arabischer Christen in Deutschland) damit abdecken zu können.[1]
Oberstes Gebot jeder Standard-Software ist es also, daß sie unter verschiedenen Gesichtspunkten konform mit den aktuellen Standards ist. Es gilt also:

> *Eine gute Standard-Software kann effizient nur dort greifen, wo bereits umfassende Standards existieren.*

Eine Standard-Software, die nur dadurch zum Standard wird, weil sie von vielen eingesetzt wird, kann nicht die Effizienz in einem Betrieb steigern, wenn sie in vielen Punkten individualisiert werden muß. Bei der Wahl einer Standard-Software sollten also folgende Kriterien hohe Bedeutung haben:

1. *Die Software, welche die meisten Standardisierungen im betrieblichen Umfeld unterstützt, sollte in den Kreis der engeren Auswahl kommen.*

2. *Falls kein Produkt die Anforderungen in einem befriedigendem Maß erfüllt, bietet sich eine Individualprogrammierung an, die auf die geforderten Standards aufsetzt.*

So sind die Anforderungen an zukünftige Entwicklungen komplexer Großprojekte in Konzernen (unternehmensweite Konzeption, Einhaltung bestimmter Methoden, Einsatz von durchgängigen Werkzeugen, eine Datenbank als gemeinsame Grundlage aller Applikationen) nur zu bewältigen, wenn bei der Auswahl der Systemkomponenten die *am Markt anerkannten Standards eingesetzt werden*. Vergl. [Hähn92]

---

[1] Mit diesem Beispiel möchte ich weder einen religiösen noch einen politischen Anspruch erheben.

Durch die beschwerliche und kostenintensive Erstellung von Applikationen mit den traditionellen Mitteln der Programmierumgebung (strukturierte Programmiersprache, Satzorientierung oder die begrenzte Möglichkeit der Maskengestaltung) und die immer steigenden Anforderungen an die Programme, bot es sich immer mehr an, Software einzukaufen (*out sourcing*), da ein eigens zur Software-Erstellung eingerichtetes Unternehmen natürlich viel kostengünstiger arbeiten kann als eine Programmier- oder EDV-Abteilung innerhalb eines, ursprünglich nicht mit der Software-Erstellung verbundenen Unternehmens. Hierbei treten nun ganz neue Probleme auf:

- eine starke Kundenbindung (Anwender an Software-Hersteller),
- Anwender glaubt, die Entwicklung des Standards übernimmt komplett der Hersteller,
- kritische Masse der Anwendungen.

Die Erfahrungen haben gezeigt, daß eine einmal eingeführte Software nur sehr schwer auswechselbar ist. Sie ist in vielen Fällen so proprietär - der Begriff proprietär ist wohl eigens für diese Erscheinung aus den archaischen Sprachtiefen von dem Begriff *Proprietär = Eigentümer* übernommen worden - so daß alle erzeugten Informationsstrukturen, erlernten Anwendungsschritte und eingespielten betrieblichen Verfahren vollkommen auf die Software abgestimmt sind und ein Umstieg außerordentlich kostspielig ist. Ein Umstieg auf eine 'modernere' Software wird also von einem Unternehmer nur selten gewagt, und in Krisenzeiten schon gar nicht.

Damit ist der Kunde an diese Software-Lösung stark gebunden. Diese Erfahrung bestärkt also die Forderung, über eine Standard-Lösung zu verfügen, die so stark an die üblichen Standards angepaßt ist, daß ein Umstieg leicht möglich ist oder überhaupt erst gar nicht notwendig.

Der Anwender muß sich bei der Einführung auch deshalb darüber bewußt sein, daß die *Verfahrens- und Software-Standards* nicht ausschließlich vom Software-Hersteller vorgegeben werden dürfen, sondern vom Anwender aktiv mitgestaltet werden müssen. Diese Zusammenarbeit von Standard-Software-Hersteller und Anwender ist dann am effizientesten, wenn die Kommunikation zwischen beiden möglichst reibungslos funktioniert. Dies bedeutet, daß die Schnittstellen - dies sind zum Beispiel die Qualitätsdefinition, die Funktionsdefinition oder die Datendefinition - völlig harmonisiert sein müssen. Kann diese Forderung erfüllt werden?

In der Natur würde eine solche Forderung jedoch im übertragenen Sinne bedingen, daß beide, der Hersteller und der Anwender, sich gegenseitig immer mehr anpassen müßten, um diesen Vorgang der Evolution (Entwicklung) bestmöglich zu gewährleisten. [vergl. Saga93, S. 130 u. 131]

[Chinesisches Sprichwort: *"Jedes Wesen nimmt die Farbe seiner Umwelt an."*]

Nur durch eine *ständige und schnelle* Anpassung der Standards an seine Anforderungen können brauchbare Standards entstehen. Dies ist nur möglich, wenn der Anwender eine Forderung stellt, dessen Realisierung sofort erprobt und Änderungen unmittelbar beeinflußt werden können.

2.3 Standards und Kommunikation

*"Das Phänomen der Kommunikation wird durch die Kommunikationswissenschaft untersucht. Sie ist eine junge Disziplin und hat für die Zukunft des Menschen als Mitglied von Gesellschaft eine große Bedeutung, **da die Kommunikation für den Menschen und sein gesamtes Handeln eine ähnliche wichtige Stellung einnimmt wie die Versorgung mit Nahrungsmitteln und sonstigen Gütern für seine Existenz.**"*

<roro89, Kommunikation>

Aus diesen Worten des *rororo Computerlexikons* geht eindeutig hervor, daß die Bewältigung alter Hemmnisse der Kommunikationsschwierigkeiten höchstes Ziel, nicht nur im öffentlichen Leben, sondern gerade auch im wirtschaftlichen Unternehmen sein muß. Gerade diese Barrieren sorgen heute für immense Effizienzeinbußen, sei es aus Gründen der Überbürokratisierung oder aus einem Mangel an einheitlichen Kommunikationsschnittstellen.

Diese Vereinheitlichung kann nur durch ein hohes Maß an Standardisierung und Präzisierung der gemeinsamen Sprache stattfinden. Dazu sagte Konfuzius in seinen Reden zu Staat und Gesellschaft:

"Angenommen, man würde Euch mit der Regierung betrauen, was tätet Ihr zuerst?
Der Meister:
Sind die Namen nicht richtig, dann ist die Sprache nicht passend.
Ist die Sprache nicht passend, dann werden die Handlungen nicht vollendet, dann gedeihen die Riten nicht.
Gedeihen die Riten nicht, dann weiß das Volk nicht, wohin es Hand und Fuß setzen soll.
Deshalb gibt der Edle die Namen so, daß die Sprache möglich wird und verwendet die Sprache so, daß die Handlung möglich wird."

<Konfuzius>

Die exakte Definition der Bedeutung einer Nachricht bestimmt also die Effizienz des Unternehmens in einem hohen Maße. Die präzise Wahl der Sprache für die Beschreibung der Wirklichkeit allerdings stellt ein Problem an sich dar. Dazu äußerte sich Kant:

"Aller Irrtum besteht darin, daß wir unsere Art, Begriffe zu bestimmen oder abzuleiten oder einzuteilen, für Bedingungen der Sprache selbst halten."

<Immanuel Kant>

So bilden wir die reale Welt nicht wirklichkeitsgetreu in Sprache, Modell und, seit es Datenverarbeitung mittels Computer gibt, eben auch in Software, ab.

Erschwerend kommt hinzu, daß die Sprache nur einen Teil der Wirklichkeit wiedergeben kann:

"Das Verständlichste an der Sprache ist nicht das Wort selber, sondern Ton, Stärke, Modulation, Tempo, mit denen eine Reihe von Worten gesprochen werden - kurz die Musik hinter den Worten, die Leidenschaft hinter der Musik, die Person hinter dieser Leidenschaft: Alles das also, was nicht geschrieben werden kann."

<Friedrich Nietzsche>

Kann man nach dem Einwand von Nietzsche überhaupt *Information* in seiner ganzen Fülle übermitteln? Nach der heute üblichen Definition werden eigentlich auch keine *Informationen* übertragen, sondern **Nachrichten**. Eine Nachricht ist eine reduzierte Information. Sie ist eine zweckbezogene Form bestimmter Zeichen oder Symbole und kann nie die volle Information beinhalten. Diese Überlegung sollte bei der Konzeption von Informationssystemen[1] und insbesondere von Datenbanken eine vordringliche Rolle spielen. Datenbanken speichern keine Informationen, sondern Nachrichten; aus ihrem Zusammenhang gerissene Informationen.

Bei der Entwicklung von Standard-Modellen, Standard-Informationssystemen oder Standard-Software wäre also eine Euphorie über die Möglichkeiten dieser *'Informations-Techniken'* fehl am Platz. Sie erlauben zwar sogar eine, gegenüber der Sprache verbesserte, Kommunikation (durch die Übertragung von Bildern, Tönen, ...) Trotzdem ist die Unergründlichkeit der Entstehung einer Information, ihr mannigfaltiger Bezug nicht gänzlich übermittelbar:

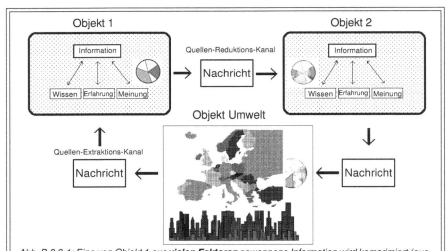

Abb. B.2.3-1: *Eine von Objekt 1 aus* **vielen Faktoren** *gewonnene Information wird komprimiert (aus ihrem engeren Zusammenhang herausgezogen) und über einen Kanal (Medium) einem anderen Objekt angeboten. Das zweite Objekt vergleicht diese Information mit seinen Eigenschaften (Wissen, Erfahrung und Meinung) und gibt wieder eine reduzierte Information weiter. Dieses Prinzip kann auch für einkomplexes Objekt wie die Umwelt gelten. Damit findet eine* **Evolution von Information** *statt, sie ist also nicht statisch.*

Informationssysteme sind deshalb eigentlich *Informationsvernichtungssysteme*. Schon bei einer einfachen Rechnung - *z. B. 2*4=8* - werden Informationen vernichtet, nämlich die zwei *Faktoren 2* und *4*, falls sie nicht mitabgespeichert wurden. Aus dem *Ergebnis* ist nicht mehr ersichtlich wie es zustande gekommen ist. Die Aufgabe könnte genauso gut *2*2*2* oder *4*2* oder *1*8* gelautet haben. Es ist davon auszugehen, daß alphanummerische Zeichen, Bilder oder Meßdaten im weiteren Sinne ebenfalls dieser *Vernichtung* zum Opfer fallen. **Sie werden hochgradig komprimiert. Sie werden zweckoptimiert. Sie werden standardisiert. Ist Kommunikation also grundsätzlich zweckgerichtet? Scheint Kommunikation so immer zur Standardisierung zu führen?**
Die Grenzen der Standardisierung werden dabei scheinbar offensichtlich. Im Kapitel *3.2 Datenbanken* werde ich auf diese Thematik weiter eingehen.

---

[1] Der Begriff Informationssystem ist so in doppeltem Sinne völlig irreführend: Erstens ist Information und System nicht ohne weiteres zu unterscheiden (siehe Kapitel *1.2*), das Wort ist deswegen widersinnig, und zweitens werden in diesem Sysetm keine Informationen verarbeitet, sondern eben Nachrichten.

Ein weiterer wichtiger Punkt, den ich hier ansprechen möchte, ist die Kommunikation über virtuelle Schnittstellen. Es handelt sich hier um Schnittstellen, die *nicht direkt* vorhanden sind. Ein prägnantes Beispiel dazu ist der 'Börsenkrach' in den Vereinigten Staaten von Amerika im Jahre 1989. Er kam dadurch zustande, daß eine Großzahl der Aktionäre ihre Entscheidungen mithilfe eines Software-Programms, das die Charts auswertete, trafen. Da viele Programme auf den *selben Schwellenwert* eingestellt waren, bei dem sie zum *Kaufen* oder *Verkaufen* einer Aktie rieten, entstand dadurch ein *Lawineneffekt*, der die Kurse der Aktien drastisch fallen ließ. Das ansich stabile Börsensystem wurde durch eine Gleichschaltung vieler Entscheidungsträger quasi aus den Angeln gehoben. Die Kommunikation dieser Entscheidungsträger geschah über eine *virtuelle Schnittstelle, über eine Information*, die angab wie hoch sie ihren Schwellenwert in ihrem Programm einstellen mußten.

War dieser Effekt ein Einzelfall, oder gibt es solche Erscheinungen in Hülle und Fülle? Könnte ein einheitlicher Standard eine Ursache für solche Effekte sein? Kann man allgemein davon ausgehen, daß Standards überhaupt für die virtuelle Kommunikation verantwortlich sind?

Sicherlich ließe sich darüber streiten. Bei der Diskussion darüber, ob ein Standard eingeführt werden soll oder nicht, sollte dieser Denkansatz existieren.

2.4 Standard und Objektorientiertheit

Die in dieser Arbeit vollzogene Aufteilung eines Informationssystems in Daten, Methoden, Organisation und Benutzer soll nicht darüber hinwegtäuschen, daß alle diese Elemente in einer engen Beziehung zueinander stehen. Der Trend in der Software-Entwicklung hin zur objektorientierten Arbeitsweise verdeutlicht diesen starken Konnex. Durch die Vereinigung von Daten und Methoden zu einem Objekt werden die Daten vor dem allgemeinen Zugriff abgekapselt (Kapselung) und nur bestimmten Methoden zugänglich gemacht. Dieses so entstehende Objekt steht mit anderen Objekten in Beziehung.

So erhalten die Daten und die Methoden eine ganz bestimmte Eigenschaft und Pragmatik. Das Anliegen, Standards zu entwickeln und einzusetzen, muß sich folglich auch auf jene Objekte richten. Es wäre z. B. sinnlos, aus ihrem Kontext herausgerissene Daten vereinheitlichen zu wollen.

Das schwierige Unterfangen, die richtigen Standards auszumachen, sind so mit dem Problem der Objekt-Identifizierung stark verbunden. Die objektorientierte Analyse (OOA) beschäftigt sich mit dieser Aufgabe. Sie ist ein moderner Ansatz in der Entwicklung von (Betriebs-) Datenmodellen und -methoden.

Das bisherige Erfolgsrezept für fortschrittliches und effizientes Arbeiten, "Teile und Herrsche" scheint also eine gewaltige Reform zu erleben und ist bei der Software-Entwicklung wohl am besten erkennbar. Dieses Rezept brachte das heutige pluralistische und differenzierte Wirtschafts- und Gesellschaftsumfeld hervor. Um es nun organisatorisch effizient fassen zu können, ist eine hohe Analysearbeit erforderlich. Die starke Verflechtung der einzelnen Objkete miteinander erschwert diese Arbeit in beträchtlichem Maße.

Der berühmte Römische Satz *"devide et impera"* hat demnach heute nicht mehr uneingeschränkte Gültigkeit. Er müßte lauten: *"devide, componere et impera"*, also *"teile, ordne und herrsche"*.

Die objektorientierte Analyse[1] sollte also bei der Entwicklung neuer *Systeme*[2] Vorrang gegenüber anderen Analysemethoden haben. Auch bei der Auswahl von Standard-Software sollten Entscheidungen aufgrund von objektorientierten Sichtweisen gefällt werden. Dadurch ist die ganzheitliche Darstellung und Lösung eines Problems garantiert, was heutige Entscheidungen bei der sich ständig verändernden Situationen erfordern.

Um diese ganzheitliche Analyse durchführen zu können, müssen also die Objekte identifiziert werden. Sie befinden sich in einem System. Dieses System kann Abteilung, Betrieb, Konzern, Stadt oder Land heißen. Folgende Kategorien können bei dieser Untersuchung dienlich sein [Völz82, S. 10].:

U	Unterschied
I	Identität
R	Relation oder Eigenschaft
D	Ding

Im Folgenden sollen U, I, R und D kurz beschrieben werden.

---

[1] *"Analyse*: Auflösung, Zerlegung, systematische Untersuchung hinsichtlich aller einzelnen Komponenten." [Fremdwörterduden 1990]
Objekt: "Informationsträger, der einen (zeitlich veränderbaren) Zustand besitzt und für den definiert ist, wie er auf bestimmte "Nachrichten" (eingehende Mitteilungen an ein Objekt) zu reagieren hat. Die Definition einer Nachricht kann sich im zeitlichen Ablauf verändern, so daß ein und dasselbe Objekt auf eine Nachricht zu verschiedenen Zeitpunkten unterschiedlich reagieren kann." [Informatikduden 1988]
[2] Das Wort *System* wird in unserem Wirtschafts- und Werbedeutsch oft irreführend verwandt. Um jedoch die Bedeutsamkeit dieses Begriffs für diese Arbeit zu unterstreichen, sei auf das Kapitel 1.1.3 verwiesen.

Ein Unterschied ist die Nichtübereinstimmung oder Nicht-Identität zwischen Dingen der objektiven Realität. Die Identität kennzeichnet die Übereinstimmung eines Dinges sowohl *räumlich* als auch *zeitlich*. Eine zeitliche Identität bedeutet, daß ein Ding seine Eigenschaften nicht verändert. Es ist also zu verschiedenen Zeiten identisch. Seine räumliche Identität ist dadurch gekennzeichnet, daß es mit anderen Dingen zu einer Zeit identisch ist.

So kann *"eine Eigenschaft als eine bestimmte Klasse von Unterschieden und eine Relation als eine bestimmte Klasse von Identitäten"* aufgefaßt werden.

*"Ein Ding wird durch seine **innere** Identitäts-Relation und durch seine **äußere** Unterschieds-Relation bestimmt."* Von diesen vier Kategorien können entsprechend den Pfeilen in Abb. 2.4-1 jeweils zwei wechselseitig ineinander entarten [Völz82, ab S. 2, *Kapitel 1.1: Allgemeine Grundlagen des Systems*]:

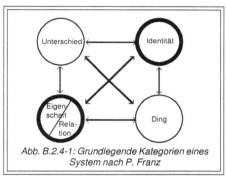

Abb. B.2.4-1: Grundlegende Kategorien eines System nach P. Franz

Bei der Einführung, eines durch eine Standard-Software bedingten Betriebsdatenmodells, sind Änderungen der Eigenschaften (Unterschiede) der äußeren Objekte (Dinge) nur über langwierige Verhandlungen und zuviele Kompromisse mit dem Hersteller möglich. Käme beispielsweise ein allgemeingültiges Datenmodell (wie es bei SAP in R/3 existiert) zum Einsatz, wäre dies eine *Entartung von Relation und Identität*. Dies möchte ich im Folgenden beschreiben:

Jeder wirtschaftliche Betrieb steht in einem Zusammenhang mit seiner übrigen Welt. Außerdem besteht der Betrieb selbst aus mehreren Zusammenhängen. Es sind Objekte, die in einer mehr oder weniger starken Bindung miteinander verknüpft sind. Dieses Prinzip stellt folgende Graphik dar:

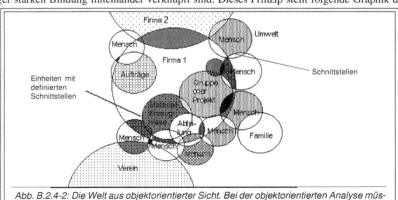

Abb. B.2.4-2: Die Welt aus objektorientierter Sicht. Bei der objektorientierten Analyse müssen die relevanten Einheiten (Module) identifiziert und abgebildet werden. (Hier nur eine symbolische Darstellung - kein E/R-Modell)

Jedes Objekt dieser Welt hat eigene Eigenschaften aber auch Gemeinsamkeiten (Schnittstellen) mit anderen Objekten. Das Maß dafür, wieviel Eigenarten und wieviele Einheitlichkeiten ein Objekt hat ergibt sich grundsätzlich aus der Synergie selbst. Eine gezielte Steuerung dieses Maßes in einem komplexen System von Objekten ist nahezu hoffnungslos. Das Maß könnte als das Verhältnis der äußeren Identität und der inneren Identität bezeichnet werden:

$$Flexibilit\ddot{a}tsgrad = \frac{innere\_Identit\ddot{a}t}{\ddot{a}u\beta ere\_Identit\ddot{a}t} \quad , \quad F = \frac{I_i}{I_{\ddot{a}}} \qquad [1]$$

$$I_i + I_{\ddot{a}} = konst. = Verm\ddot{o}gen \quad \text{z.B.} \quad I_i + I_{\ddot{a}} = 100 \qquad [2]$$

$$E \sim \frac{1}{F} \qquad [3]$$

Die äußere Identität $I_{\ddot{a}}$ ist zweckorientiert. Sie bestimmt das **aktuelle** Überleben. Wenn es gelingt, sie mit den $I_{\ddot{a}}$ der anderen Objekte zu harmonisieren, kann dieses so entstehende Objekt sehr effektiv werden:

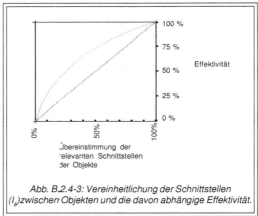

Abb. B.2.4-3: Vereinheitlichung der Schnittstellen ($I_{\ddot{a}}$)zwischen Objekten und die davon abhängige Effektivität.

Die innere Identität I_i bestimmt das Vermögen des Objektes, sich an die verändernde Umgebung anzupassen. Sie ist für kurzfristige Aufgaben ohne Belang und **darf nicht standardisiert** oder vereinheitlicht werden. Andernfalls würde die Flexibilität abnehmen.

Je größer das Verhältnis F ist, desto flexibler ist ein Objekt. Die Flexibilität verhält sich zu der Effektivität reziprok (siehe auch Kapitel 1.1.4). Eine maximale Effektivität bedeutet aber noch nicht, daß das Objekt überlebensfähig, das heißt *beständig* ist. Die Beständigkeit kann nur durch eine große inneren Identität verbunden mit einer großen äußeren Identität verbessert werden. Ist die innere Identität I_i sehr groß und $I_{\ddot{a}}$ sehr zweckorientiert, also an die Umgebung angepaßt, ist das Objekt sehr beständig. Andererseits verlangt ein großes I_i einen hohen *'Organisationsaufwand'*. Wenn er zu groß ist, also die gewachsenen Strukturen ihn nicht bewältigen können, wird die Beständigkeit auch abnehmen, da das Objekt zur Instabilität neigt. Vereinfacht könnte dieses Prinzip folgendermaßen ausgedrückt werden:

$$Effizienz = Effektivit\ddot{a}t \cap Nachhaltigkeit \cap Flexibilit\ddot{a}t \qquad [4]$$

Welche Schnittstellen sind nun als relevant anzusehen und welche nicht? Das Prinzip des objekt-orientierten Ansatzes lautet:

Soviele Schnittstellen wie nötig und sowenig wie möglich.

Alle Eigenschaften eines Objektes, die bei allen anderen mit ihm in Beziehung stehenden Objekten **ähnlich** sind, und dort wo Kommunikation **notwendig** ist, ist eine standardisierte Schnittstelle zwingend um die Effektivität zu steigern. Gerät dadurch die Flexibilität, das heißt das Repertoire an der inneren Identität, nicht in Mitleidenschaft, kann diese Schnittstelle eine positive Auswirkung auf das Objekt haben. Um das Verhältnis von innerer und äußerer Identität abschätzen zu können, sollen hier einige Beispiele gegeben werden:

- kurzlebiges Objekt:	F = 0,0526	= 5 / 95	hoch spezialisiert, kurzleb.
- langlebiges Objekt:	F = 199	= 99,5 / 0,5	hoch flexibel, langlebig
- effektives Objekt:	F = 0,01	= 1 / 99	hoch effektiv und kurzleb.
- effizientes Objekt:	F = 49	= 98 / 2	flexibel und effektiv
- Gene des Menschen:	F = 32,33	= 97 / 3	[Saga93][1]
- Firma:	4 < F < 19	= 95 / 5, 80 /20	geschätztes Richtmaß

Wenn die äußere Identität Null ist, ist das Objekt vollkommen flexibel. Es existiert gewissermaßen ohne jeglichen Kontakt zur Außenwelt, es ist völlig autark. Dies stellt nach der Definition von [Völz82] eine Entartung der Identität und Relation (zu anderen Objekten) dar. Seine Existenz wäre nicht möglich, weil es dazu mit anderen in Beziehung stehen muß. Eine gegen Null tendierende innere Identität stellt eine Entartung von Eigenschaft und Unterschied (zu anderen Objekten) dar. Dieses Objekt ist seiner Existenz ebenfalls entraubt, da es alle seine Eigenschaften mit anderen Objekten vereint hat. Das Objekt ist quasi von anderen Objekten aufgrund seiner Eigenschaften nicht mehr zu unterscheiden:

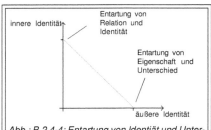

Abb.: B.2.4-4: Entartung von Identiät und Unter-schied bei gleichbleibendem Repertoire an Vermögen. Mit der Nebenbediungung aus [2]:

$$I_i + I_a = konst. = Vermögen = V$$

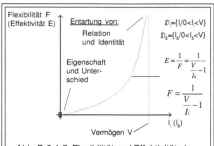

Abb. B.2.4-5: Flexibilität und Effektivität eines Objektes in Abhängigkeit von seiner inneren und seiner äußeren Identität.

Aus $F = \dfrac{I_i}{I_a}$ und $V = I_i + I_a$ folgt: $\rightarrow I_a = V - I_i \rightarrow F = \dfrac{I_i}{V - I_i} \rightarrow F = \dfrac{1}{\dfrac{V}{I_i} - 1}$

$\rightarrow$ *Effektivität* $= E = \dfrac{1}{F} = \dfrac{1}{\dfrac{V}{I_a} - 1}$ (Vergl. Abb. B.2.4-5).

[1] Aus dem Kapitel 'Leben ist nur ein Wort aus drei Buchstaben', S. 105-134, geht hervor, daß die Gen-Informationen des Menschen zu 97% völlig unnütze Sequenzen beinhalten und daß nur 3% für das verantwortlich sind, was den Menschen ausmacht.

Die Flexibilität nimmt also bei einer steigenden *inneren Identität* unbegrenzt zu, während die Effektivität bei steigender *äußeren Identität* unbegrenzt ansteigt.

Welches Verhältnis F soll ein Objekt, sei es eine Firma, ein Mensch oder ein *'programmiertes'* Objekt (z. B. in C++), haben? Dazu ist natürlich der Zweck des Objektes erst festzulegen. Ein kurzlebiges Objekt benötigt keine große innere Identität. Es würde zum Beispiel ein F von 0,05 genügen. Ein langlebiges Objekt jedoch müßte ein F in der Größenordnung von 199 haben.

Dieser Zusammenhang wird in dieser Arbeit noch eine bedeutende Rolle spielen. Standardisierungen beziehen sich genau auf diese Objekte. Es sind Betriebe, Verfahren, Informationen, Systeme oder Programme. Es sind alles Objekte mit einer eigenen Identität, mit Eigenschaften und Schnittstellen.

Folgendes Beispiel verdeutlicht wie innere und äußere Identität einer Firma in einem unternehmensweiten Datenmodell kombiniert werden können:

Um ein ausgeglichenes Verhältnis von Effektivität und Flexibilität in einer Firma zu erhalten, müssen viele Schnittstellen zur Außenwelt (Kunde, Lieferer, Mitarbeiter, ...) standardisiert werden. Gleichzeitig muß die innere Identität ihre Qualität und Quantität behalten oder besser, erhöht werden.

Durch eine *ausgeglichene Bewertung von Standard-Software und Eigenlösungen, Standard und Nicht-Standard* im Betrieb kann hier ein Ausweg gefunden werden. Bei der LEICA Heerbrugg AG wurde dieser Weg eingeschlagen und mit Erfolg zu Ende gegangen. Der Leiter des Information Engineering und der Datenmanager bei LAICA berichten:

"Mit dem Datenchaos als Folge isoliert gesehener Anwendungssysteme und technikzentrierter Denkweise haben heute viele Unternehmen Probleme. Als ein erfolgversprechendes Mittel, dieses Chaos in den Griff zu bekommen und zu eindeutigen, strukturierten Informationen zu gelangen, hat sich das unternehmensweite Datenmodell erwiesen.

Viele Unternehmen besitzen heute bereits ein unternehmensweites Datenmodell oder sind im Begriff, es zu erstellen. Andererseits wird in immer stärkerem Umfang versucht, durch den Einsatz von Standardsoftware möglichst große Teile der betriebswirtschaftlichen und technischen Anwendungen abzudecken. Nicht selten ist damit die Hoffnung verknüpft, durch Verwendung der von der Standardsoftware vorgegebenen Informationsstruktur auch das Datenchaos zu bewältigen und die unternehmensweite Datenmodellierung überflüssig zu machen. Dabei wird übersehen, daß die Informationsstruktur der Standardsoftware nur einen Rahmen vorgibt, der jedoch verstanden, den Erfordernissen des Unternehmens angepaßt und mit den richtigen Unternehmensdaten gefüllt werden muß. .... Die Modellierung der sehr allgemeinen Standardinformationsstrukturen würde an den Bedürfnissen vorbeigehen. Dieser Sachverhalt impliziert, daß selbst bei Existenz eines Datenmodells zu einer Standardsoftware deren unternehmensspezifische Datenmodellierung nicht ersetzt werden kann."

Ich möchte schließlich der Vollständigkeit halber die Fachbegriffe der objektorientierten Arbeitsweise erwähnen. Durch die Einteilung der Welt in Objekte kann auch von der Untergliederung in *Module* gesprochen werden. Diese müssen *kombinierbar* und übersichtlich verwaltbar sein. Die Module müssen *beständig* sein, daß heißt eben einen ganz bestimmten Flexibilitätsgrad besitzen. Ausnahmesituationen wirken sich nur auf wenige Module aus. Diese Eigenschaft wird als *Geschützheit* bezeichnet. Das *Schnittstellenprinzip* besagt: Soviele Schnittstellen wie nötig aber sowenig wie möglich. Zusätzlich sollen Eigenschaften *vererbbar* sein, daß heißt weitere Module können auf die bestehenden Module aufbauen. Der *Polymorphismus (Vielstrukturiertheit)* besagt schließlich, daß die entstehenden Module verschiedenartige Strukturen bilden können.

2.5 Standards und Vielfalt

Wer alle gefundenen Körner frißt, ist selbst ein blinder Hahn.
<Philip Rosenthal, jun.>

Wenn der Präsident der EG-Kommission Jacques Delors bei einem Besuch in Wien sagt, *"die Einheit Europas liegt auch in der Vielfalt"*, so klingt diese Äußerung sehr widersprüchlich. Das Normungsinstitut DIN hat bei dem Versuch, *eine* Durchschnittsgröße für den Europäer auszumachen, das Handtuch geworfen und mußte *mehr als einen* Durchschnittswert angeben. Einen für den Süd-Europäer und einen für den aus dem nördlichen Teil Europas kommenden Einwohner.
Trotzdem existiert eine gewisse Einheit der Europäer. Es gibt viele Gemeinsamkeiten, die vielleicht gar nicht so offensichtlich sind. Sei es eine teilweise gemeinsame Geschichte, die Religion oder andere gesellschaftliche Werte.
Genauso gibt es jedoch Gemeinsamkeiten mit anderen Ländern und Völkern auf dieser Erde. Sie sind oft nur längst nicht so zahlreich und gewichtig wie die der Europäer untereinander. So stehen also alle Länder und Völker miteinander durch Gemeinsamkeiten -Identitäten- in Beziehung.
Wirft man einen Blick in ein Land oder Volk so erkennt man, daß es wieder aus mehreren eigenen Gruppen besteht. Es sind Regionen, Städte, Dörfer, Familien und schließlich Menschen.

Es gibt also eine Stufenordnung der Gemeinsamkeiten. Je mehr Stufen zwischen zwei Dingen liegen, desto weniger sind meistenteils die Gemeinsamkeiten. Dies hat zur Folge, daß es auch weniger Schnittstellen gibt, was leicht einzusehen ist. Ist das die Einheit in der Vielfalt, ein System mit vielen Sub-Systemen? Das Prinzip wird als Subsidiarismus (Subsidiarität) bezeichnet und soll nach der katholischen Lehre nicht verändert werden.

Heute stehen wir jedoch vor dem schwerwiegenden Problem, daß durch unsere erfundenen Techniken, wie dem Automobil, dem Telefon und immer häufiger der modernen Informationssysteme, die Stufen vielzählig übersprungen werden. Die sich in Jahrtausenden entwickelte Ordnung wird durch den Menschen aufgebrochen. Es finden Völkerwanderungen in nie gekanntem Ausmaß statt, Identitätsverluste prägen viele Menschen und Völker. Neue Schnittstellen entstehen und neue Gemeinsamkeiten bilden sich gleichzeitig mit neuen Identitäten.
Bei diesem Prozeß kann und muß die neue Technik, die jene Wandlungen hervorgerufen hat, behilflich sein. Sie muß den Austausch von Informationen möglichst gut gewährleisten. Doch genau dort fängt das Problem an. Die altbewährten Schnittstellen waren wohl definiert. Diese neuen Schnittstellen sind sehr schwer festsetzbar. In der heutigen Zeit des Pluralismus kommuniziert jede Stufe mit jeder. Das System ist *engmaschiger* geworden. Die Schnittstellen sind aufgerissen und in alle Winde verteilt. Bei der Suche nach neuen Gemeinsamkeiten werden durch den Pluralismus und Individualismus der *alten* Einheiten die Karten neu gemischt. Es werden sich dem *Kommunikationsgrad* entsprechend neue Einheiten bilden.
Bei den Standardisierungsbestrebungen für Informationssysteme treten nun genau diese Erscheinungen zutage. Durch die Vielfalt an technischen Entwicklungen verschiedener Länder, Firmen und Einzelpersonen gibt es Portabilitätsschwierigkeiten, gerade bei den modernen Client-Server-Systemen [vergl. CW21/93]. Da sich aber alle in *einem* System ohne Stufenordnung, dem *freien Markt* befinden, gibt es keine *Nischen* für *Minderheiten-Produkte*. Sie können keine eigenen Einheiten bilden, damit würden sie sich dem Markt verschließen. Es gilt also die Devise, sich anzupassen oder unterzugehen. Dies sind die Konsequenzen für den Hersteller. Was bedeutet dies für den Anwender dieser neuen Informations- und Kommunikationssysteme?
"Als Marshall MacLuhan den Terminus vom 'Globalen Dorf' prägte, meinte er damit primär das Durchdringen aller lokalen, kulturellen und nationalen Grenzen durch die Omnipräsenz der elektronischen Medien." [Glob93, S. 2] Tatsächlich sind heute schon viele Firmen mit ihren Außenstellen, Vertriebsstellen oder Verkaufsleitern weltweit durch elektronische Medien verbunden. Auch der innerbetriebliche Informationsaustausch hat sich verändert.

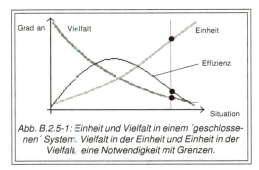

Abb. B.2.5-1: Einheit und Vielfalt in einem ´geschlosse-nen´ System. Vielfalt in der Einheit und Einheit in der Vielfalt, eine Notwendigkeit mit Grenzen.

Was früher die Rohrpost oder das persönliche Gespräch war, wird heute vielfach über E-Mail (z. B. M/Mail von der Firma Kühn & Weyh) erledigt. Franz Nahrada, Leiter des GIVE-Projektes (Glob93) spricht hierbei von *virtuellen Gemeinschaften*. Er spricht das Problem an, wie sich Gemeinschaften bei dem Übergang von der *Industriegesellschaft* in die *Informationsgesellschaft* wieder in sinnvolle Einheiten zusammenschließen können.

Bei der Wahl des Informationssystems sollte eine Firma also diesen sozialen Aspekt berücksichtigen und betriebsintern unterstützen und vor allem Veränderungen auf dem Markt schnell erkennen können, um eine *Isolation* in einer sich verändernden Wirtschafts-, Gesellschafts- und Technologie-welt zu vermeiden. **Die *Standards*, die sich so herausbilden, werden diese neuen *Einheiten* sein.** Das *Mitwirken* jedes Einzelnen, jeder Firma, jeden Landes formt sie, auch wenn sie enger verknüpft sein werden als heute.

Daß dabei immer wieder Fehler begangen werden, teils aus egozentrischen Gründen, teils aus Unwissenheit, lehrt uns die Geschichte. Daher sollten hierbei einige Grundsätze beachtet werden. Ein ehemaliger Forstwirt und Dozent für Projektmanagement an einer Hochschule sprach davon, sich die *"Vielfalt als eine Quelle für Innovationen"* zu nutzen, um eine andere *Vielfalt von Einheiten* zu bilden. Die Frage danach, wie groß eine Einheit nun sein soll, damit sie funktionsfähig und effizient ist, sollte allerdings eher mit der Emperie als mit dem Geist beantwortet werden. Carl Sagan geht in seinem Buch *Schöpfung auf Raten* [Saga93] darauf ein, wie sich Gemeinschaften bilden und welche Größe sie idealerweise haben sollten. Er kommt dabei auf 200 bis 300 Individuen. ***Es gibt also für jedes Objekt ein optimales Maß für die Einheit und die Vielfalt (siehe Abb. 2.5-1)***. Als Kriterium für Einheit und Vielfalt (Freiheit) könnte die von dem lutherischen Ephorus Peter Meiderlin im Jahre 1626 erhobene Mahnung zum Frieden mit der Kirche an die Theologen der Augsburgischen Konfession, erwähnt werden:

"In necessariis unitas,
in dubiis libertas,
in omnibus autem caritas."

In notwendigen Dingen Einheit,
in zweifelhaften Freiheit,
in allen aber Liebe.

<Im Jahre 1626:
In Paraenisis votiva pro Pace Ecclesiae, ad
Theologos Augustande Confessionis,
Mahnung zum Frieden der Kirche, an die Theolo-
gen der Augsburgischen Konfession)
von dem lutherischen Ephorus Peter Meiderlin>

Bei der Wahl eines Informationssystems zwischen Standardlösung und Eigenlösung, sollte also darauf geachtet werden, daß ein richtiges Verhältnis von Einheit und Vielfalt, Standard und Flexiblität gewährleistet bleibt.

Wenn die Quintessenz dieser Diplomarbeit eine möglichst operative Standardisierung ist, das heißt eine Standardisierung der Verfahren und Daten auf unterster Ebene - quasi eine *Standardisierung von unten* -, so bedeutet dies, daß auch dort eine *gewisse Vielfalt* erhalten bleiben muß.

So existieren heute eine Reihe von Arbeitsgeräten für die tägliche Arbeit in den Betrieben. Nach einer Untersuchung des Bundesinstituts für Berufsbildung/Globus nannten von je 100 Befragten im Jahre 1992 als häufigstes Arbeitsmittel folgende Geräte: 63 Schreibzeug, 56 Telefon, Fax und Fernschreiber, 37 Computer und NC-Maschine, 33 einfache Werkzeuge wie Hammer oder Pinsel, 32 Kopiergerät, 25 Schreibmaschine, 19 Meß-Prüfgerät, 18 elektrisches Handwerkzeug und 13 ein Diktiergerät. Die Vielfalt an modernen und traditionellen Arbeitsgeräten kennzeichne so den modernen Arbeitsplatz.

Es gibt so eine *Vielzahl von Standards* und es wäre unvernünftig, *plötzlich* alle Arbeiten mit einem Standard abdecken zu wollen, auch wenn verschiedene Standards ähnliche Zwecke erfüllen. Es hängt davon ab, wie sich die Standards bewähren und wie sie akzeptiert werden (siehe Kapitel 2.7.2). Vor allem aber hängt es davon ab, wie motiviert und wie kritisch sich die Anwender neuen Techniken und traditionellen Verfahren gegenüber verhalten, denn die größte Innovation ist immer noch der Mensch mit seinen Ideen und seinen Erfahrungen.

Eine weitere Überlegung ist das Verhältnis von Spezialisierung und Verallgemeinerung, das Carl Sagan in seinem Buch am Beispiel der Entwicklung von Lebewesen beschreibt : *"Besondere Konstruktionsmerkmale für das Schwimmen oder Laufen widersprechen jenen für das Fliegen. Die meisten Arten, die vor solchen Alternativen stehen, werden durch Zuchtwahl zur einen oder anderen Anpassung gezwungen. Wesen, die ihre Möglichkeit zu weit spannen, werden gewöhnlich von der Weltbühne verdrängt.* **Zu große Verallgemeinerung ist ein Entwicklungsfehler.** *Aber auch Organismen, die zu spezialisiert sind, die in einer einzigen, eingeschränkten Umweltnische, aber nur dort, außergewöhnlich gute Leistungen erbringen, sterben für gewöhnlich aus; sie sind in der Gefahr, einen faustischen Handel einzugehen und ihr langfristiges Überleben gegen den schmeichelhaften Erfolg einer glänzenden, aber kurzfristigen Karriere einzutauschen."* [Saga93, S. 315] (Vergl. dazu Abb. 2.5-3)

Muß eine Standard-Software ebenfalls dieses Kriterium der Ausgewogenheit zwischen Spezialisierung und Verallgemeinerung erfüllen? Wie allgemein und wie speziell muß ein Standard sein?

Natürlich läßt sich hierfür kein Gesetz angeben, genau wie bei der Evolution der Lebewesen. Dieses Verhältnis ist immer eine Angelegenheit von Erfahrung, Emperie und Test: *Trial-and-Error-Method.* Aspekte dieser Methode werden im Laufe dieser Areit besprochen. Qualitativ läßt sich dieses Prinzip folgendermaßen darstellen:

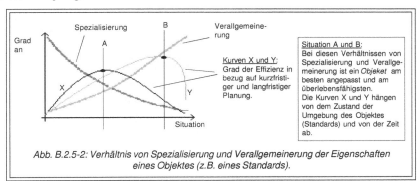

Abb. B.2.5-2: Verhältnis von Spezialisierung und Verallgemeinerung der Eigenschaften eines Objektes (z.B. eines Standards).

Abb. B.2.5-3: **Lucht en water** *(Luft und Wasser) nach dem holländischen Graphiker M.C. Escher im Jahre 1938. [Esch92]*

Die Luft und das Wasser: *Um die horizontale Mittellinie sind sich die Vögel und die Fische gleich. Das Fliegen bedingt aber die Existenz von Luft; und so umfassen vier Fische einen schwarzen Vogel mit Luft, in der er fliegt. Die Fische können nur im Wasser schwimmen. So umfassen jeweils vier Vögel einen weißen Fisch mit Wasser, in dem er schwimmt. (Frei übersetzt aus [Esch92]).*

2.6 Entscheidungsverfahren

Um die Entscheidung für ein bestimmtes Informationssystem zu erleichtern, können Entscheidungs-verfahren eingesetzt werden. Es ist verständlich, daß das Ergebnis einer solchen Prozedur nicht als einziges Entscheidungskriterium verwandt werden kann. So sind die hier aufgeführten Schematas auch schon vom Prinzip des Ansatzes untereinander sehr unterschiedlich.

Die *Formel-Methoden* in dem ersten Unterkapitel sind wegen ihrer monetären Sichtweise nur geeignet, wenn genaue Daten vorhanden sind, das heißt eine gute Projektkalkulation möglich ist. Ähnliches gilt auch für die klassische Nutzwertanalyse. Die beiden ersten Verfahren sollten daher entweder nur unter dieser Vorraussetzung eingesetzt werden, oder lediglich als Hinweis oder eine Art Checkliste betrachtet werden.

Die anderen drei Vorgehensweisen haben einen eher qualitativen Charakter. Die Komponenten-analyse wird in den anderen Kapiteln dieser Arbeit ebenfalls diskutiert und sie soll in einem eigenen Unterkapitel nochmals dargestellt werden.

Der Entscheidungsbaum soll wichtige Meilensteine bei der Entscheidungsfindung speziell zu dem Thema der *Make-or-buy-Problematik* aufzeigen und den Entscheidungsträger bei der Lösungsfindung führen. Die Entscheidungstabelle hat eine ähnliche Funktion, stellt aber die beiden Möglichkeiten in einen gewichteten Zusammenhang.

Schließlich zeige ich noch eine Möglichkeit auf, wie auch das strategische Argument berücksichtigt werden kann. Wann ist es ratsam eine Standard-Software zu kaufen, obwohl sie vielleicht in der operativen Anwendung Effizienzeinbußen bringt?

2.6.1 Entscheidungsformeln

Gsell: Ermittlung der Rentabilität:

Zur Ermittelung der Rentabilität einer Software-Lösung kann die von Gsell angegebene Formel angewendet werden [WRS93]:

$$R = (Ke - Kp) + (KIe - KIp) - D(KNp - KNe) + D(Ep - Ee) + Ep(Ze - Zp) \qquad \text{[1a]}$$

			Eigen-Lösung:		
Ke	=	Kosten der Eigenentwicklung			
KIe	=	Install.-kosten der Eingenentwicklung (SW+HW)			
Ee	=	Einsparung Eigenentwicklung			
KNe	=	Nutzung- und Betriebskosten Eigenentwicklung			
Ze	=	Installationszeit Eigenentwicklung			
			Standard-Lösung:		
Kp	=	Anschaffungspreis für Standard-Software			
KIp	=	Install.-kosten der Standard-Software (SW+HW)			
Ep	=	Einsparung Standardsoftware			
KNp	=	Nutzung- und Betriebskosten Standard-Software			
Zp	=	Installationszeit Standardsoftware			
D	=	Lebens- bzw. Verwendungsdauer des Systems			
R	=	Rentabilität			

Ergibt sich ein hoher Wert für die Rentabilität R, würde sich der Einsatz einer Standard-Lösung amotisieren. Bei dieser sehr monetären Sichtweise müssen allerdings strategische Faktoren vollkom-men weggelassen werden und zukünftige Vorteile lassen sich hier überhaupt nicht miteinbeziehen.

Entscheidungsverfahren nach Henselmann:

Ein weiteres Verfahren beschreibt Gerd Henselmann (Mitglied der Geschäftsleitung der Collogia Unternehmensberatung, Köln) [CW21,´93]. Ausgehend von dem Trend zum *downsizing* und Client-Server-Anwendungen und der Notwendigkeit der Portabilität[1] gibt er eine Formel zu Ermittlung des Portabilitätsmaßes P eines Systems an:

$$P = \frac{AI}{(AI + AP + AA)} = \frac{Aufwand\_für\_Neuentwicklung}{Aufwand\_für\_Portierung} \quad [1b]$$

Mit den Bedeutungen:
P = Portabilitätsmaß
AI = Aufwand für die Neuentwicklung
AP = Aufwand für die Portierung
AA= Aufwand für Anpassung und Optimierung

$$0.95 < P < 1.0 \quad [2]$$

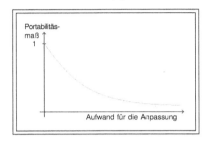

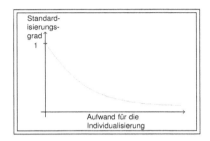

Erfordert ein *Produkt* keinen Aufwand zur Anpassung an sein Einsatzfeld, so ergibt sich das Maß 1. Je schwerer es anpaßbar ist, desto kleiner ist das Portabilitätsmaß. [CW 21 ´93]

Abgeleitetes Entscheidungsverfahren für die Standardisierung von Software:

Aus [1b] und [2] läßt sich der Standardisierungsgrad S direkt ableiten:

$$S = \frac{Aufwand\_für\_Neuentwicklung}{Aufwand\_für\_Neuentwicklung + Aufwand\_für\_Individualsisierung} \quad [3]$$

oder bei neutraler Betrachtung des Aufwandes für die Neuentwicklung:

$$S = \frac{1}{1 + Individualisierungsgrad} \quad , \quad S = \frac{1}{1 + I} \quad , \text{ wobei } \quad 0,95 < S < 1,0 \quad [4]$$

Bei einem Individualisierungsgrad von I=0.6 (60 %, dies entspricht ungefähr dem, bei der Einführung des SAP-Moduls RV auf R/2 bei der Firma Rosenthal) ergibt sich somit ein Wert von:

$$S = \frac{1}{1 + I} = \frac{1}{1 + 0,6} = 0,625. \quad [5]$$

Wenn die Nebenbedingung aus [4] eingehalten werden soll, dürfte das System nicht eingeführt werden.

Wie kann der Individualisierungsgrad jedoch vorhergesagt werden? Ist der Wert von *I=0,6* tatsächlich sinnvoll? Im Voraus kann sicherlich nur in den seltensten Fällen ein exakter Wert angegeben werden. Dazu muß aber zumindest bekannt sein, welche Größen ihn bestimmen.

---

[1] **Porte**: Ziel, Ort der Geborgenheit, Sicherheit. [FDUD90]

Folgende Größen haben einen direkten Einfluß auf den Individualsierungsgrad:

1. Das Verhätnis der veränderten oder neuen **Bildschirmmasken** der Standard-Lösung zu den unverändert genutzten Bildschirmmasken. [α]
2. Das Verhältnis der veränderten oder neuen **Funktionen** in der Standard-Lösung zu den unverändert genutzten Funktionen. [β]
3. Das Verhältnis der veränderten oder neuen **Datenstrukturen** in der Standard-Lösung zu Datenstrukturen den unverändert genutzten. [γ]

Bei der Ermittlung dieser Verhältnisse wird der Untersuchende oft vor der Frage stehen, ob der eine oder andere Standard der Standard-Software nicht übernommen werden soll, anstatt individualisiert zu werden. Im Grunde genommen ist der Entscheidungsprozeß ständig von dieser Möglichkeit beeinflußt. Das Ziel ist es ja genau, eine Standard-Software einzuführen, die eben nicht verändert werden muß.

Hieraus ergibt sich eine neue wichtige Größe: der *Nutzungsgrad*. Er wird folgendermaßen ermittelt:

$$\text{Nutzungsgrad } N = \frac{\text{Anzahl der angebotenen und unverändert gen. Methoden, Datenstrukturen, Bildschirmmasken}}{\text{Anzahl der angebotenen Methoden, Datenstrukturen, Bildschirmmasken}} = \frac{G}{K} \quad [6]$$

Hierbei sind einerseits die angebotenen Kriterien der Standard-Software vorgegeben und andererseits die angeforderten und genutzten Kriterien.

Individualisierungen V sind alle Veränderungen an einer Standard-Software, die bei einem Versionswechsel der Standard-Software in die neue Version mit übernommen werden müssen. Hieraus ergibt sich auch der Individualisierungsgrad I:

$$V = E \cup M = \text{Ergänzungen} \cup \text{Modifikationen} \qquad [7]$$

$$V = ES \cup EE \cup M, \quad E = ES \cup EE, \quad G = (A \cap K) \setminus M \qquad A = E \cup M \cup G \quad [8]$$

$$I = \frac{V}{G} = \frac{E \cup M}{G} = \frac{\text{Ergänzungen} \cup \text{Modifikationen}}{\text{Nicht veränderte und genutzte Standard-SW}} \qquad [9]$$

$$N = \frac{G}{K} = \frac{(K \cap A) \setminus M}{K} = \frac{(\text{Standard-SW} \cap \text{Anforder.}) \setminus \text{Modifikationen}}{\text{Standard-Software komplett}} \qquad [10]$$

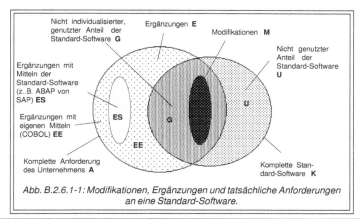

Abb. B.2.6.1-1: Modifikationen, Ergänzungen und tatsächliche Anforderungen an eine Standard-Software.

Gundsätzlich gilt also:

Individualisierung = Ergänzungen + Modifikationen.   [11]

Um die Ergänzungen und die Modifikationen, sowie die Anforderungen abschätzen zu können, kann die symbolische Mengenschreibweise durch eine Vektorschreibweise ersetzt werden. Die Koordinaten des Vektors stellen die Masken-, Methoden- und Datenindividualisierungen dar:

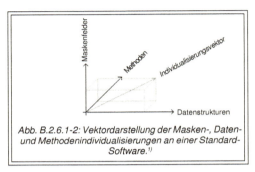

Abb. B.2.6.1-2: Vektordarstellung der Masken-, Daten- und Methodenindividualisierung an einer Standard- Software.[1]

Für den Standardisierungsgrad S (Formel [5]) ergibt sich aus Formel [7], [9] und [5]:

$$S = \frac{1}{1+I} = \frac{1}{1+\dfrac{E \cup M}{G}}$$

$$\rightarrow S = \frac{1}{1+\dfrac{|\overline{E}+\overline{M}|}{|\overline{G}|}}$$

mit der Nebenbedingung:
$0{,}95 < S < 1{,}0$

Mit den Vektoren:

$$\overline{E} = \begin{pmatrix} E_1 \\ E_2 \\ E_3 \end{pmatrix} = \begin{pmatrix} \text{Anzahl an Ergänzungen an Maskenfeldern} \\ \text{Anzahl an Ergänzungen an Datenstrukturen} \\ \text{Anzahl an Ergänzungen an Methoden} \end{pmatrix}$$

$$\overline{M} = \begin{pmatrix} M_1 \\ M_2 \\ M_3 \end{pmatrix} = \begin{pmatrix} \text{Anzahl an Modifikationen an Maskenfeldern} \\ \text{Anzahl an Modifikationen an Datenstrukturen} \\ \text{Anzahl an Modifikationen an Methoden} \end{pmatrix}$$

$$\overline{G} = \begin{pmatrix} G_1 \\ G_2 \\ G_3 \end{pmatrix} = \begin{pmatrix} \text{Anzahl an unverändert genutzte Maskenfeldern} \\ \text{Anzahl an unverändert genutzte Datenstrukturen} \\ \text{Anzahl unverändert genutzte Methoden} \end{pmatrix}$$

[12]

Beweis:

1. $|\overline{V}| = |\overline{E}| + |\overline{M}|$

2. Aus $I = \dfrac{|\overline{V}|}{|\overline{G}|}$ und $|\overline{V}| \geq 0$ und $|\overline{G}| > 0^{4)} \Rightarrow I \geq 0$.

3. Aus $S = \dfrac{1}{1+I}$ und $I \geq 0 \Rightarrow 0 < S \leq 1$.

4. $\lim\limits_{|\overline{G}| \to 0} I = \infty \Rightarrow \lim\limits_{I \to \infty} S = 0$.

Wenn $|\overline{G}| = 0$, also die Standard-Software zu keinem Teil standardmäßig genutzt wird, oder wenn sie überhaupt nicht genutzt wird, steigt der Individualisierungsgrad gegen Unendlich. Damit geht der Standardisierungsgrad gegen Null.

---

[1] Die Daten, Funktionen und Masken spiegeln das Informationssystem aus Daten, Methoden, Organisation und Benutzer gewissermaßen wider. Die Daten bestehen zum Beispiel aus Datenstrukturen und Tabellen. Die Funktionen können Transaktionen, Listenprogramme oder Konvertiertungsprogramme sein. Daten und Funktionen bilden die Organisation, zusammen mit der Benutzerschnittstelle (HMI=Human-Mashine-Interface oder MMS=Mensch-Maschine-Schnittstelle), also die Bildschirmmasken oder die Qualitätsbestimmung einer Software.

Steigen die Ergänzungen E und die Modifikationen M während des Einsatzes einer Standard-Software, so wird der Sandardisierungsgrad abnehmen. Sinkt der tatsächlich unverändert genutzte Anteil G der Standard-Software, so sinkt der Standardisierungsgrad ebenfalls. Um also einen hohen Standardisierungsgrad zu erreichen, sollten so wenig wie möglich Individualisierungen an der Software gemacht werden, und ein möglichst großer Anteil der Standard-Software sollte auch tatsächlich unverändert zum Einsatz kommen. Sinkt dieser Standardisierungsgrad S weit unter den Wert 0,95, so sollte auf lange Sicht entweder eine Angleichung des Betriebes an die Software vorgenommen werden, oder eine andere Software eingeführt werden.

Was ist eine Modifikation?
Der Begriff der *Modifikation* und der *Ergänzung* ist jedoch selbst noch unzureichend geklärt. Welche Aktivitäten stellen eine Modifikation an einer Software dar? Die verschiedenen Hersteller der Standard-Software-Produkte bieten dem Anwender unterschiedliche Möglichkeiten an, die Software an seine Bedürfnissen anzupassen:

- Setup-Programme
- System-ASCII-Dateien
- Einstellungen innerhalb der Programmoberfläche
- Tabellensteuerungen
- Skripts
- Eigene Programmiersprachen

Bei diesen Modifikationen kann es wiederum unterschiedliche Bereiche geben, die modifiziert werden. Hierbei handelt es sich um:

- Oberflächengestaltung
  - Datenfeld-Bezeichnung
  - Datenfeld-Attribute
  - Datenfeld-Integrität
  - Farbeinstellung
  - weitere Einstellungen
- Hardware- und System-Einstellungen
  - Laufwerks- und Pfadangaben
  - Speicherangaben
  - Netzattribute
  - Druckereinstellungen
  - Installierte Module

- Fachspezifische Angaben (beispielsweise)
  - Kalkulationsarten
  - Abrechnungsarten
  - Abläufe
  - Verfahren
  -
- Datenstrukturen
  - Datenfeld-Typen
  - Feldergänzungen
  - Feldmodifikation
  - Strukur- oder Tabellenergänz.
...

Es existieren also eine ganze Reihe von Individualisierungsmöglichkeiten. Der Anwender muß jedoch realistisch abgrenzen, ob es sich bei diesen Individualisierungen um *echte Parameter* handelt oder um *in Daten abgebildete Firmenstrukturen*, die eigentlich *in der Software selbst* implantiert sein sollten. Folgende Graphik verdeutlicht diesen Unterschied:

Abb. B.2.6.1-3: Software und die Schnittstellen zu ihrer Außenwelt. Elemente der Firmenstruktur, die die Software abbilden sollte, werden quasi bei einer schlechten Standard-Software als Parameter eigegeben.

Betreffen Standard-Software-Anpassungen also konkret die Firmenstruktur, als da sind die Entitäten, Relationen, Betriebsmodelle und Datenmodelle, handelt es sich um Modifikationen. Veränderungen, die lediglich operative Kategorien betreffen, also für die Kommunikation[1] notwendig sind, sind keine Modifikationen. Sie sind also parametrische Einstellungen, eben Parameter.

Was bedeutet dies im Zusammenhang mit Standard-Software-Herstellern, die Anpassungen in Form von Tabellen und Programmen zulassen. Solange diese Anpassungen sich auf die *software-spezifischen Eigenschaften* beziehen, können diese Änderungen sinnvoll sein. Sobald allerdings firmenspezifische Anpassungen vorgenommen werden, läuft der Anwender Gefahr, daß sich die Funktionalitäten der Software in zwei Richtungen entwickeln, die nur sehr schwer wieder zusammengeführt werden können:

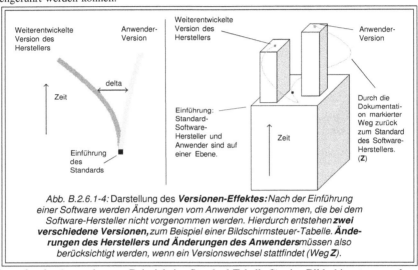

Abb. B.2.6.1-4: Darstellung des **Versionen-Effektes:** *Nach der Einführung einer Software werden Änderungen vom Anwender vorgenommen, die bei dem Software-Hersteller nicht vorgenommen werden. Hierdurch entstehen* **zwei verschiedene Versionen,** *zum Beispiel einer Bildschirmsteuer-Tabelle.* **Änderungen des Herstellers und Änderungen des Anwenders** *müssen also berücksichtigt werden, wenn ein Versionswechsel stattfindet (Weg* **Z**).

Wenn also der Anwender zum Beispiel eine Standard-Tabelle für eine Bildschirmsteuermaske, die vom Hersteller mitgeliefert wird, für seine Belange verändert, der Software-Hersteller aber ebenfalls diese Standard-Tabelle weiterentwickelt, wird es bei dem nächsten Release der Software *zwei Versionen* dieser Tabelle geben: eine des Herstellers und eine des Anwenders!

Alle Anpassungen, die zu solchen Entwicklungen führen, sind Modifikationen und Ergänzungen. Sie sollten vermieden werden. Da viele Standard-Software-Produkte solche Änderungen zulassen oder sogar bedingen, müssen diese Änderungen äußerst gewissenhaft dokumentiert werden. Wird diese Dokumentation jedoch übertrieben, also wird die Anpassung der Software an den Betrieb zu hoch, besteht die Gefahr, daß der Verwaltungsaufwand dieser Dokumentation zu hoch wird und die Firma Effizienzeinbußen in Kauf nehmen muß. Es besteht die Gefahr, daß die Frima zu einem großen Teil *'hinter der Standard-Software und der Dokumentation verborgen bleibt'*, man müßte dann vielleicht von einer *'dokumentierten Firma'* sprechen. Es bietet sich also an, den Dokumentationsumfang einer Anpassung als Maßstab der Individualisierung zu verstehen:

> *Aktivitäten für Anpassungen, die dokumentiert werden müssen, sind*
> *Individualisierungen, also Ergänzungen und Modifikationen.*

---

[1] Unter Kommunikation ist hier jeglicher Informationsaustausch für Aktivitäten gemeint, also zum Beispiel auch die virtuelle Kummunikation (siehe Kapitel 2.3 Standard und Kommunikation). Für diese Kommunikation könnte auch **äußere Identität** stehen (siehe Kapitel 2.4 Standard und Objektorientiertheit).

2.6.2 Komponentenanalyse

Da bei der Konzeption eines Informationssystems viele Faktoren zusammenwirken, sollten Klassen von Kriterien bestimmt werden. Dazu habe ich das Informationssystem in vier Komponenten zerlegt (nach [Scheer]): Daten, Methoden, Benutzer und Organisation. Diese Aufteilung soll in diesem Kapitel noch einmal im Zusammenhang mit der Entscheidungsfindung verdeutlicht werden.

Eine Schlußfolgerung dieser Arbeit (siehe Kapitel 2.2) ist, daß eine Standard-Software nur dann effizient eingesetzt werden kann, wenn sie auf standardisierte Verfahren aufsetzt, d.h. daß die Verarbeitung, die sie durchführt schon ausreichend bei vielen Anwendern harmonisiert ist. *Individualisierungsprozesse können zu hoher Ineffizienz führen.* Darüberhinaus ist es wichtig, wie ich im Kapitel *2.5 Standard und Vielfalt* gezeigt habe, daß durch die Einführung eines Standads einer Spezialisierung eine Verallgemeinerung in angemessenem Maß gegenüberstehen muß. Das bedeutet, daß Standards und Nicht-Standards, Einheit und Vielfalt, Harmonie und *Chaos*[1], Langfristigkeit und Kurzfristigkeit innerhalb eines Betriebes in einer harmonischen Koexistenz zusammenwirken müssen. Im folgenden Kapitel werde ich beschreiben, nach welchen Kriterien das Maß der Einheit oder des Standards gewählt werden kann.

Die Eigenschaft einer Standard-Software, wie weit sie der *zeitgemäßen Norm* entspricht, kann bei der Lösungsfindung als Maßstab verwendet werden, falls strategische oder irrationale[2] Entschlüsse nicht überwiegen. Auch die folgenden Tabellen sind auf diese Komponenten-Analyse aufgebaut. Es lassen sich dort noch viele andere Merkmale und Argumente finden, als die aufgelisteten. Daten haben zum Beispiel eine äußerst hohe Komplexität (siehe Kapitel *1.1.2 Information*) und können mit beliebig vielen Kriterien beurteilt werden.

---

[1] Chaos im Sinne der *Chaostheorie*. Sie beschreibt die Koexistenz von Ordnung und Unordnung in einem System, die es seiner Existenz unter gewissen Umständen begünstigt.
[2] Mit irrationalen Einflüssen sind zum Beispiel Entscheidungen auf unterschiedlichen Ebenen aus Gründen der Desinformation oder persönlicher Neigung (Gewohnheit, Vorleibe) oder strategische Argumente, die operativen Anwender unverständlich sind, gemeint.

2.6.3 Entscheidungstabellen

Ausgehend von dem Gebot von Ephorus Peter Meiderlin: *"In notwendigen Dingen Einheit, in zweifelhaften Freiheit, in allen aber Liebe"* (siehe auch Kaptiel *2.5 Standard und Vielfalt*), kann dieses allgeimeingültige Prinzip zur Entscheidung herangezogen werden, wenn die Grenzen zwischen Standard und Flexibilität ermittelt werden sollen. Aber auch zur Beurteilung einer vorhandenen Standard-Software kann diese Tabelle eine Orientierungshilfe darstellen. Für zweifelhafte Komponenten kann der Flexibilitätsgrad eine Gewichtung verkörpern:

Klarheit über:	für Individual-Lösung		für Standard-Lösung
	Zweifel-haft	Flexibilitäts-grad	Notwendig
Daten-			
Darstellungsarten			
Zugriffsrechtsarten			
Verwaltung			
Pragmatik			
Gültigkeit			
Semantik			
Syntax			
Quellen			
Vertraulichkeit			
Integrität			
Verfügbarkeit			
Methoden-			
Oberfläche			
Funktionalität			
Bedienungsabfolge			
Progr.-sprache			
Vorgehensmodell			
Organisation-			
Betriebsmodell			
Datenmodell			
Entitäten			
Relationen			
Netzwerk			
Rechner			
Betriebssystem			
Benutzer-			
Anforderung			
Schulungen			
Zuständigkeiten			
Qualitätssicherung			
Benutzerservice			
Gesamt:			

Entscheidungstabelle anhand verschiedener Standardisierungskriterien:

Diese Tabelle stellt eine Zusammenfassung aller in dieser Arbeit besprochenen Aspekte bei der Wahl zwischen verschiedenen Informationssystemen angesichts des Standardisierungsgrades dar. Die einzelnen Kriterien können ergänzend in den einzelnen Kapiteln nachgesehen werden. Die Systemlösung, die ein Kriterium erfüllt, bekommt in ihrer Spalte ein Kreuz. Diejenige, die die meisten Kreuze hat, ist nach heutigen Gesichtspunkten am besten standardisiert. Die einzelnen Gewichtungen sollte der Entscheidende selber setzen.

Standardisierungs-kriterium:	Standard:	Lösung 1:	Lösung 2:	Lösung 3:
Daten:				
Darstellung	Graphisch, objektorientiert			
Zugriffsrecht	Für alle Daten definierbar			
Verwaltung	Vom Anwender überschaubar			
Gültigkeit	Anwender überblicken Informationsrepertoire			
Quellen	Quellen der Daten ergründbar			
Pragmatik	Datenmodellation bezieht Anwender mit ein			
Semantik	Zusammenarbeit mit Firmen, Org. (EDI,DIN..)			
Syntax	Zusammenarbeit mit Firmen, Org. (EDI,DIN..)			
Vertraulichkeit	mit den Firmengrundsätzen vereinbar			
Integrität	mit den Firmengrundsätzen vereinbar			
Verfügbarkeit	mit den Firmengrundsätzen vereinbar			
Methoden:				
Oberfläche:	CUA++ und graphisch			
Funktionalität	Mengenorientiert			
Bedienungsabfolge	Aktionsorientiert (Anwender best. Ablauf)			
Progr.-sprache	Objektorientiert, Graphische Oberfläche			
Vorgehensmodell	Evolutionär bei großen Projekten			
Organisation:				
Betriebsmodell	Trendunterstützend (Lean, Downsizing)			
Datenmodell	Relationales, unternehmensweites DM			
Entitäten	Datenörtlichkeiten klar und lokalisierbar			
Relationen	Datenbeziehungen nachvollzziehbar			
Netzwerk(e)	OSI, TCP/IP, ISDN, X.25, X.400			
Rechner	Aktuell und flexibel erweiterbar			
Betriebssystem(e)	Nicht propietär			
Benutzer:				
Anforderung	Benutzer kennen die Grenzen des Systems			
Schulungen	Pragmatisch und allgemein, nicht Prgr.spez.			
Zuständigkeiten	Festlegbar vom Benutzer			
Qualitätssicherung	Nicht starr			
Benutzerservice	Integrierbar und beratend einsetzbar			
	Summe:			

2.6.4 Beobachtung der kritischen Masse

Die Entwicklungen eines Standards sind grundsätzlich zu unterscheiden. Es gibt zwei Arten, wie ein Standard sich durchsetzen kann. Zum einen ist es möglich, daß **ein durch gewisse augenscheinliche Eigenschaften begünstigtes Produkt eben zum** *Standard* **wird.** Dies sind zum Beispiel relativ einfache Merkmale von Produkten wie zum Beipiel die Länge von Betten.

Andererseits kann durch **das 'Hochpuschen' eines relativ komplexen Produktes von einem Interessenkreis zur Standardisierung führen.** Aktuelle Beispiele sind die Produkte der Firmen SAP und Microsoft. Die Praktiken, wie ein Produkt begünstigt werden kann, sind unterschiedlich und auch legal. Microsoft verwendet eine *Low-Cost*-Preispolitik verbunden mi einer starken Werbung und kann dadurch hohe Installationszahlen verzeichnen. SAP ist weltweit der einzige Anbieter einer Software, die nahezu alle Bereiche der betrieblichen Anwendungen unterstützt. Dieses Argument war und ist für viele Firmenleitungen verlockend. Durch die Auslagerung der ´Software-Verantwortung´ *(Outsourcing)* ist SAP zu einem Standard geworden.

Die zwei verschiedenen Arten der Durchsetzung eines Standards haben unterschieliche Entwicklungs-merkmale. Betrachtet man den Software-Markt oder überhaupt den Wirtschaftsmarkt als ein *System*, das auf unzählige Einflüsse reagiert, so können leicht Analogien festgestellt werden zu dem Verhalten anderer *Systeme*. Sie zeigen nämlich bei bestimmten Vorraussetzungen ein *Sprungverhalten*. Das bedeutet, sie verändern ihren inneren Zustand schlagartig. Anschauliche Beispiele sind der plötzliche Börsenzusammenbruch, wie der *schwarze Freitag* oder das plötzliche Erkranken eines Menschen. Häufig hört man ja auch die Aussage eines Managers oder *Vertriebs-Menschen*, sein Produkt hätte nun endlich den lang ersehnten *Durchbruch* geschafft. Die Voraussetzung für ein solches Verhalten ist eine gewisse Unvorhersagbarkeit infolge vieler statistischer Einflußfaktoren, die auf ein chaotisches Verhalten zurückzuführen sind. Die Undurchsichtigkeit komplexer Informa-tionssysteme und die Trägheit der Kunden führen bei den Anwendern zu einer Unsicherheit, die die idealen Vorraussetzungen für sprunghafte Veränderungen auf dem Markt sind. Dieses Verhalten ist in der linken Hälfte der Graphik dargestellt.

Wie es bei jedem System Vorgänge gibt, die sich langsam einstellen und das System nachhaltig verändern, gibt es eben auch diese Entwicklung auf dem Software-Markt. Kategorien werden akzeptiert und sind bald feste Bestandteile in einem System. In der rechten Hälfte des Diagramms ist der Grad des Standards in Abhängigkeit dieser Kategorien dargestellt.

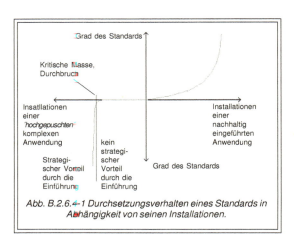

Abb. B.2.6.4-1 Durchsetzungsverhalten eines Standards in Abhängigkeit von seinen Installationen.

2.6.5 Entscheidungsbaum

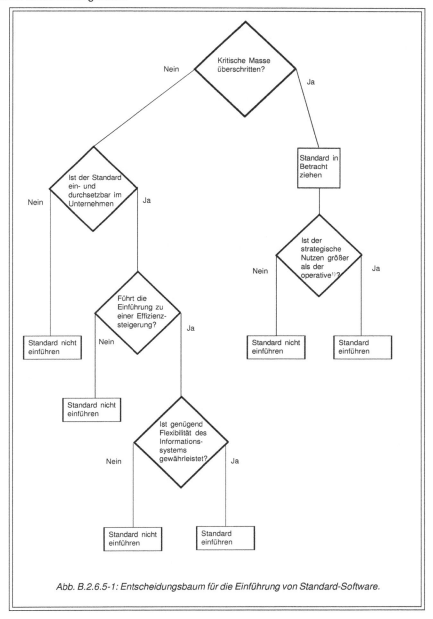

Abb. B.2.6.5-1: Entscheidungsbaum für die Einführung von Standard-Software.

[1] Der operative Nutzen ist der Nutzen, der bei der produktiven Arbeit und in der Verwaltung entsteht, also die tatsächliche Zweckdienlichkeit.

2.7 Entwicklungsumfeld und Auswirkungen von Standards

Wie ich im Kapitel *2.6.5 Beobachtung der kritischen Masse* aufgezeigt habe, sind die Entwicklungen von Standards zu unterscheiden. Der heutige Lebens*standard* hat sich im Laufe der Nachkriegszeit entwickelt (evolve, evolution) und keiner kam je auf die Idee, ihn ernsthaft abzulehnen. Er ist in unser Leben vollkommen integriert. Ein anderes Beispiel: Jeder wird den Bildschirm heute wohl als Datensichtstation einer *Tele-Type* aus dem Jahre 1969 vorziehen. Er ist in die DV-Welt nahezu vollkommen integriert. Wie sieht es mit den *nicht-evolutionistischen* Standards aus? Oder wann verläuft die Entwicklung eines Standards nicht-evolutionär?

Ideen werden bekanntlich häufig zu verschiedenen Orten von verschiedenen Menschen aber zur selben Zeit erdacht. Sie liegen quasi in der Luft[1]. Hat jemand eine Idee, bringt er sie zu einem *Patentamt* und sichert sich die Verwirklichungsrechte und damit den Ertrag bei der Vermarktung. Damit sind parallele gleichwertige Weiterentwicklungen ausgeschlossen. Ist diese Gegebenheit nicht alleine schon evolutionshemmend? Der Anwender kann ja nur ein Produkt (Patent) auswählen. Die Firma Microsoft in Kalifornien hat diese Barriere dadurch überbrückt, indem sie die Urheberrechte anderer Firmen durch Ausnutzung der diffizilen Definitionslücken verschiedener Gesetztesteuumgangen hat und macht seitdem mehrmalig mit Prozessen wegen Urheberschutzrechtsverletzungen auf sich aufmerksam [vergl. Computerwoche 22, 24, '93]. Die Abgrenzung eines Patentes auf ein Software-Produkt ist heute auch nicht mehr so einfach, so daß für den richterlichen Entscheidungsspruch ohnehin oft schon mehr DV-Fachleute als Richter beteiligt sein müssen. So konnte die Firma Microsoft jedenfalls, verbunden mit einer pfiffigen Preispolitik, einen neuen Standard setzen, den WINDOWS-Standard.

Die Entwicklung der Standard-Software und der Standards wird somit für den Anwender zunehmend komplizierter und unüberschaubarer. Er sitzt ungeduldig in seiner Produktionsstätte und wartet nur noch auf den Startschuß, damit er in neue Informationssysteme investieren kann. Aber er weiß nicht genau in welche. Es bieten sich Standard-Software-Hersteller an, die versprechen, *die* Lösung zu präsentieren: *"Die Frage ist nicht, welchem Computer die Zukunft gehört, sondern mit welchem Sie eine haben."* <IBM>, oder: *"So stellen Analysten die Zukunft des Client/Server-Computing dar: GRAPHIK MIT 40% MARKTVORTEIL DER FRIMA"* <SYBASE>. Die Firma uniFACE wirbt schließlich mit dem Spruch: *"Wir wollen Sie nicht verzaubern, sondern überzeugen."* und platziert darunter ein großes Bild mit einer aus dem Märchen ´*Der Rattenfänger von Hameln*´ entliehenen Metapher, bei der ein Flötenspieler durch sein Spielen seine ´*Kunden*´ in ein verwunschenes Schloß verführt. Der Kunde wird so tatsächlich durch zweifelhafte Statistiken (siehe oben SYBASE) ´*irregeführt*´ und erwirbt ein Produkt. Durch die statistisch gleichverteilte Wahrscheinlichkeit der Werbeerfolge ergibt sich so eine hochgradig heterogene DV-Landschaft, dessen Produkte zudem nahezu alle proprietär sind. Der Software-Markt entwickelt sich so mehr und mehr zu einem überaus chaotischen und instabilen System. Plötzlich schafft ein Produkt den *Durchbruch* und es wird zu einem Standard. Viele Betriebe greifen zu der *strategischen Waffe* und führen den Standard ein. Dies führt zu großen Akzeptanzproblemen auf verschiedenen Ebenen. Dazu kommen starke Abhängigkeiten anwenderseitig von dem Hersteller des Produkts.

Andererseits stehen dem eigentlichen Entwicklungsprozeß von Standards zahlreiche Hemmnisse im Weg. Die hohe Zahl an ähnlichen Verfahren und Daten, und der hohe *Individualismus* der Firmen und Menschen, der den Zeitgeist scheinbar völlig prägt, verhindert einen nachhaltigen Harmonisierungsprozeß, der für den Einsatz von standardisierten Informationssystemen notwendig wäre. In den folgenden Kapiteln werde ich auf diese Aspekte eingehen und die Folgen dieses Standardisierungsprozesses für Gesellschaft, Staat und Betriebe diskutieren.

[1] Interessant ist, daß dieses Phänomen der Gleichzeitigkeit verschiedener Entwicklungen in der Geschichte der Evolution oft auftritt. Wissenschaftler streiten jedoch bis heute darüber, ob sich der Mensch gleichzeitig an verschiedenen Orten entwickelt hat oder ob seine Urvorfahren von einem einzigen Ort kommen. Vergl. dazu [Saga93].

2.7.1 Politik

Natürlich hängen viele Investitionen der Firmen von politischen Rahmenbedingungen ab. Als der bayerische Ministerpräsident Franz Josef Strauß den Freistaat Bayern zu einem Hoch-Technologie-standort machen wollte, investierten viele Firmen in Bayern. Das Land zehrt heute noch von diesen Innovationsschüben der siebziger Jahre.

Heute hat der Freistaat Bayern einen neuen Ministerpräsidenten: Edmund Stoiber, und damit auch ein neues Innovationsprogramm. Edmund Stoiber setzt mit Nachdruck auf den Ausbau der *Informationstechnologien.* So berichtet Eberhard Sinner MdL, *"Die CSU-Fraktion hat sieben Anträge unter dem Titel "Wirtschaftsstandort Bayern - Telekommunikation" im Bayerischen Landtag eingebracht, die am 30. Juni 1993 durch das Plenum beschlossen wurden. Ziel dieser Anträge ist: Heimatmarkt Bayern für die Telekommunikation stärken, weitere Ansätze für neue Innovationen geben und Spitzenstellung Bayern als Innovations- und Industriestandort sichern."* [TeleHaus93, Sinner]

Das Bayerische Staatsministerium für Wirtschaft und Verkehr unterstützt maßgeblich das anfang 1990 gegründete Telekommunikationszentrum Oberfranken e.V.. Ziel ist es, Impulse zur Anwendung zeitgemäßer Kommunikationsverfahren auszulösen und die Vermittlung von Wissen zur Umsetzung neuer Techniken in organisatorische und wirtschaftliche Verbesserungen. Zentrale Anwendungen sind dabei das neue ISDN-Kommunikationsnetz (Integrated Service Data Network) und der elektronische Datenaustausch über die gemeinsame Schnittstelle von EDI (Elektronic Data Interchange) zwischen den Informationssystemen der Firmen. Vergl. [TeleHaus93, Sinner]

Die Politiker des Landes Bayern wollen also einen neuen Standard für Informationssysteme setzen. Folglich sind sie auch an einer gewissen Einheitlichkeit dieser Systeme interessiert. Nur so ist der effiziente Datenfluß *sowohl außerhalb als auch innerhalb* der Betriebe möglich.

Anwender von Informationssystemen sollten deshalb auch die politischen Rahmenbedingungen bei der Entwicklung von Standards miteinbeziehen. Welche Technologien, oder allgemein, welche Tendenzen werden von der Politik gefördert? Die Beantwortung dieser Frage kann eine Entscheidung für einen Standard erleichtern. Natürlich sind politische, wirtschaftliche und technische Wechselwirkungen nicht von der Hand zu weisen. Aber die politische Rahmenvorgaben sollen ja gewisse Standards setzen und sollten daher zwar nicht bedingungslos akzeptiert aber zumindest erörter werden.

2.7.2 Gesellschaft

Die Grundvorraussetzung für eine sinnvolle Innovation ist die Akzeptanz. Der Begriff der Akzeptanz ist sehr vielschichtig und wird vielfach im Zusammenhang mit sehr unterschiedlichen Intentionen verwendet. So referiert Norbert Kordey von der Gesellschaft für Kommunikations- und Technologieforschung: *"Es gibt in der Akzeptanzforschung nur wenige Versuche, den Begriff der Akzeptanz zu definieren; dies steht ganz im Gegensatz zur Häufigkeit seines Gebrauchs."* Im Zusammenhang mit der Einführung eines neuen Standards sagt er weiter: *"Akzeptanz ist nicht alles, doch ohne Akzeptanz ist alles nichts."* [TeleHaus93, Kordey]

Häufig wird Akzeptanz mit Toleranz verwechselt. *"Toleranz sollte eigentlich nur eine vorübergehende Gesinnung sein; sie muß zur Anerkennung führen. Dulden heißt beleidigen"* meinte J.W. v. Goethe in *Maximen und Reflexionen.* Toleranz alleine führt dementsprechend nicht zu einer harmonischen Entwicklung einer Innovation. Kordey spricht in diesem Zusammenhang von zwei Wesensmerkmalen der Akzeptanz: der kognitiven verstandesgemäßigen und der konotativen, handlungsorientierten Akzeptanz. Eine kognitive Akzeptanz, das heißt der Befürwortung aber nicht das Einsetzen einer Neuerung, sei keine wirkliche Akzeptanz. Sie sei erst dann akzeptiert, wenn sie befürwortet und eingesetzt werde.

Über die Akzeptanz eines neuen Standards kann zusammenfassend gesagt werden:
"Lösungen liegen in der frühzeitigen Beteiligung der Anwender auf allen Ebenen.
Frühzeitige Schulung bei der Einführung eines neuen Produkts.
Ängste und Widerstände gegen neue Techniken beziehen sich in der Regel nicht auf die
Technik an sich, sondern auf die mit ihrer Implementation verbundenen sozialen Veränderungen."
[TeleHaus93, Kordey]

Die Akzeptanz muß nach Kordey ferner auf drei verschiedenen Ebenen vorhanden sein: der gesellschaftlichen, der betrieblichen und der individuellen. Die betrieblichen und die gesellschaftlichen Ebenen sind eng verknüpft mit dem allgemeinen Zeitgeist, der Politik und der medialen Landschaft. Das Individuum ist die letzte Instanz in der Akzeptanzkette und ist sehr subjektiven Kriterien unterworfen. Ein neuer Standard muß nicht nur möglichst nutzbringend sein, er muß auch den ganz persönlichen Eigenheiten des Benutzers entsprechen. Die sind sehr weit gestreut und können unmöglich komplett abgedeckt werden. So sollen dem Anwender nach Kordey Vorteile im Arbeitsablauf geboten werden, sein Tätigkeitsfeld nicht direkt gefährdet werden und er soll rechtzeitig und umfassend informiert werden. Vergl. [TeleHaus93, Kordey]

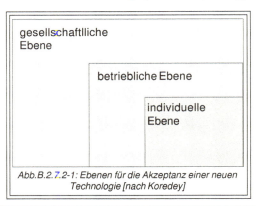

Abb.B.2.7.2-1: Ebenen für die Akzeptanz einer neuen Technologie [nach Koredey]

Findet die Akzeptanz auf einer der drei Ebenen nicht statt, so wird sich der neue Standard langfristig nicht etablieren. Die Ursachen dafür sollten nicht ignoriert werden, sondern der Grund für die Ablehnung gefunden werden. Dabei ist es wichtig, daß verschiedene Standards, also verschiedene Vorlieben, Verfahren oder Strukturen, offen zur Diskussion ausgesetzt werden und eventuell berichtigt werden. Vor allem muß ein Bewußtsein dafür vorhanden sein, daß Probleme nur gemeinsam und durch persönlichen Einsatz gelöst werden können. Fehlt diese Grundlage in einer Gesellschaft, können sich neue Standards nur sehr schlecht und sehr langsam durchsetzen. Natürlich ist dabei immer die Angst verbunden, etwas Fremden völlig ausgesetzt zu werden. Ist diese Angst immer begründet? Sie ist dann nicht begründet, wenn es darum geht ein *gemeinsames Problem* zu lösen. Eberhard Sinner MdL meint in seinem Vortrag über die Auswirkungen der Telekommunikation auf Wirtschaft und Gesellschaft: "Nefiodow schreibt in seinem Buch *Der fünfte Kondratieff*: *' ein zu großer Teil unserer Energie wird in die Erhaltung überholter Strukturen, in zweitrangige Probleme, in Prestigevorhaben und relativ unproduktive Bereiche investiert, dadurch können die für den Aufbau einer Informationsgesellschaft notwendigen Ressourcen nicht freigesetzt werden.'."* Vielleicht ist es in der Natur des Menschen, in sich wandelnden, schlechter werdenden Zeiten, an alten Denkmustern festzuhalten und sie nur dann aufzugeben, wenn die Not ein Ausmaß anzunehmen droht, die seine Existenz unmittelbar gefährdet. Geht es bei diesen neuen Standards um solche Denkmuster? Vergl. [TeleHaus93, Sinner].

Die neuen Technologien der Informationssysteme betreffen die betriebliche und das gesellschaftliche Umfeld so stark, daß heute viele Menschen ihre herkömmlichen Denkweisen, Arbeitsweisen und Arbeitsmethoden gänzlich vergessen müssen, um den Anforderungen auf dem Arbeitsmarkt gerecht werden zu können. Durch die Einführung neuer Standards bilden sich Spezialisten heraus, die diese Standards sehr gut beherrschen. Durch ihre Fixierung auf diese eine Aufgabe, diesen Standard zu beherrschen, haben sie dabei oft nicht mehr die Möglichkeit, sich mit anderen Entwicklungen auseinanderzusetzen. Bei einem sich ändernden Standard kann es passieren, daß sie anderen Aufgaben nicht mehr gänzlich gewachsen sind oder ein großes Wissens- und Erfahrungsdefizit nachholen müssen. *So fordert eine Standardisierung immer ein Spezialistentum.* Diese Forderung ansich birgt gesellschaftliche Folgen, die sich auf die Wirtschaft und Gesellschaft äußerst negativ auswirken können. Standards, die ein zu großes Spezialistentum fordern, sollten also vermieden werden. Mit einem Zitat von Carl Sagan möchte ich diesen Absatz abrunden:

"Wie Faßbinder in einer Welt von Stahlbehältern, Hufschmiede und Fabrikanten von Einspännerpeitschen in der Zeit des Kraftwagens oder die Hersteller von Rechenschiebern im Zeitalter der Taschenrechner können alle hochspezialisierten Fachleute praktisch über Nacht überflüssig werden. ... Die Gefahr zu großer Spezialisierung liegt darin, daß man auf dem Trockenen sitzt, wenn sich die Umwelt verändert. Wenn man hervorragend an seinen gegenwärtigen Lebensraum angepaßt ist, könnte es durchaus sein, daß man auf lange Sicht nicht sehr leistungsfähig ist. Würde man aber alle seine Zeit darauf verwenden, sich auf zukünftige Möglichkeiten - von denen viele in weiter Ferne liegen - vorzubereiten, dann dürfte man sich auf kurze Sicht als wenig leistungsfähig erweisen. Die Natur hat das Leben vor ein Problem gestellt: das beste Gleichgewicht zwischen Kurzfristigkeit und Langfristigkeit zu erzielen, einen Mittelweg zwischen zu hoher Spezialisierung und zu großer Allgemeinheit zu finden. "

[Saga93, S. 315]

2.7.3 Betriebe

*"Wettbewerbsfähig nach außen,
konkurrenzlos nach innen."
<Horst Tauber[1]>*

Der immer stärker werdende Trend zur *Standardisierung* und zu *offenen Systemen* rüttelt unerbittlich an der *inneren Identität* der Betriebe, quasi an der Cooperate Identity. Die Leiter der Betriebe stehen immer öfter vor dem Problem, zu entscheiden, welche Kategorien im Unternehmen harmonisiert werden sollen und welche genau ihren Marktvorteil gegenüber der Konkurrenz ausmachen, den sie also auf keinen Fall nach außen hin darlegen dürfen. Genau diesen Aspekt soll diese Arbeit diskutieren.

Das Informationssystem in einer Firma bildet die 'betriebliche Welt' ab. Wie das Original, der reale Betrieb, in verschiedene, sehr unterschiedliche Ebenen oder Bereiche eingeteilt werden kann, so kann man auch das Informationssystem einteilen. Diese Einteilung habe ich im Kapitel *1.2 Wege zum Standard* in *Abbildung B.1.2.1-2: Erweitertes, netzwerkartiges Informationssystem* aufgezeigt. Das Informationssystem stellt das in Soft- und Hardware widergespiegelte Bild der Firma dar. Wenn die *Spiegelbilder* aller Unternehmen identisch wären, würden die Informationssysteme dieser Unternehmen ebenfalls identisch sein und damit die Unternehmen selbst. Es entstehen also für die Unternehmensleitungen völlig neue Probleme bei der *Abgrenzung* gegenüber anderen Firmen, die vielfach von den Verantwortung tragenden in ihrer ganzen Tragweite noch nicht erkannt werden. Die Firmenführung muß erkennen, welche Teile ihres Betriebes die innere Identität darstellen und welche Teile für das *'operative Geschäft'* notwendig sind. Während die innere Identität keinesfalls vereinheitlicht werden sollte, bestimmt die äußere Identität die Wettbewerbsfähigkeit eines Unternehmens und sollte zu einem hohen Anteil harmonisiert werden. Es geht hier um Normen, Richtlinien, Gesetze, Vorschriften, ethische Standards, Kommunikations-Verfahren, die auf dem Markt üblich sind. Mit der Einführung eines Standard-Informationssystems läuft eine Firma Gefahr, gewisse Komponenten ihrer inneren Identität quasi *'zu verkaufen'*. Dies sind hauptsächlich ganz bestimmte, der Firma sehr eigenen Kennzeichen. Der Bereichsleiter Personal bei der Firma Rosenthal Dr. W. Bornträger [Born88] beschrieb diese mit folgenden Sätzen:

> *"Als Organisationskultur bzw. Unternehmenskultur kann man die Art und Weise bezeichnen, wie ein Unternehmen die Dinge in die Hand nimmt und ihre Probleme löst. Es ist eine Art "psychologischer Kontrakt", der die formalen Arbeits- und Tarifverträge ergänzt; die Reihe von ungeschriebenen, gegenseitigen Erwartungen also, Normen und Regeln impliziter Natur, die zwischen Mitarbeitern, Vorgesetzten und der Organisation gültig sind. Das Arbeiten an der Organisationskultur ist ständiges Bemühen und Aufgabe des Führungscorps.*
> *Erfolgreiche Unternehmer haben schon immer die Bedeutung dieser Dimension erkannt und ihre Kultur intensiv gepflegt. Wo LebensArt zur Zielsetzung eines Unternehmens gehört, muß Lebensart auch dessen Identität und die Organisationskultur prägen. So wie ein Mitarbeiter die Organisationskultur von Rosenthal annimmt, so kann der, der unsere LebensArt zu seiner persönlichen Lebensart macht, seinem Leben zusätzlich Inhalt und Kontur geben."[2]*

Welche Kennzeichen ein Unternehmen als seine Organisationskultur auffaßt, hängt nur von dem Unternehmen selbst ab. Die Summe aller dieser Kennzeichen stellen gewissermaßen die *Idee* der Firma dar.

Eine Standard-Software, die *diese Idee* zu standardisieren versucht, kann nicht den vom Anwender geforderten Zweck erfüllen und darf nicht eingesetzt werden, da die Konkurrenzfähigkeit des Unternehmens *auf's Spiel* gesetzt werden würde.

---

[1] Herr Tauber ist Bereichsleiter der Organisation und Datenverarbeitung bei der Firma Rosenthal.

[2] Vergl. auch:**Unternehmenskultur bei Rosenthal,** von Dr. Wolfgang Bornträger, Gottlieb Duttweiler Institut, *gdi 3/89*, Schweiz, Herausgeber: Stiftung Im Grüene: LebensArt, Seite 25-31, und **Unternehmersiches Personalmanagement schafft Attraktivitätspotentiale**, von Dr. Wolfgang Bornträger, Zeitschrift *Arbeit und Arbeitsrecht 10/1991*.

2.7.4 Kultur

Bevor über die Auswirkungen von Standards erörtert werden kann, sollte der Begriff Kultur gefaßt werden. In einem Standard-Lexikon ist darüber nachzulesen: "***Kultur:*** *Inbegriff aller menschl. Bemühungen um die Bewältigung der Natur (Landw., Technik) und um die Regelung der zwischenmenschlichen Verhältnisse (in Institutionen, Recht, Sitte, Brauchtum usw.); darüber hinaus die leibl. und geistige-seel. Entfaltung des Menschen (in Sprache, Kunst, Wissenschaft, Philos. und Relig.) - Die Kultur-Fähigkeit des Menschen gleicht seinen Instinktarmut aus und läßt ihn Leistungen vollbringen, die ihn vom Tier grundsätzlich unterscheiden. Die Tradierung der Kultur ist unentbehrlicher Bestandteil der Kultur selbst. Kultur entwickelt sich geschichtl. in versch. Formen, man spricht daher von Kulturkreisen.*" [Fisch75]

Kultur ist also auch ein Standard, gewissermaßen der *"Raum- und Zeitgeist"*, der in einer Gesellschaft vorherrscht. Man spricht ja sogar von einer Firmenkultur, wenn sich ein gewisser Standard an Kategorien in einem Betrieb eingebürgert hat, eben Tradition hat. Selbst die Kultur hat also eine Identität mit Gemeinsamkeiten zu anderen Kulturen und besonderen Eigenarten.

Was passiert nun wenn eine Kultur soweit beeinflußt wird, so daß sich das Verhältnis ihrer inneren und äußeren Identität stark verschiebt (siehe *2.4*)? Welche Einflüsse können das sein?
Carl Sagan meint in seinem Buch *Schöpfung auf Raten*, Kultur sei die sichtbare Form der Abschottung einer Gesellschaft, um ihre Art zu erhalten. Es gehe hier um einen *Ur-Instinkt* des Menschen als Individuum und in der Masse, *das Neue* nicht zu *akzeptieren* weil die Gefahr besteht, daß es seine äußere und innere Identität verändert.[1] Der Mensch ist also grundsätzlich nicht bereit einen neuen Standard einfach zu akzeptieren.
Etwas genereller könnten Standards so formuliert werden: *Standards sind abstrakte Objekte, die vom Menschen formuliert und verteidigt werden.* Angriffe auf diese Standards führen zu Auseinandersetzungen, die zum Ziel haben, ihre Art zu bewahren. Eberhard Sinner MdL in Bayern vergleicht das Verhalten einer Firma, die ihre Standards verteidigt, mit dem *"Revierverhalten eines Rehbocks"* und beklagt damit die schleppende Entwicklung der Standardisierung im Bereich der Telekommunikation. [TeleHaus93, Sinner]

Durch die zunehmende weltweite Kommunikation scheinen die vielen Standards, die vielen Kulturen in Ländern, Firmen und Regionen jedoch immer stärker zu *diffundieren*. Sollen sich diese Kulturen abschotten oder nicht - oder in welchem Maße[2]? Soll eine Firma zum Beispiel Software-Produkte - Standard-Software, die ich in jedem Fall auch der Kultur oder zumindest einer kulturverändernden Kategorie zuordnen möchte - aus anderen Kulturkreisen[3] einsetzen und akzeptieren, und wenn ja in welchem Maße. Gerade diese Software, wie zum Beispiel Microsoft-Produkte oder SAP-Software, verändert die Kultur einer Firma in beträchtlichem Maße. Ganze Organisationsstrukturen müssen verändert werden, Abteilungen lösen sich auf, nur weil eine Datenstruktur es nicht anders ermöglicht, oder weil sich zum Beispiel herausstellt, daß durch den Einsatz eines Textverarbeitungsprogramms nicht drei, sondern nur eine Schreibkraft benötigt wird. Dies hat wiederum Auswirkungen auf die Menschen und ihre Tätigkeiten. Da diese Produkte jedoch in sehr vielen Firmen erhältlich sind, werden sich überall ähnliche Folgen ergeben. Die Firmenkultur wird sich demgemäß ähnlich entwickeln. Es findet gewissermaßen eine *Diffusion* der Eigenschaften verschiedener Firmen statt. Man könnte auch von einer **virtuellen Kommunikation** sprechen, von einer *Kommunikation über gemeinsame Eigenschaften*, die in *einem* System, dem Markt, zu gleichen Auswirkungen führen. (Vergl. dazu Kapitel 2.3)

---

[1] Vergl. [Saga93, S. 331]
[2] Eine so allgemeingültige wie banale, aber ungelöste Frage!
[3] Kultur hier im allgemeinen Sinne, also als eine Eigentümlichkeit einer bestimmten Kategorie. Kultur könnte hier auch als die innere Identität einer Gruppe bezeichnet werden.

2.8 Grenzen der Standardisierung

Irrationale Faktoren sind der Mensch und das chaotische Verhalten von Systemen. Sie lassen sich nicht standardisieren. Die Abb. B.1.1.4-2 (S. 22), verdeutlicht den Zusammenhang von Effizienz und Effektivität. Daraus lassen sich leicht die Grenzen der Standardisierung ableiten. Mit steigender Standardisierung, das bedeutet der Vereinheitlichung mehrer Kategorien, steigt die Effektivität eminent an. *Das Verfahren ist vollkommen auf den Zweck ausgerichtet.* Gibt es nur diesen einen genau konkretisierbaren Zweck, wäre das ideale Verfahren gefunden und hundertprozentig standardisierbar. Gäbe es auf der ganzen Welt nur einen Zweck, könnte also ein Standard diesen erfüllen. Bestimmte Insekten haben zum Beispiel sehr wenige Zwecke in ihrem Dasein, die sich auf die Vermehrung, die Nahrungsaufnahme und -suche beschränken. Sie sind damit sehr effektiv in ihrem Fortbestand weil die Verfahren, die sie dazu benötigen, direkt eingesetzt werden können, also nicht variiert werden müssen. Sie sind sogar so effektiv, so daß sie sich erschreckend vermehren würden, wenn sie ihres begrenzten Lebensraumes (Nahrungsbeschränkung usf.) wegen nicht an Grenzen stoßen würden. Vergl. [Saga93, S. 315].

Genau dort kommt nun die Effizienz ins Spiel. Sie ist immer mit dem Zweck verknüpft und kann von dem Menschen bestimmt werden. Der Mensch setzt wegen seiner Wert- und Lebensvorstellungen Maßstäbe und will sich zum Beispiel den Naturgewalten, denen diese Insekten ausgesetzt sind, entziehen. Die Zweckgerichtetheit, und damit die Effizienz, hängt von der Intelligenz ab. Es kommt nämlich dabei eine Absicht, verbunden mit der Abschätzung der Folgen und des Aufwandes bestimmter Handlungen, hinzu. Es ist also eine *freiwillige Einschränkung* gewisser Möglichkeiten, um essentielle Umstände zu erhalten (im Gegensatz zu den Insekten, die nur ihren starren Programmen - Instinkten - folgen).

Im Zusammenhang mit Standards für Informationssystemen wäre es nun durchaus denkbar, einen perfekten, ja fast universellen Standard zu entwickeln und ihn einzusetzen. Er wäre dann vergleichbar mit dem Insekt und überaus effektiv. Die außerordentlich hohe Flexibilität und Effizienz des Menschen ist allerdings mit dieser Entwicklung nicht vereinbar. Auf der *Tagung an der RWTH Achen* im Oktober 1993 zum Thema *Techik und Angst* wird ausdrücklich vor einer zu hohen Spezialisierung menschlichen Tuns gewarnt. Der Mensch wäre überaus flexibel und seine Handlungen dürfen nicht durch extrem spezialisierte Maschinen ersetzt werden. *"Die Frage ist, wieweit die Automatisierung getrieben werden kann ... ohne jedoch die menschliche Kreativität, Flexibilität abdecken zu können ... nicht zu erwarten, daß die Automatisierung den* **Flexibilitätsgrad** *und die Anpassungsfähigkeit des Menschen jemals erreichen wird. Fortgesetzte Automatisierung führt dazu ... menschliche Eingriffe immer geringer wird. ... . So läßt sich beobachten, daß Operateure von hochautomatisierten Systemen dazu neigen, sich selbst zu entmündigen, in dem sie den Rechnervorschlägen blindes Vertrauen entgegenbringen. 99% Langeweile und 1%* **panische Angst** *umschrieb Professor Karl-Friedrich Kraiss, Lehrstuhl für technische Informatik diesen Umgang mit solchen hochautomatisierten Systemen, beispielsweise in Kraftwerken oder Flugzeugen. "* [Kalo93]

Kann zum Beispiel ein relativ starres Datenmodell, wie es zum Beispiel von der Firma SAP für die R/3-Plattform angeboten wird, der Forderung nach größt möglicher Effizienz und Flexibilität gerecht werden? Oder steckt hier eine ′Rattenfänger-Politik′ dahinter? Das Datenmodell ist sicherlich vor der Einführung genauestens auf die Zweckgerichtetheit und Flexibilität zu untersuchen.

2.8.1 Standard und Individualität

Identität und Individualität haben in der Menschheitsgeschichte schon immer eine zentrale Bedeutung gehabt (Vergl. [Plato]). Während jeder einzelne Mensch versucht, seine individuellen Fähigkeiten zu erforschen und zu verwirklichen, sucht er auch nach sozialer Zugehörigkeit und Gleichheit. Dieser Dualismus des Menschen zieht sich durch sein gesamtes Sein und spiegelt all sein Tun wider. (Vergl. [Fromm])

Deshalb haben die Standardisierungsbestrebungen neben wirtschaftlichen zweifellos auch sozial-gesellschaftliche Aspekte. So darf der Standardisierungsprozeß nicht ausschließlich als rein wirtschaftliches Argument dienen, sondern muß immer einen realen gesellschaftlichen Bezug haben, wobei beide Kriterien ohnehin in einer Wechselbeziehung stehen.

Der Mensch, als Anwender der Standards, muß sich mit ihnen identifizieren können. Er muß sich in einem Porte befinden, daß ihm ein Gefühl der Zugehörigkeit und Integration gibt und andererseits genügend Freiraum für seine persönliche Entfaltung gewährleistet. Ein Standard, dessen Gebrauch ihm undurchsichtig und fremdartig vorkommt, akzeptiert er nicht, wodurch er während seiner Arbeit weniger produktiv ist als jemand, der einen starken Bezug zu der Anwendung hat, sie selbst leicht beeinflussen kann und darüberhinaus eigene Ideen mit einbringen kann.

Die folgende Tabelle könnte die Einführung eines neuen Standards im Bezug zu der Nuterakzeptanz erleichtern.

Akzeptanz eines Software-Standards am Beispiel der, bei der Firma Rosenthal, eingesetzten Software-Produkte:

Wie weit kann ein Benutzer sich mit der Software identifizieren und in welchem Maß kann er seinen individuellen Bedürfnissen bei der Arbeit mit der Software nachgehen?

	Eigene Ideen miteinbringen	Funktionen übersichtlich	Funktionen ausreichend	Funktionen durchsichtig, verständlich	Erlernbarkeit der Software	Einschränkungen	Anwendungen mit eigenen Vorstellungen vereinbar, verbunden	
COBOL-Host-Anwendungen								
Eigenentwicklungen:								
Betriebsergebnisrechnung								
PS (Porzellan-Werke)								
Inventur								
Qualitätsicherung								
Ofenauswertung								
Ausfallstatistik und -Ausw.								
Einkaufssystem								
Kalkulationen								
Preislistendruck								
Preiserhöhungssystem								
Lizenzabrechnung								
Bonusabrechnung								
Provisionsabrechnung								
Bruttolohn								
Auftragsabrechnung /Fakturierung (A+F)								
Versandpapiere								
Stammdatenverwaltung								
Gutschriften und Belastung								
ZL-Anwendungen								
IS Statistik: VIS, WIS, KIS								
Word für DOS								
Textverarbeitung M/Text								
Data-Dictionary								
Word für Windows								
Unternehmensplanung (P & C)								
SAP-Anwendungen								
RV Auftragsabwicklung								
RM Bestandsfürhung								
RF Finanzbuchhaltung								
RA Anlagenbuchhaltung								
Zeiterfassung (Amberg, Kronach, Selb) TIME								
PPS Neusorg								
CAD Neusorg								
Produktionsplanung (alle Werke)								
Produktionssteuerung								
(Waldershof, Espelkamp, Amberg)								
Paisy- Personalabrechnung								
M11- Kostenrechnung (Plaut)								
Nürnberger Bund & WWS								
CAS								

2.8.2 Auswüchse der Standardisierung

Das Leben wird, wie ich in den vorangegangenen Kapiteln erläutert habe, von einer möglichst hohen Effizienz bestimmt. Die optimale Angepaßtheit befindet sich also innerhalb des in Abb. B.2.8.2-1 dargestellten Bereich A. Eine Spezies[1] gleitet gewissermaßen auf der Effizienz- und Flexibllitätslinie immer hin und her, je nach den Bedingungen der Umwelt. Dabei kann es immer wieder vorkommen, daß sie durch eine besondere Spezialisierung ihrer Eigenschaften sehr effektiv wird und sie von den Folgen ihrer Wirksamkeit nicht sofort beeinflußt wird. Sie nutzt quasi ihre Spezialisierung für einen kurzfristigen Erfolg aus [SAGA93]. Dies kann durch *das Hochwandern* auf der Effektivitätslinie veranschaulicht werden (Abb. 2.8.2-1, Vergleiche auch Einleitung Kapitel 2.8).

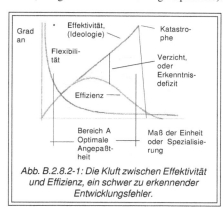

Abb. B.2.8.2-1: Die Kluft zwischen Effektivität und Effizienz, ein schwer zu erkennender Entwicklungsfehler.

Bei relativ *unintelligenten* Lebewesen, wie dem Insekt, würde dieser Effekt in vollem Maße zutreffen, wenn es in einem nahezu geschlossenen Lebensraum mit einigen hundert Artgenossen zusammen lebt. Die Spezialisierung verteilt sich bald über die ganze Art. Mit zunehmender Spezialisierung nimmt die Effizienz jedoch immer mehr ab, da die Nebenbedingungen der Umwelt wie Nahrungsangebot, Platzbegrenzungen oder Veränderungen der Lufttemperatur immer stärker werden können, bis schließlich eine Katastrophe[2], ein Zusammenwirken vieler Umweltfaktoren, diese Art mit einem mal völlig auslöscht.

Wie sieht diese Entwicklung beim Menschen und bei seiner hervorgebrachten Kultur[3] aus? Der Mensch zeichnet sich durch ein Bewußtsein über seine Umwelt und eine ausgeprägte Fähigkeit, Entwicklungen vorauszusagen aus. Dadurch kann er unter gewissen Umständen Entwicklungen verhindern, die sein Fortbestehen in Zukunft schaden würden. Eine wichtige Rolle dabei spielt der Begriff *Verzicht*. Dazu ist im Beckschen Lexikon der Ethik nachzulesen: "*Verzicht nennen wir die freiwillige Einschränkung unseres Luststrebens. Die Ethiken der jüngsten Vergangenheit schwankten zwischen einer extremen Verzichtmoral und einer ebenso einseitigen Lustmoral (Freud).... Zwischen Verzichtmoral und Luststreben bedarf es einer neuen ethischen Orientierung.*"

Unsere heutigen technischen Errungenschaften, besonders auch die der Mikroelektronik und der Informationstechnik, erlauben es uns, einen enorm großen Einfluß auszuüben, sei es auf bestimmte

---

[1] Interessanterweise leitet sich der Begriff *Spezies* von dem Begriff *Spezialisierung* ab. Eine Spezies ist also ein, auf bestimmte Zwecke, spezialisiertes Lebewesen!

[2] Eine Katastrophe im Sinne der Chaostheorie nach der Veränderungen in der Natur häufig abrupt vonstatten gehen.

[3] Rudolf Sies, praktischer Artzt in Selb und Umweltpreisträger des Jahres 1988 der SPD Bayerns, geht in *Gemeinsame Grundmuster von Mensch und Natur (1991)* der Frage nach, ob *Kultur und Technik auch Natur* sind und gelangt zu dem Schluß, daß die Kulturentwicklung den gleichen Gesetzen unterlegen ist, wie die Evolution des körperlichen Lebens.

Bevölkerungsgruppen oder auf die Natur. Eine gewisse moralische Grundhaltung verbietet uns zwar die vollkommene Ausnutzung dieser Möglichkeit. Aber sind wir wirklich zurückhaltend genug, um nicht schon *'auf der Effektivitätskurve hochzulaufen'*? (siehe Abb. 2.8.2-1) Kann es nicht sein, daß wir uns ein gewisses Verhalten schon so angewöhnt haben und gar nicht merken, daß dies nicht mehr tragbar ist? Kann es sein, daß gewisse Interessenkreise diese Gewohnheit aufrechterhalten wollen?

Des Menschen enorme Fähigkeit, komplexe Zusammenhänge zu erfassen, steht nämlich eine weitere beträchtliche Eigenschaft gegenüber. Ihretwegen bezeichnet er sich selbst oft als *"Gewohnheitstier"*. Der Mensch neigt während seines Fortschreitens immer wieder dazu, von seinen bewährten Weltbildern nur sehr schwer loszukommen und verteidigt sie bis auf´s Messer. Als Galileo Galilei am 22. Juli 1633 wegen seiner Anschauung über die Himmelskörper, nach der sich die Erde um die Sonne drehte, von der Kirche zu lebenslanger Haft verurteilt wurde, war dies ein Akt einer konservativen Instanz zur Verteidigung einer sehr lange gültigen und *'richtigen'* Ideologie[1], dessen Widersprechen die Weltordnung, in der die Erde und damit Gott im Mittelpunkt stand, nur in höchste Gefahr bringen könnte. Erst am Samstag, den 31. Oktober 1992, fast 360 Jahre später, erklärte Papst Johannes Paul II., daß sich die Kirche geirrt habe und Galileo nun rehabilitiert werden könne. [vergl. Süddeutsche Zeitung 2.11.92]

Dieses wohl bekannteste Beispiel des Festhaltens an alten, bewährten Mustern ist einerseits ein essentieller Abwehrmechanismus der Menschen gegenüber Angriffen auf ihre Kultur. Carl Sagan [Saga93] spricht hierbei von natürlichen Abschottungsprozessen der Menschen um ihre *Art* zu erhalten. Andererseits führt dies oft zu folgenschweren Idelogien[1], die durch *'ungebildete'* Menschen einen saftigen Nährboden finden: *"Der Edle bemüht sich um das rechte Maß und die goldene Mitte, der Ungebildete kümmert sich nicht darum"*, sagte Konfuzius. Es bilden sich Gruppierungen, die versuchen, diese liebgewonnene und so überaus nutzbringende Ordnung aufrechtzuerhalten, indem sie Andersdenkende mundtot machen. In den Sozialwissenschaften wird dieses Phänomen als die *Reduktion kognitiver Dissonanz* bezeichnet und bedeutet *Verminderung erkennbarer Unterschiede*. Was nicht sein darf, muß unterdrückt oder eingeebnet werden.

Was diese Gruppe dabei allerdings nicht beachtet, ist eine eventuelle latente Veränderung der Umwelt, die ihr Weltbild nicht mehr angepaßt sein läßt. Sie müßten sich eigentlich anpassen, um weiter zu überleben, erkennen aber den Wandel nicht. Dies führt zu einer weiteren Verfestigung ihrer alten *Normen*, alles andere wird bekämpft; es könnte vielleicht mit den Angsttrieben, wie man sie bei sterbenden Bäumen beobachten kann, verglichen werden. Es findet also eine übertriebene und verlockende Vereinheitlichung der Eigenschaften dieses Weltbildes statt, die überaus effektiv ist, jedoch immer ineffizienter wird, bis schließlich der äußere Druck so groß wird, so daß diese Ideologie zusammenbricht (siehe Abb. 2.8.2-1).

---

[1] *"Ideologie*: Lehre von den Ideen, a) an eine soziale Gruppe, eine Kultur o.ä. gebundenes System von Weltanschauungen, Grundeinstellungen u. Wertungen; b) weltanschauliche Konzeption, in der Ideen der Erreichung politischer und wirtschaftlicher Ziele dienen." [Fisch75]

Hinzu kommt, daß der Mensch seine erfundenen Werkzeuge und Weltbilder oft so hoch einschätzt, daß er zu einer Art *Götzenanbetung* neigt. Ein Angriff auf seine *Abgötter*, die Teile seiner eigenen Kultur sind (z.b. Werkzeuge, Techniken oder Bilder), versteht er als Angriff auf ihn selbst und verteidigt seine *Heiligtümer*. Postman sieht in seinem Buch *Das Technopol* die *Informationsverarbeitungssysteme* auch als solche Abgötter und behauptet, daß sie den Menschen vollkommen beherrschen: "*Man kann das Technopol auch so definieren: Es ist das, was einer Gesellschaft zustößt, wenn die Abwehrmechanismen gegen die Informationsschwemme zusammenbricht.*". Er definiert diesen Effekt als AIDS (Anti Information Deficiency Syndrom, Anti-Informations-*D*efekt-*S*yndrom) [Mana-G]. Wenn der Mensch also seine *Kritikfähigkeit* vollkommen verliert aufgrund von *Überinformation* oder *Hyper-Spezialistentum*, dessen Aussagen er nicht mehr überprüfen kann, gedeiht das Technopol. Diese *geistige Immunschwäche* ist somit direkt vergleichbar mit einer *körperlichen Immunschwäche*. Zuviele Viren können das *Immunsystem des Körpers* ausschalten, und zuviele Informationen können das *Immunsystem des Geistes* ausschalten.

Es stellt sich also die Frage, ob wir bei dem Bestreben, das *Informationssystem* immer stärker einzusetzten und standardisieren zu wollen, teilweise aus Selbstzweck und teilweise zur Effektivitätssteigerung der Wirtschaft, auch an der *Kultur-Krankheit AIDS* leiden und das *Informationssystem* vergöttern. Wird es eine Gruppe geben, die das *Informationssystem* als eine abgöttische Kategorie verteidigt? Wird sie versuchen, alles diesem Abgott anzupassen, zu standardisieren, nur um es nicht aufzugeben?

Der Münchner *Körper-Künstler* Flatz äußert seine Ängste davor, indem er sich als einen, dem Technopol völlig ausgelieferten, Menschen mit tätowierter *Europäischer-Artikel-Nummer (EAN)* am Arm darstellt:

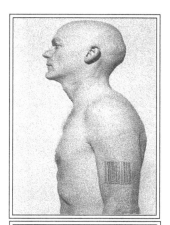

Abb. Der Münchner Künstler Flatz
als standardisierter Mensch mit
einer tätowierten EAN-Nummer
am Arm [Flatz91].

2.8.3 Evolutionistische Standardisierung

Und keine Zeit
und keine Macht zerstückelt
geprägte Form, die lebend´ sich entwik-
kelt.

<Johann W. v. Goethe>

Wie ich im Kapitel *2.6.5 Beobachtung der kritischen Masse* am Beispiel von Microsoft und SAP gezeigt habe, kann durch die gezielte Einflußnahme eines Einzelnen auf das *'Markt-System"* (z.B. durch eine bestimmte Preispolitik - Microsoft) der Hersteller einen Standard durchsetzen. Die Zahl der installierten Software-Lösungen beeinflußt den Standard entscheidend. Andererseits ist die *normative Kraft* zum Beispiel der DIN, ISO oder von Gesetzen für das Entstehen eines Standards verantwortlich. Die Erfahrungen auf dem DV-Markt haben gezeigt, daß die Kräfte des Marktes stärker sind, als normfestlegende Instanzen (Abb. 2.8.3-1). Als Beispiel sei hier der *TCP/IP-Standard* erwähnt. Er entspricht nicht dem von der ISO festgelegten OSI-Protokoll-Norm, ist aber überaus weit verbreitet und damit **der eigentliche Standard**. So berichtet Jenz-D-E. von der Firma Jenz & Partner von einem statischen und offiziellen ISO/ANSI-SQL-Standard und dem dynamischen Industrie-Standard DB2-SQL-Standard.

Es stellt sich aber die Frage, ob der freie Markt die Grundlage für die Herausbildung eines *reifen*, angepaßten und weiterentwickelbaren Produkts zuläßt, oder ob er *divergierende* und *ineffiziente* Produkte hervorbringt.
Um letzteres zu vermeiden, darf der Kunde in keinem Fall die Verantwortung und die Sachkompetenz völlig außer Haus geben, sondern er muß sich eingehendst mit der Konzeption seines Informationssystems befassen und (vielleicht über eine Instution) sich mit seinen Partnern absprechen. Nur so kann auf dem Markt ein effizientes, weit verbreitetes Produkt heranreifen; nach dem Motto: *Der freie Markt ist die Evolution der durch den Geist hervorgbrachten Kulturgüter.*

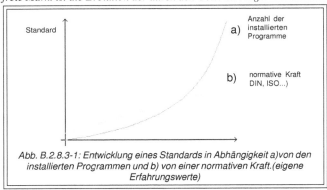

Abb. B.2.8.3-1: Entwicklung eines Standards in Abhängigkeit a)von den installierten Programmen und b) von einer normativen Kraft.(eigene Erfahrungswerte)

Obwohl der Standardisierungseffekt bei einer bestimmten Zahl der Installationen größer ist als durch eine normative Kraft, könnten Organisationen wie DIN oder ISO eine wichtige Funktion übernehmen, die sie heute noch nicht in ihrem vollen Ausmaß erkannt haben. Um die *Zusammenarbeit der Anwender besser koordinieren* zu können, sollten sie als eine Art *Vermittlungsstelle* dienen und die Rahmen-Normen festlegen. Allerdings sollten die *Impulse* für Normen verstärkt von den Anwendern selber kommen und nicht von den *Spezialisten der Organisationen*. Dadurch sind die Veränderungen auf dem Markt sofort in den Normungen enthalten und die Standards damit an die tatsächlichen Anwendungen in der freien Wirtschaft besser angepaßt. Ein gutes Beispiel hierfür ist EDI (Electronic Data Interchange). Die Anwender vereinbaren ein bestimmtes branchenspezifisches Nachrichtenformat untereinander und legen es im standardisierten EDIFACT-Format, das jedem weiteren Anwender zugänglich ist, ab. (siehe dazu auch Kapitel *3.7.1 Daten-Standards*)

2.9 Teil- oder Komponentenstandardisierung als Kompromisslösung

Durch die Einteilung des Informationssystems in die vier Gruppen Daten, Methoden, Organisation und Benutzer ist es möglich, eine teilweise Standardisierung durchzuführen. Natürlich können auch Software-Lösungen eingekauft werden, wodurch eine Kombination der vier Gruppen nicht in Frage kommt. Deshalb sollte bei der Auswahl einer solchen Lösung besonders darauf geachtet werden, daß diese vier Teile des Informationssystems einem hohen Standardisierungsgrad entsprechen. Siehe dazu Kapitel *2.6.1 Entscheidungsverfahren*.

Es ist also wichtig, daß man das Informationssystem als ein weit verstreutes Gefüge von Elementen betrachtet. Alle Elemente müssen in das Gesamtgebilde hineinpassen, das heißt ihre Eigenschaften müssen gewissen *systembedingten* Anforderungen genügen, um effizient eingesetzt werden zu können. Daß bei der Auswahl der Kriterien, wann eine Komponente dem Standard entspricht und wann nicht, oft die Maßstäbe fehlen ist die eigentliche Schwierigkeit. Betrachtet man die auf dem Markt gängigen Methoden des Informationssystems, also die Computerprogramme für zum Beispiel die Tabellenkalkulation, so kann man eine Fülle unterschiedlicher *'Standards'* feststellen:

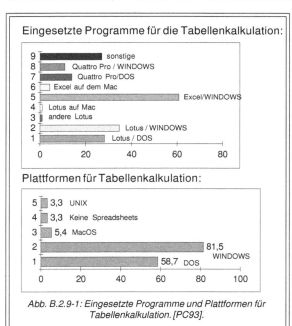

Für den Anwender spielen natürlich die Verbreitungszahlen von Programmen eine große Rolle. Allerdings sollte das Spektrum der eigenen Anwendungen und der Anwendungen der in der Statistik Befragten genau untersucht werden. Die 3,3 % der Anwender, die Unix als Plattform einsetzen, können dies aus folgenden Gründen tun:
1. Strategische Entscheidung
2. Gewachsene Strukturen
3. Anwendungen erfordern hauptsächlich Multi-Tasking.

Abb. B.2.9-1: Eingesetzte Programme und Plattformen für Tabellenkalkulation. [PC93].

Solche Statistiken sollten also nicht dazu verleiten, die Programme (Methoden) einzusetzen, die den meisten Verbreitungsgrad haben, sondern eher einen Überblick darüber geben, wie groß das Spektrum ist, in dem die geforderte Methode zu finden ist.
Besonders die eigene DV-Landschaft und die in dem eigenen Betrieb eingesetzten Verfahren sollten ausschlaggebend dafür sein, welcher Standard eingeführt wird. Eine *weitgehende Standardisierung* der Tabellenkalkulation und das *doch noch weit gestreute Angebot* dieser Software lassen dabei noch genügend Spielraum, wenn es darum geht, eine effiziente Lösung zu finden. Genau das gleiche Verfahren sollte bei den anderen am Informationssystem beteiligten Komponenten erfolgen.

3. Informationsverwaltung als Schlüssel zur Systemlösung

Um die Entstehung des von Neil Postman beschriebene Technopol, nach dem aus ihrem Bezug herausgerissene Informationen dem Menschen äußerst gefährlich werden können [Post91] (siehe auch Kapitel 2.8.2), zu vermeiden, möchte ich den Versuch unternehmen, einige Methoden zu erörtern, die dieser Erscheinung entgegenwirken können.

Eine wichtige Rolle spielt dabei das Problem, wo Informationen abgespeichert (eingefroren) werden und wo sie wieder zu finden sind. Interessant ist dabei die Entwicklung der Datenörtlichkeiten im Laufe der Datenverarbeitung. Zu Beginn aller Informationsverarbeitung gab es einen Rechner, dessen Rechenleistung von vielen genutzt werden konnte. Die Daten wurden auf Lochstreifen oder Lochkarten gespeichert und von den Anwendern (Buchhalter, Kalkulatoren...) nach ihrer Verarbeitung gewöhnlich wieder mit in die Abteilungen genommen und dort aufbewahrt. Es herrschte also eine *verteilte Datenhaltung*, genau wie zum Beispiel Daten der Angestellten früher in dicken Aktenordnern und die wieder in Aktenschränken zu finden waren. - Lochkarten waren übrigens weitgehend standardisiert und konnten von unterschiedlichen Rechnern gelesen werden. Mit der Einführung und Verbreitung der magnetischen Aufzeichnung auf Bändern und Platten konzentrierte sich die Datenhaltung immer mehr in den Rechenzentren. Die Großrechner waren nun die *"Gastgeber" (Host's)* für alles was mit Information zu tun hatte.

In den achtziger Jahren wurden die kleineren Personal-Computer (persönliche Computer) immer leistungsfähiger und besonders die Schnittstelle zum Anwender (Oberfläche) und die Gestaltung der Druck-Ausgaben konnte enorm verbessert werden. Die Akzeptanz der Anwender für die *kleinen Geräte* erhöhte sich, nicht zuletzt durch die Bereitstellung ausgefeilter Software-Pakete.

Obwohl die Speicherkapazität der Personal-Computer und Work-Stations prinzipiell den Großrechnern nicht nachsteht, eine *zentrale* Speicherung von Daten also weiter möglich wäre, tendieren die Forderungen mehr und mehr zu *verteilten Anwendungen und Daten*. Client-Server-Konzepte sollen diesem Wunsch gerecht werden. Desweiteren sollen Datenbanken eingesetzt werden, die Daten in normalisierter Form enthalten. Das heißt, alle Dateneinheiten sind nicht mehr zerlegbar und sie sind eindeutig einander zuzuordnen. Wie sieht diese Forderung in verteilten Datenbanken aus? Kann sie eingehalten werden?

In den folgenden Kapiteln werde ich auf diese Fragen eingehen und verschiedene Ansätze beschreiben, welche *Standards*[1] sich hier einstellen könnten.

---

[1] Hier Standards auch im Sinne von üblicher Vorgehensweise, Denkweise oder Erkenntnisstand.

3.1 Prinzipien der Organisation

3.1.1 Zentralisierung und Dezentralisierung

Zentralisierung und Dezentralisierung erfordern ebenso wie Flexibilität und Effizienz, Ordnung und Chaos, Spezialisierung und Verallgemeinerung eine goldene Mitte. In beide Extreme verfällt der Mensch nur allzu oft. Konfuzius sagte um 400 v. Chr.: *"Die goldene Mitte ist die wichtigste Grundlage der Welt"*, und: *"Wie allerhöchst die goldene ist! Seit langem können die Menschen sie nicht mehr einhalten."* und er räumt ein: *"Daß der Weg der Mitte nicht beschritten wird? Ja, ich kenne den Grund: Der Wissende schießt über das Ziel hinaus, und der Ungebildete erreicht es nicht. Daß der Weg der Mitte nicht erkennbar ist? Ja, ich weiß es: Der Wissende will zu viel erreichen, der Unwissende zu wenig."* Vergl. [Mana-C], [LunYü89] und [Konfu91]

Was hat diese Erkenntnis mit Informationssystemen zu tun? Tatsache ist, daß eine hohe Zentralisierung eine hohe Standardisierung fordert. Diese Forderung ergibt sich aus dem hohen Verwaltungsaufwand, der mit der Zentralisierung verbunden ist. Je einheitlicher die zu verwaltende Information ist, desto effizienter kann sie beherrscht werden. *Daraus folgt: Je zentralisierter Information gehalten wird, desto standardisierter muß sie sein, damit sie effizient verwaltet werden kann.*
Schon die Möglichkeit alleine, viele Informationen verwalten zu können, erfordert also eine Vereinheitlichung oder Standardisierung dieser Objekte. Wo ist also die Grenze für die Zentralisierung? Ist die Grenze dort anzusetzen, wo die Speicherkapazität endet oder dort, wo der Aufwand der Verwaltung der Daten zu groß wird?

Das Maß der Zentralisierung oder Dezentralisierung hängt so vorwiegend von der Standardisierbarkeit der betreffenden Objekte ab. Die Standardisierbarkeit wiederum ist lediglich von dem Assoziationsvermögen der Menschen abhängig. Sie ist vergleichbar mit der *Begriffsbestimmung*. Dabei werden *Klassen* mit gleichen Eigenschaften gebildet und zusammengefaßt zu einem Begriff oder eben zu einem Standard. Grundsätzlich läßt sich so jede beliebige *Klasse* von Eigenschaften bilden und zusammenfassen (siehe Kapitel *2.8 Grenzen der Standardisierung*). Das Ziel dieser *Klassenbildung*, nämlich die Beschreibung der *objektiven Wirklichkeit* [vergl. Popp80] und die Steigerung der Effizienz, darf allerdings dabei nie aus den Augen verloren werden. Falls die Klassenbildung falsch ist, das heißt die objektive Wirklichkeit nicht der Einteilung dieser *Klassen* entspricht, kann zwar durch die so gewonnene Vereinheitlichung, die Effektivität gesteigert werden, die Effizienz nimmt dardurch aber ab (vergleiche Kapitel *1.1.4 Das Informationssystem, Abb. 1.1.4-2: Effektivität und Effizienz*).

Bei der Dezentralisierung der Anwendungen, zum Beispiel durch die Client-Server-Technologie, gilt es also, die *Klassen* zu finden, die die wirklichen Abläufe in einem Betrieb bestmöglich wiedergeben können. In Kapitel *3.6.3 Organisations-Standards* ist ein Client-Server-Modell - also ein Netzwerk unterschiedlichster Informationssysteme - dargestellt. Die Konzeption solcher Modelle richtet sich also nach den zur Verfügung gestellten Standards, den geforderten Standards und den Aufgaben, die diese Standards erfüllen sollen.

3.1.2 Client-Server-Technologie

Die Client-Server-Technologie ist die Lehre von den Techniken der verteilten Datenverarbeitung. Gerade bei verteilten Anwendungen ist es sehr wichtig über einheitliche Schnittstellen zu verfügen. Diese Schnittstellen richten sich auf alle Ebenen der Kommunikation. Diese Ebenen werde ich im Kapitel *3.6.3 Organisations-Standards* beschreiben. Es handelt sich hier um eine physikalische bis hin zur anwenderbezogene Ebene. Innerhalb dieser Ebenen oder Schichten werden *Dienste* untereinander ausgetauscht. Der Dienstinitiator wird als Client (Requester, Anfrager) bezeichnet und die Ausführung des Dienstes wird vom Server (Responder, Antworter) erbracht. [Gramm89] Das Zusammenspielen von Client und Server erfolgt bei einem bestätigten Dienst nach folgendem Muster. Der Client sendet einen Auftrag per Nachricht an den Server. Er initiiert damit den *'Request'*, den der Server als *'Indication'* wahrnimmt. Der Server bearbeitet den Auftrag und sendet die Ergebnisse an den Client. Der Dienst-Response des Servers ist für den Client die Dienst-Confirmation. Die Dienstelemente *Request, Indication, Response* und *Confirmation* werden als *Dienstprimitiven* bezeichnet. Folgendes Ablaufdiagramm verdeutlicht den Request-Response-Prozeß [Gramm89]:

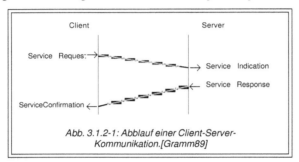

Abb. 3.1.2-1: Abblauf einer Client-Server-Kommunikation.[Gramm89]

Diese *Dienste* oder *Services* sind nur teilweise standardisiert. Es existieren verschiedene Dienste und Protokolle für die Kommunikation innerhalb der Ebenen, die für verschiedene Aufgaben optimiert worden sind. In Kapitel *3.6.3* gehe ich auf diese Ebenen genauer ein. Hier ist das Client-Server-Modell der Firma SAP und der Versuch eines Vergleichs mit den Komponenten des Informations-systems dargestellt:

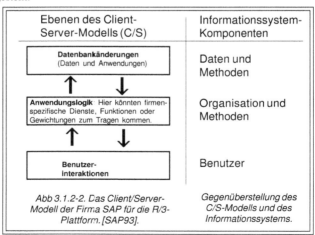

Abb 3.1.2-2. Das Client/Server-Modell der Firma SAP für die R/3-Plattform.[SAP93].

Gegenüberstellung des C/S-Modells und des Informationssystems.

3.2 Datenbanken

Die zentralen Fragen bei der Konstruktion von Datenbanken sind erstens mit wieviel Information ein Anwender am effizientesten arbeiten kann, und zweitens wieviele Daten dafür *überflüssig sein müssen oder dürfen.*

Interessant bei dieser Überlegegung ist, daß bei menschlichen Genen nur 3% der ACGT-Sequenzen für das verantwortlich sind, was den Menschen ausmacht. 97% der Gen-Informationen aus den Buchstaben A, C, G und T sind unnütz. Sie sind ʹlediglichʹ als Reserven für Anpassungen anzusehen Vergl. auch [Saga93, *Kapitel 9: Welch schmale Grenze, S. 209 f*].

Muß an Datenbanken die selbe Forderung gestellt werden? Soll ein Anwender über Informationen verfügen können, die er zu seiner täglichen, produktiven Arbeit gar nicht benötigt? Da der Anwender auf alle Informationen nicht in dem selben Maß Zugriff haben muß, wird es offensichtlich ein Optimum an Informationsmenge geben, auf die er direkt Zugriff hat. Alle anderen Informationen muß er sich in dem verteilten System besorgen. Sollte dieses Maß dadurch ermittelt werden, *indem der Anwender einfach ein neues Informationssystem auf seinen Arbeitstisch gestellt bekommt und wenn er bestimmte Informationen für seine Arbeit braucht, wird er schon danach schreien?* Hängt dieses Maß nicht auch von den persönlichen Eigenschaften, den Fähigkeiten, den Neigungen oder der Wißbegierde des Benutzers ab? Eine weitere Frage ist, wer entscheidet, welche Informationen ihm zugänglich sein sollen und welche nicht. Neil Postman ist davon überzeugt, daß nur eine ethisch-moralische Kraft, eine in der ganzen Bevölkerung existierenden Norm, darüber Entscheidungsgewalt haben sollte. Vergl. [Post91].

Ein pragmatischer Ansatz für die Entwicklung von Datenbanken ist in jedem Fall eine Vereinheitlichung der Daten und deren Zugriffs- und Sichtmethoden. Nur so kann überhaupt gewährleistet werden, daß Anwender nicht zuwenig, sondern zuviel Informationen zur Verfügung haben, durch die dann verantwortliches Handeln erst möglich wird:

Zu Verantwortung und Wissen:

"...das Wissen wird zu einer vordringlichen Pflicht über alles hinaus, was je vorher für seine Rolle in Anspruch genommen wurde, und das Wissen muß dem kausalen Ausmaß unseres Handelns größengleich sein. Die Tatsache aber, daß es ihm nicht wirklich größengleich sein kann, d.h. daß das vorhersagende Wissen hinter dem technischen Wissen, das unserem Handeln die Macht gibt, zurückbleibt, nimmt selbst ethische Bedeutung an. ... Die Kluft zwischen des Vorherwissens und Macht des Tuns erzeugt ein neues ethisches Problem."

[Jona84, S.28]

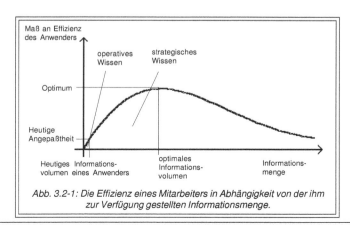

Abb. 3.2-1: Die Effizienz eines Mitarbeiters in Abhängigkeit von der ihm zur Verfügung gestellten Informationsmenge.

Hans Jonas geht davon aus, daß unser Wissen derart spezialisiert ist, so daß wir uns bei einer Veränderung in der Gesellschaft oder auf dem Wirtschaftsmarkt nur sehr langsam umstellen können. Er meint, wir hätten nahezu unser komplettes *'Vermögen an Geist'* auf das Operative verlagert. *'Strategisches Wissen'* hätten wir fast völlig verdrängt. (Siehe Abb. 3.2-1)

Wir müßten also, wenn wir den Anspruch erheben, *unser Wissen der Umwelt anzupassen*, ein Vielfaches mehr wissen als wir es tun. Dieses Wissen bezöge sich auf strategisches Wissen, dessen Existenz uns heute keinerlei Vorteile brächte, unsere Überlebenschance jedoch erhöht.

Müßte dieser Aspekt bei dem Datenbankmanagement berücksichtigt werden? Welche Informationen sollte ein Anwender zusätzlich erhalten, um dieser Forderung nachzukommen und was bedeuten die Informationen für ihn? Sind wir in der Lage, dieses *Informationsdefizit* mit Hilfe von Datenbanken wettzumachen, oder spielen wir dem Technopol so noch mehr in die Hände (siehe *2.8.2*)?

Ich habe im Kapitel *1.1.2 Information* die Frage gestellt ob Informationen ähnliche Eigenschaften haben wie Systeme oder Objekte (siehe auch Kapitel *2.4 Standards und Objektorientiertheit*). Man müßte dann auch bei einer Information von ihrer inneren und äußeren Identität sprechen. Die innere Identität käme der *strategischen Information* nahe und die äußere der *operativen Information*.

Informationen bestehen aus dem *Informationsträger* und dem *Getragenen* (vergl. Kap. B.2.1.2). Eine *Information* ohne *Träger* existiert folglich nicht. Der Träger muß eine physische Einheit sein, eine räumliche Struktur, also ein System mit verschiedenen Bestandteilen oder eben ein Informationssystem. Das Informationssystem besteht aus dem Getragenen, der Daten, der technischen und administrativen Organisation, der Methoden und dem, was das Getragene interpretiert, dem Menschen. Wenn eine Komponente dieses gewaltigen Informationssystems sich ändert, ändert sich auch die Information, die dieses Informationssystem darstellt.

Welcher Ansatz soll bei dem Entwurf von Datenbanken verfolgt werden? In dem Kapitel *3.4 Daten- und Programmadministratoren* werde ich einen Ansatz beschreiben, der dazu völlig neue Berufsbilder erfordert. Hier möchte ich den oben dargelegten Gedanken weiter verfolgen. Dazu möchte ich die *Zweckgerichtetheit von Information* bei der Konzeption neuer Datenbanken in den Vordergrund stellen. Wie kann ermittelt werden, wieviel Information ein Benutzer - eine Arbeitskraft - tatsächlich für seine Arbeitsvorgänge benötigt, um möglichst effizient zu arbeiten? Zur Beantwortung dieser Frage könnte eine Untersuchung über die Geschäftsprozesse, die daran beteiligten Personen und die von ihnen angeforderte Information vorgenommen werden - quasi eine Momentaufnahme verschiedener Vorgänge. Die Ergebnisse dieser Untersuchung könnten dann in einer Tabelle festgehalten werden und als Grundlage für die Bestimmung des Informationsvolumen verwendet werden:

Infor-mati-on \ Aufgabe	A_1	A_2	A_3	...	A_n
I_1					
I_2					
I_3		Zweck			
...					
I_n					

Abb. 3.2-2: Tabellarische Ermittlung des Informations-bedarfs eines Mitarbeiters in Abhängigkeit von seiner Aufgabe.

Diese Methode gewährleistet, daß der Benutzer genau für diese Geschäftsprozesse - Aufgaben - ein optimales Informationsvolumen zur Verfügung hat - nicht zu wenig und nicht zuviele Daten. Diese Methode kann aber nur dann sinnvoll sein, wenn diese Aufgaben *genau bekannt* sind, gewissermaßen *standardisiert* sind, und nahezu keinen Änderungen unterworfen sind. Viele Prozesse, viele Aufgaben der Mitarbeiter und viele Arbeitsplätze sind jedoch ständig im Wandel, werden oftmals durch *zufällige Ereignisse* unterbrochen oder erweitert. Es müßten ständig solche Tabellen angefertigt werden, mit deren Hilfe immer wieder der aktuelle Informationsbedarf ermittelt wird. Vergl. [Jona84, *Drittes Kapitel: Über Zwecke und ihre Stellung im Sein, ab S. 107, 1. Durch Zweck konstituiert, 2. Sitz des Zwecks nicht im Ding und 4. Subjektive Zweck-Mittel-Kette im menschlichen Handeln*].

Ein anderer Weg besteht darin, wie eingangs schon erwähnt, dem Anwender die Möglichkeit zu geben, auf sehr viele Informationen zugreifen zu können. Im *'Normalfall'* wird er auf die ihm direkt zugänglichen Daten zugreifen. Man könnte hier vielleicht eine Form der **80/20-Regel** ansetzen. Mit 20% seiner Informationen erledigt er 80% seiner Aufgaben. Er hat gewissermaßen 80% Reserve, um Aufgaben zu erledigen, die nicht unmittelbar vorgesehen sind. Natürlich ist dieses Verhältnis nur beispielsweise zu sehen. Es wäre durchaus denkbar eine 90/10- oder 97/3-Regel einzuführen. Es ist davon auszugehen, daß sich dieses Verhältnis während seiner Tätigkeiten von selbst einstellt und es wird mit Sicherheit von Anwender zu Anwender sehr unterschiedlich sein.

Bei der Konzeption von Datenbanken und Client-Server-Anwendungen ist dieser Ansatz von großer Bedeutung. Eine Nichtbeachtung oder eine Vordefinition dieser Informationsvolumina könnte katastrophale Folgen haben. Die Information, die ein Anwender zur Verfügung hat, könnte unangepaßt sein und damit würde er eventuell effektiv handeln und nicht mehr effizient! (Vergl. *B.1.1.4*)

Während des Übergangs von der *Industriegesellschaft* zur *Informationsgesellschaft* ist oft die Frage zu hören, ob Information allgemein zugänglich gemacht werden soll oder nur gegen Bezahlung weitergegeben werden soll. Ist Information *Allgemeingut* oder nur bestimmten Kreisen zugänglich zu machen? Diese Frage ist eng mit dem Datenmanagement in einer Firma verknüpft. In vielen Betrieben geht der Trend zur monetären Betrachtung von Information. Information **soll** Geld kosten. Die Forderung ist verständlich: Die Speicherung von Information kostet auch Geld und ist folglich begrenzt (siehe *1.2.3*). Information ist aber auch notwendig, um gewisse Aufgaben zu erledigen. Hat dies zur Folge, daß nur der diese Aufgaben erfüllen kann, der die nötigen finanziellen Mittel hat, um an die nötigen Informationen zu kommen? Wird es einen *Kampf um Information* geben? Wird es eine neue Klasse von Minderheiten geben, eine Minderheit, die von denen ausgebeutet wird, die über die geforderten Informationen verfügen? Könnte ein nicht funktionierendes *Informationsmanagement* in einer Firma als hinreichendes K.O.-Kriterium auf dem Wirtschaftsmarkt gelten?

Mit Sicherheit wird die Informationsmenge, mit der Menschen und die Organisationen in denen sie tätig sind, täglich umgehen, enorm ansteigen. Vordringliche Aufgabe des Informationsmanagements ist es dabei, die Informationen so *einzuteilen* und *zu bestimmen*, daß sie nicht aus ihrem realen Bezug (Objekt Information) herausgerissen werden, sondern ihr Informationsgehalt sich immer nach der Umgebung richtet, auf die sie wirkt. Diese Forderung ist sehr eng mit den Strukturen eines Systems und den Schnittstellen der Elemente verknüpft. Dieses Management richtet sich daher nicht nur auf die Informationen selbst, sondern im gleichen Maße auf diese Umgebung. Eine Transparenz der Informationen, das heißt eine einheitliche Semantik, Syntax und Pragmatik, ist vordringliches Postulat und geht einher mit der zunehmenden Standardisierung der Daten. Falls diese Standardisierung nicht voran kommt, kann die weitere Informatisierung, also der steigende Einsatz von Datenbanken, eine steigende *Desorientierung* aller Beteiligten hervorrufen. Deterministische Datenbanken (DB), also alle auf Rechenanlagen implementierten DB (außer DB auf neuronaler Basis) können nur dort effizient eingesetzt werden, wo einheitliche, widerspruchsfreie Daten existieren.

3.3 Offene Systeme, geschlossene Systeme

Zum Einstieg in die Diskussion um den in der Presse und vielen Betrieben so viel umworbenen Begriff *'offene Systeme'* möchte ich eine kleine Episode erzählen:

Epiphänomene

*"Ich unterhielt mich eines Tages mit zwei System-Programmierern des Computers, an dem ich arbeitete. Sie sprachen davon, daß sein Betriebssystem bis zu fünfundreißig Benutzern mit größter Leichtigkeit verkraften könne, aber bei etwa fünfunddreißig Benutzern schoß die Antwortzeit plötzlich in die Höhe, und die Reaktionen wurden so langsam, daß man gerade so gut nach Hause gehen und bis später warten könnte. Ich sage scherzend: "Nun, das läßt sich leicht ändern - man muß einfach die Stelle im Betriebssystem finden, wo die Zahl '35' gespeichert ist, und sie in '60' ändern." Alle lachten. Der Witz ist natürlich der, daß solche Stelle nicht existiert. Woher kommt aber dann die kritische Zahl - 35 Benutzer ? **Die Antwort: Es handelt sich um eine sichtbare Folge der Gesamtorganisation des Systems - ein "Epiphänomen".***

*In ähnlicher Weise könnte man bei einem Kurzstreckenläufer fragen: "Wo ist die '9,3' gespeichert, die ihn befähigt, hundert Yards gerade in 9,3 Sekunden zu laufen?" Natürlich ist sie nirgends gespeichert. Die gelaufene Zeit ist das Resultat seines Körperbaus, seiner Reaktionszeit - einer Million Faktoren, die alle beim Laufen zusammenwirken. Die Zeit ist leicht reproduzierbar, sie ist aber nicht irgendwo in seinem Körper gespeichert. Sie ist über alle Zellen des Körpers verteilt und **zeigt sich erst im Akt des Laufens selbst.**" [Hofs91, S. 331]*

Epiphänomene *(Begleiterscheinungen)* gibt es in Hülle und Fülle. Auch eine Firma mit ihren Abteilungen, Mitarbeitern, Informationssystemen und Strukturen produziert solche Phänomene. Sie sind ja z.B. in den Börsennotierungen ersichtlich.

Um diese *'Begleiterscheinungen'* für die Firma so günstig wie möglich halten zu können, müssen vom Management möglichst viele Faktoren erkannt, analysiert und gesteuert werden. Durch die Modellierung der Firmenstrukturen in Software (Datenmodelle in VSAM oder relationalen Dateien) sind einerseits dafür wirkungsvolle Instrumente geschaffen, andererseits entsteht dadurch ein immer umfassenderes **Spiegelbild** der Firma, dessen Definition der *Grenzen* völlig neue Probleme aufwirft. Computer-Systeme als Träger der Informationen dieses *'Bildes'*, sind leider durch ihre Entwicklungsgeschichte oft proprietär, also gebunden an den Eigentümer. Standardisierung soll nun Abhilfe schaffen.

Für ein Unternehmen stellt sich aber die Frage, welche Teile *dieses Bildes* sie standardisieren soll und welche als Eigenarten erhalten bleiben sollen. Welche Eigenarten sind sinnvoll und welche sind nur entwicklungshemmend? Es geht hier offensichtlich um die Diskussion der inneren Identität und der äußeren Identität (siehe dazu auch Kapitel 2.4). Die äußere Identität gewährleistet Effektifität (Kraft), die innere Flexibilität, also das Vermögen, sich an verschiedene Situationen anzupassen; quasi als Garant für das Überleben. Da das *Gesamt-Vermögen* eines Unternehmens - allg. eines Objekts - jedoch konstant, daß heißt begrenzt ist, muß ein Objekt gewissermaßen mit seiner Identität *'haushalten'*. Eine vollkommene Öffnung bedeutet, daß alle seine Eigenschaften operativ eingesetzt werden, um eine möglichst große Wirkung zu erzielen, daß es gleichsam alle Karten auf den Tisch legt. Für Veränderungen der Anforderungen kann es nur eingeschränkt reagieren. Ein vollkommen geschlossenes Objekt hingegen könnte in diesem Fall auf seine speziellen Eigenheiten zurückgreifen und entsprechend auf Situationen reagieren, hätte somit gegenüber anderen Objekten also einen Vorteil. Diese, sich widersprechenden Verhalten, verkörpern den Dualismus von Spezialisierung und Verallgemeinerung - ein Prinzip, das nicht axiomisiert werden kann. Eine allgemeingültige Aussage läßt sich lediglich qualitativ, und nur durch Beobachtung und Vergleiche, machen. Folgende Abbildung stellt diesen Zusammenhang dar:

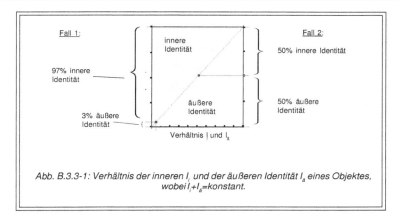

Abb. B.3.3-1: Verhältnis der inneren I_i und der äußeren Identität I_a eines Objektes, wobei I_i+I_a=konstant.

Das optimale Verhältnis von innerer Identität (Flexibilität) und äußerer Identität (Effektivität) muß nicht unbedingt bedeuten, daß beide in der gleichen 'meßbaren Menge' vorhanden sind. Dies wird sofort offensichtlich, wenn man sich vor Augen hält, daß das Maß selbst nicht absolut sein kann, sondern ständig angepaßt werden muß. Es gibt also keinen Maßstab, an dem dieses Verhältnis ermittelt werden könnte. Eine winzig kleine Eigenschaft eines Objektes könnte plötzlich zu einer gewaltigen Wirkung führen, wenn die äußeren Bedingungen sich verändern.

Bei der Konzeption eines Informationssystemens für einen Betrieb stellt sich nun die Frage, wieviele Eigenschaften standardisiert werden sollen und wieviele eben die innere Identität ausmachen sollen, also 'Reserve-Eigenschaften' sind, die nicht effektiv genutzt werden.
Nach der Forderung aus dem Kapitel 2.6.1 sollte von einem Standard nur maximal bis zu fünf Prozent abgewichen werden. Das bedeutet, daß die äußere Identität des Betriebes mit der anderer Betriebe nahezu vollkommen übereinstimmen muß. Andernfalls würde diese äußere Identität keinen Vorteil für den Betrieb bringen. Dabei muß die innere Identität groß genug sein, um bei veränderten Situationen flexibel reagieren zu können. Je größer diese innere Identität ist, desto größer ist die Wahrscheinlichkeit, auf dem Markt überleben zu können.

In dieser Arbeit habe ich das Informationssystem aufgeteilt in Daten, Methoden, Organisation und Benutzer (D, M, O und B). Es ist verständlich, daß nicht alle Komponenten gleichermaßen standardisert werden können und daß dabei alle Komponenten ganz bestimmte Eigenschaften haben. Wie ich eingangs in den Kapiteln 1.2.1 bis 1.2.4 Standardisierung der einzelnen Komponenten gezeigt habe, sind diese Teile des Informationssystems sehr unterschiedlich standardisierbar. **_Während Daten und Methoden eher zu den operativen Elementen zählen, gehören die Organisation und der Benutzer eher zu den strategischen Argumenten._** Es wäre höchst gefährlich, die Organisation einer Firma zu standardisieren; denn sie ist ein großer Teil ihrer inneren Identität, das heißt, sie verfügt über ein großes Potential an Eigenheiten gegenüber anderen Firmen. Ähnliches gilt für den Benutzer, den Menschen. Er soll die größte Innovation einer Firma sein. Dazu benötigt er ein großes Maß an Freiheit, um aus einem mannigfaltigen Repertoire an Ideen schöpfen zu können. Daten und Methoden hingegen sind eher als Werkzeuge für die Wertneuschöpfung anzusehen und sollten harmonisiert werden. Allerdings spiegeln die Daten die Organisation der Firma wider und sind somit ein Teil der Organisation und müssen deshalb eine gewisse Eigenheit behalten.
Die folgende Graphik stellt eine geschätzte Verteilung der inneren und der äußeren Identität bei den vier Komponenten dar:

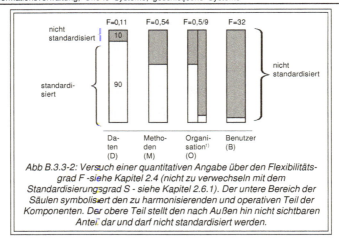

Abb B.3.3-2: Versuch einer quantitativen Angabe über den Flexibilitäts-grad F -siehe Kapitel 2.4 (nicht zu verwechseln mit dem Standardisierungsgrad S - siehe Kapitel 2.6.1). Der untere Bereich der Säulen symbolisiert den zu harmonisierenden und operativen Teil der Komponenten. Der obere Teil stellt den nach Außen hin nicht sichtbaren Anteil dar und darf nicht standardisiert werden.

Würden alle Daten eines Betriebes mit denen anderer Betriebe vereinheitlicht werden, käme dies einer Entartung von Identität und Relation nahe (siehe Kapitel *2.4*). Das gleiche gilt für die anderen Komponenten Methoden, Organisation und Benutzer. Es gäbe keinen Unterschied mehr zwischen den Daten des einen Betriebes und denen anderer Betriebe. Wenn die Daten nicht unmittelbar mit den drei anderen Komponenten vernetzt wären, wäre gegen diese vollkommene Vereinheitlichung nichts entgegenzubringen, wie es auch in der Umwelt gewisse Kategorien gibt, die überall völlig gleichartig sind. Dabei ist jedoch der Zweck völlig identisch.

Da jede Firma *ihren eigenen Zweck* hat, weswegen sie auf dem Markt ist und überlebt, hat sie auch eigene Verfahren und Organisationen, und eigene Mitarbeiter, die durch ihre ganz bestimmten Eigenschaften und Vorlieben eben genau diesen Zweck gut erfüllen können. Es wäre also sinnlos diesen Zweck so zu verallgemeinern, daß *alle* Firmen den gleichen Zweck erfüllten. Branchen-ähnliche Firmen sollten aber daher wegen ihres ähnlichen Zwecks eine gewisse Vereinheitlichung bestimmter Komponenten anstreben.

Ist es demgemäß zum Beispiel sinnvoll, ein Standard-Datenmodell zu konzepieren und einzuführen? Wäre genügend Flexibilität für das Daten-Design der einzelnen Betriebe vorhanden und welche Konsequenzen hätte der Einsatz eines solchen Datenmodells?

Unter der Bedingung, vom Standard nur bis zu fünf Prozent abweichen zu können (siehe Kapitel 2.6.1), wäre ein unternehmensweites Standard-Datenmodell *äußerst unflexibel.* Es wäre völlig sinnlos ein solches Datenmodell anzustreben. Die innere Identität würde dann lediglich weniger als fünf Prozent ausmachen können. Dieser Wert wäre für die Komponenten Daten und Organisation unvereinbar mit der *Flexibilitätsforderung* aus dem Kapitel 2.4. Um eine Garantie für das längerfri-stige Bestehen einer Unternehmung gewährleisten zu können, sollte die innere Identität der Einzelkomponente D, M, O und B, also die spezifischen Eigenschaften der Unternehmung, nicht unter ein bestimmtes Maß sinken. Je höher die innere Identität, desto unempfindlicher ist der Betrieb gegenüber äußeren Änderungen und desto länger kann er bestehen. Vorraussetzung ist allerdings, daß die äußere Identität so groß ist, so daß ein effizienter Kontakt mit der Außenwelt, zum Beispiel dem Kunden, dem Lieferer oder seinen Mitarbeitern stattfinden kann. *Es gilt die Prämisse: So viele Schnittstellen wie nötig, die höchst effektiv aber so wenig wie möglich.*

[1] Hier ist die Organisation aus Anwendersicht gemeint. Der Organisation aus technischer Sicht kommt eine ähnliche Forderung der Standardisierung nahe wie den Daten, weil es hier die Kommunikation im Vordergrund steht: Netzwerke müssen transparent sein, Schnittstellen kompatibel und Betriebssysteme nicht proprietär.

3.4 Daten- und Programmadministratoren

Viele Firmen stellen eigens für die Aufgabe, das Datenmodell der Firma zu erstellen und zu pflegen, einen *Administrator* ein. Dr. Andreas Meier[1] teilt diese Aufgabe in folgende Berufsbilder ein und möchte damit *standardisierte* Berufsklassen des Datenmanagements festlegen:

Datenmanagement:

Beruf	Aufgabe
Datenbankspezialist I **Datenbankspezialist II** **Datenbankspezialist III** Fachverantwortung Datenbankspezialisten Höhere Fachverantwortung Datenbankspezialisten **Leitung Datenbanktechnik**	Datenbankverwaltungssysteme einführen und warten, erarbeiten des techn. DB-Entwurfs, Impl. der phys. DB-Strukt., Kapazitätsanalysen, Optimieren von DB-Zugriffen, ...
Datenadministrator Fachverantwortung Datenadministratoren Höhere Fachverantwortung Datenadministratoren Leitung Datenadministration	verantwortlich für den Aufbau und Unterhalt des Data-Dictionary Systems mit den **einheitlichen** Datenbeschreibungen, -formaten, -beziehungen und -berechtig., ...
Datenarchitekt I **Datenarchitekt II** Fachverantwortung Datenarchitekten Höhere Fachverantwortung Datenarchitekten **Leitung Datenarchitektur / -modellierung**	Erstellen des logischen DM Festlegen einer**einheitlichen** Datenbankstrategie, Richtlinien für die D-Modellierung, Verantwortlichkeitsprinzip regeln, ...
Leitung Datenmanagement	Leitung aller Aufgaben

Tabelle B.3.4-1: Neue Berufsbilder des Datenmanagements nach A. Meier[1].

Aus dieser Aufstellung wird ersichtlich, wie vielschichtig das Datenmanagement ist. Die Berufe, die daraus neu entstehen sind heute noch lange nicht etabliert, sogar noch weitaus unbekannt. Auch die Abteilungen innerhalb von Firmen, in die sich diese neuen Berufe einordnen lassen sollen, sind noch nicht eindeutig festgelegt. A. Meier schlägt dazu vor, *Information-Centers (engl. Centre)* oder *Informations-Abteilungen* einzurichten.

Ich möchte diesen Gedanken hier weiter verfolgen und die Konseqenzen dieser Entwicklung diskutieren, besonders im Zusammenhang mit der Standardisierung und meinen bisherigen Ausführungen. Wie ich in den vorangegangenen Kapiteln gezeigt habe, sind die Daten, die Methoden, die Organisation und der Benutzer eng miteinander verknüpft. Sie bilden ein kompliziertes System, das Informationssystem. Es wäre folgedessen widersinnig, die Daten vollkommen aus diesem System herauszunehmen und nur von einer Instanz aus, dem Datenmanagement zu verwalten. Deshalb müssen die Abteilungen, die für das Datenmanagement zuständig sind, grundsätzlich sehr eng mit anderen Abteilungen zusammenarbeiten.

[1] Dr. Andreas Meier ist Leiter der Informatik bei der CSS Versicherungen in Luzern, Dozent an der ETH in Zürich und Referent auf der COMETT-Veranstaltung vom 12.7 bis 13.7.1993 "Unternehmensweites Datenmanagement" der Fernuniversität Hagen.

Im Kapitel *3.2 Datenbanken* habe ich beschrieben, welche große Bedeutung Information für den Mitarbeiter im Betrieb hat. Anwender von Informationssystemen benötigen eine ganz bestimmte Informationsmenge. Diese Menge ist, wie ich in dem Kapitel 3.2 erörtert habe, nicht nur von dem gerade auszuführenden Zweck abhängig. Der Anwender benötigt eine *Informationsreserve*. Diese Reserve muß er sich im Laufe seiner Tätigkeit selber aufbauen. Die Aufgabe eines Mitarbeiters ist zwar in fast allen Fällen grob umreißbar - zum Beispiel hat ein *Finanzbuchhalter* eben genau die Aufgabe über die Sachkonten, die Debitoren und über die Kreditoren buchzuführen - , jedoch hängen viele seiner wirklichen Tätigkeiten von seinen Neigungen, Vorlieben, Strukturen der Firma, seinen Erfahrungen und vieles mehr ab. Durch gewisse Bedingungen der firmeninternen Abläufe könnte ein Mitarbeiter gezwungen werden, plötzlich eine ihm *'fremde'* Tätigkeit einmalig auszuführen. Dazu benötigt er dann *Informationen*. Soll dann das Information Center eingeschaltet werden, also soll eine Untersuchung über seinen neuen Informationsbedarf vorgenommen werden, oder soll er selber darüber entscheiden, welche Informationen er benötigt und sie sich über ein komplexes Netzwerk aus LAN- und WAN-Komponenten beschaffen? Soll zum Beispiel der Datenadministrator auch die Informations-Verantwortlichkeit bestimmen und Berechtigungen für alle Informationen verteilen? Dies alles sind Fragen, die noch ungenügend beantwortet sind, um ein kompetentes Information Center aufzubauen. Daß eine Administration der wuchernden Daten in vielen Firmen jedoch notwendig ist, ist nicht zu bestreiten. Welche Verantwortung allerdings hinter dieser Tätigkeit wirklich steckt, läßt sich heute noch nicht ermessen. Wenn man sich die tatsächliche Bedeutung von Information (siehe Kapitel *1.1.2 Information* und *1.1.3 System*) jedoch vor Augen hält, wird einem die Mannigfaltigkeit einer solchen Arbeit erst bewußt. Diese Abteilung müßte praktisch, das in dem Informationssystem immer vollkommener gespiegelte Bild der Firma, verwalten. Kann dieses Abbild wirklich von einer Stelle aus bis ins letzte Detail überblickt werden? Geht dadurch eine zu hohe Gewalt von dieser Abteilung aus?

Natürlich lassen sich diese Fragen in dieser Arbeit nicht beantworten. Allerdings soll hier darauf hingewiesen werden, daß jede Zentralisierung eine *Zentralisierung der Verantwortung* ist. Dies hat zur Folge, daß die Standards immer umfangreicher und umgreifender werden müssen, um von einer zentralen Instanz überblickt werden zu können.

3.5 Verteilung der Verantwortung

*Ohne Information kann der Mensch keine Ver-
antwortung übernehmen; ein informierter Mensch
hingegen kann nicht umhin, Verantwortung zu
übernehmen.*

<Jan Carlzon>

Während des Schreibens dieser Arbeit nahm der Begriff Verantwortung für mich eine immer wichtigere Bedeutung an. Er schien in jedem Kapitel eine beachtliche Rolle zu spielen. Bei der Formulierung schien mir sein Wesensgehalt aber immer wieder aus den Fingern zu gleiten. Deshalb möchte ich hier diesen überaus brisanten Begriff Verantwortung im Zusammenhang mit Informationsystemen erörtern:

Das Wort *Verantwortung* kommt von *Antwort*. Wer etwas *verantwortet*, muß auf eine bestimmte Situation *antworten*. Eine Antwort kann nur der geben, wer eine Situation einschätzen kann und genügend Einblick in die Zusammenhänge hat, wer Informationen über sie hat. Die Frage, **wer wem wofür** verantwortlich ist, die Frage nach der *Verteilung der Verantwortung*, sollte das wichtigste Argument bei der *Konzeption neuer Systeme* sein. Hans Jonas schrieb in seinem Buch *'Das Prinzip Verantwortung'* mögliche Prinzipien, nach welchen Kriterien Verantwortung verteilt werden muß [Jona84, S. 172 ff]. Darin bemängelt er die *Zentralisierung von Verantwortung* mit dem Argument, daß die Kluft zwischen Vorhersagbarkeit und den Auswirkungen des Tuns zu groß wird, weil die Entscheidungsinstanz die Folgen einer Entscheidung nicht direkt erfährt. Diese Kluft führt er auf die Unwissenheit aller Beteiligten zurück. Er fordert, daß die Last des Beweisens der 'Verträglichkeit' einer Handlung nicht bei einer zentralen Instanz liegt, sondern bei dem Auslöser selbst. **Das Prinzip Verantwortung sei das Prinzip des Überlebens schlechthin.** Wer Verantwortung abgäbe, träte Freiheit, Flexibilität ab, begäbe sich in Abhängigkeiten. (Vergl. [Jona84, S. 47 ff]). Verantwortung ist daher sehr eng mit Flexibilität und Einheit verbunden. Wie groß darf eine Einheit also maximal sein, um genügend Verantwortung übernehmen zu können?

Mit dem Trend zur Dezentralisierung in Client-Server-Architekturen ist die Verteilung der Verantwortung verbunden. Durch die Verteilung der Daten ist ein Anwender für mehr Informationen verantwortlich als bei zentralen Informationsystemen. Nicht nur die Datensicherung spielen dabei eine entscheidende Rolle. Der Anwender verfügt dadurch über mehr *abrufbares Wissen*. Diese Tatsache fordert aber schon ansich die Übernahme von mehr Verantwortung: *"Ohne Information kann der Mensch keine Verantwortung übernehmen; ein informierter Mensch hingegen kann nicht umhin, Verantwortung zu übernehmen."* sagte Jan Carlzon. Dieses *Mehrwissen* könnte verglichen werden mit dem im Kapitel *2.8.2 Auswüchse der Standardisierung* dargestellten *Verzicht, oder Erkenntnisdefizit* in der Abb. *2.8.2-1*. Nur ein Mensch, der *weiß*, welche Ausmaße sein Handeln hat, kann darüber entscheiden, ob er einen Effektivitätsgewinn nur dadurch erreicht, indem seine Effizienz abnimmt, er sich also auf der *Effektivitätslinie* (siehe Abb. *1.1.4-2*) befindet, oder nicht.

Welche Verantwortung übernimmt ein Anwender eines Computers demgemäß bei seinem Tun? Zunächst verfügt er über viele Informationen. Er produziert, ruft ab und löscht Daten, ähnlich wie bei herkömmlichen Verfahren ohne den Computer, nur in viel größerem Ausmaß. Steigt dadurch auch die Verantwortung des Anwenders?

Großrechneranwender wissen einerseits zum größten Teil nicht über die Menge an Daten, die sie erzeugen und über die sie verfügen, Bescheid. Für sie ist nur der Akt der Datenein- und -ausgabe entscheidend, der von der Programmführung bestimmt wird. Über den immensen Aufwand, der getrieben werden muß, um all diese Informationen von Belegen, Rechnungen oder Artikeln zu speichern und vor allem zu verwalten, haben sie gewöhnlich nur eine geringe Ahnung. Ist dieser Anwender für seine erzeugten Daten verantwortlich? Genauso wie bei der herkömmlichen papier-intensiven Verarbeitung von Information ist der Anwender selbstverständlich verantwortlich für seinen Verbrauch an Material.

Die Verantwortlichkeit ist in den meisten Fällen jedoch ein *Spielball* vieler Interessengruppen oder Einzelpersonen. Die *Eigenverantwortlichkeit* wird bei zentralen Systemen oft auf eine *zentrale Verantwortung* abgeschoben. Die Gefahren, die mit der Übergabe von Verantwortung verbunden sind, können hier jedoch nur erwähnt werden. Sie sollten aber, gerade zum Beispiel im Zusammen-hang mit dem *Outsourcing*, eine breite Diskussionsgrundlage auf verschiedenen Ebenen finden. Hans Jonas bringt den unschätzbar wichtigen Begriff Verantwortung in eine neue Dimension:

> *"Die moderne Technik hat Handlungen von so neuer Größenordnung, mit so neuartigen **Objekten** und so **neuartigen Folgen** eingeführt, daß der Rahmen früherer Ethik sie nicht mehr fassen kann ... Die Mahnung an den **Einzelnen**, die Gesetze zu ehren, wäre nicht mehr genug. Auch sind längst die Götter nicht mehr da, deren beschworenes Recht dem Ungeheuren menschlichen Tuns wehren könnte. Gewiß, die alten Vorschriften der Nächsten-Ethik ... gelten immer noch, in ihrer intimen Unmittelbarkeit, für die nächste, tägliche Sphäre menschlicher Wechselwirkung. Aber diese Sphäre ist überschattet von einem wachsenden Bereich **kollektiven Tuns**, in dem **Täter**, **Tat** und **Wirkung** nicht mehr dieselben sind wie in der Nahsphäre, und der durch die Enormität seiner Kräfte der Ethik eine neue, nie zuvor erträumte **Dimension der Verantwortung** aufzwingt." [Jona84, S. 26]*

Der Begriff Verantwortung ist also keinesfalls nebensächlich und die Erklärung von Jonas zeigt, daß eine neue Norm für den Begriff Verantwortung, ein neuer Standard für die moderne Ethik überfällig ist. Es wird deutlich, daß Ursache und Wirkung miteinander verschmelzen. Das Ursache-Wirkungs-gefüge der traditionellen Lehre scheint sich aufzulösen und an dessen Stelle eine kollektive Einheit von Verantwortung zu treten. Die Verantwortung scheint sich also in alle Winde zu zerstreuen, sie scheint nicht mehr lokalisierbar zu sein.

Bei dem Individualisierungsprozeß an einer Standard-Software ist die *Entleerung des Begriffs Verantwortung* häufig festzustellen. Es wird kaum darüber nachgedacht, wer welche Individuali-sierung zu entscheiden hat. Der Programmierer sitzt demzufolge oft vor dem Datenendgerät und versucht seine vollzogenen und geforderten Änderungen in irgendeiner Weise zu rechtfertigen.

Die Verteilung der Verantwortung innerhalb von Informationssystemen ist demgemäß eine logische Konsequenz dieser beschriebenen Entwicklung. Alle Beteiligten sollten dabei soviel Verantwortung übernehmen wie möglich; nach dem Motto: *Nur wer Verantwortung nicht abschiebt ist ein guter Mitarbeiter.*

3.6 Informationssystem-Standards

Die Standardisierbarkeit der verschiedenen Komponenten des Informationssystems ist, wie ich in den vorangegangenen Kapiteln dargelegt habe, sehr unterschiedlich. Während die Daten und die Methoden weitgehend standardisiert werden können und auch sollten, darf die Organisation und der Benutzer (eng verknüpft mit den Benutzeranforderungen) nur sehr eingeschränkt harmonisiert werden. Sie stellen das eigentliche Vermögen einer Firma dar - quasi die innere Identität. Je größer dieses Vermögen ist, desto höher ist die Wahrscheinlichkeit auf dem Markt zu bestehen. Die erforderlichen Schnittstellen zur Außenwelt - die äußere Identität - soll über die Daten und die Methoden realisiert werden (siehe dazu auch Kapitel *2.4 Standard und Objektorientiertheit* und *3.3 Offene Systeme, geschlossene Systeme*). Der Standardisierung der Daten kommt eine ähnliche Bedeutung zu wie der einheitlichen verbalen Sprache. Die Kommunikation stellt eine wichtige Voraussetzung sowohl in der Wirtschaft als auch im Gesellschaftssystem dar. Nicht kommunizieren zu können, bedeutet oft Isolierung und Stagnation. In den *United States of America (USA)* werden Lieferer von Firmen oft nach ihrer Möglichkeit, über den elektronischen Datenaustausch zu verfügen, ausgewählt. Lieferer, die diese Möglichkeit nicht haben, laufen Gefahr Abnehmer zu verlieren.

Eng mit den Daten sind die Methoden verknüpft. Der objektorientierte Ansatz geht sogar davon aus, daß Daten und Methoden eine Einheit bilden, ein Objekt. Nahezu in dem gleichen Maß wie die Daten, sollten daher auch die Methoden standardisiert werden.

3.6.1 Daten-Standards

Heute schon kommunizieren viele Unternehmen unterschiedlichster Branchen über eine elektronische Schnittstelle. Dazu haben sich sehr branchenspezifische Daten-Standards herausgebildet. Für die gesamte Baubranche existiert eine Schnittstelle (GAEB), die von allen an einem Bauprojekt Beteiligten genutzt werden kann. Sowohl der Architekt als auch die Baufirma können mit der entsprechenden Software - sie muß diesen Standard natürlich lesen können - auf alle Daten einer Leistungsbeschreibung zugreifen. Vergl. [Beuth1].

Ähnliche Standards existieren zwischen den Unterhaltungselektronik-Firmen. Die Firma LOEWE hat zum Beispiel über das Kommunikationsnetz ISDN eine Möglichkeit geschaffen, Ersatzzeile für Fernsehgeräte direkt im Werk zu bestellen. Die Schnittstelle wird von der Firma LOEWE definiert und ist jedem zugänglich. Die Sparkassen in Deutschland bieten ihren Kunden die Möglichkeit, über eine Postleitung Transaktionen wie Überweisungen oder Kontoabfragen zu tätigen. Dazu bieten sie eine eigens dafür entwickelte Software an, die diese Übertragung mit dem erforderlichen Sicherheitsstandard erledigt. [TeleHaus93]

Es gibt also eine Menge von Standards für die Datenübermittlung. Der Standard ist aber oft branchenspezifisch und ist mit den Standards anderer Branchen völlig inkompatibel. Was passiert zum Beispiel, wenn eine Baufirma für eine Teilabschlagsrechnung eines Bauprojektes eine Überweisung tätigen will und dies gleich alles über den elektronischen Datenaustausch? Dazu müßte sie erst die Daten, also den Verrechungspreis, aus dem GAEB-Standard-Format in das Sparkassen-Standard-Format umwandeln. Es gibt also nur wenige *branchenübergreifende Daten- und Methoden-Standards.*

Dazu versucht eine Untergruppe der DIN, die EDI (Electronic Data Interchange) einen Beitrag zu leisten. UN/EDIFACT ist das weltweit gültige Regelwerk für die einheitliche Darstellung von Geschäfts- und Handelsdaten für den elektronischen Datenaustausch zur direkten maschinellen Weiterverarbeitung. EDIFACT und EDI ermöglichen einen schnellen Informationsfluß, ständige Verfügbarkeit und den Einsatz mehrerer Kommunikationsnetze.

Es wird dabei nicht nur die Nachricht selber standardisiert, sonder alles 'drumherum'. Das heißt, die Darstellung, die Steuerzeichen, die Reihenfolge und der Aufbau der Übertragungsdateien. Der Zeichensatz und die Syntax werden in den Normen ISO 9735 und DIN 16556 vorgeschrieben. Diese Norm legt syntaktische Regeln für die Aufbereitung von Nachrichten zum Austausch zwischen Partnern auf den Gebieten Verwaltung, Wirtschaft und Transport fest. Die EDIFACT-Syntax reduziert die Übertragungsdateien so, daß nur die tatsächlich benötigten Inhalte übertragen werden. Die Norm definiert die Syntaxtypen A und B, die bis auf die benutzten Zeichensätze identisch sind. Die Zeichensätze entsprechen der internationalen Referenzversion (IRV) des 7-Bit-Code nach ISO 646 (DIN 660031). Es kann aber auch der 8-Bit-Code nach ISO 8859 und 6937 zwischen den Datenaustauschpartnern vereinbart werden. Vergl. [EDI93].

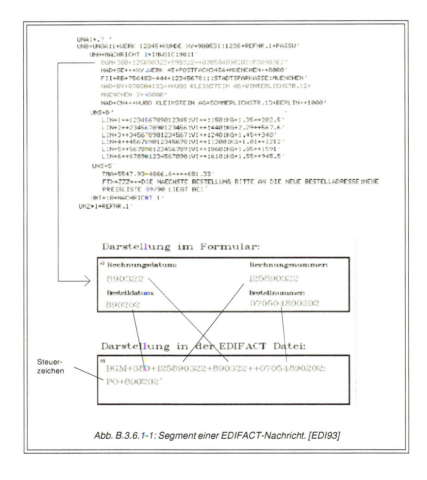

Abb. B.3.6.1-1: Segment einer EDIFACT-Nachricht. [EDI93]

Der als Typ A definierte Zeichensatz enthält ausschließlich druckbare Zeichen, während der als Typ B definierte Zeichensatz auch nichtdruckbare Zeichen enthalten kann. Eine EDIFACT-Datei besteht aus einem Service-Segment und einem Nutzdaten-Segment. Bei der Übertragung geht es hauptsächlich darum, daß die Partner die gleichen Steuerzeichen wie Nachrichtentrennzeichen oder Anfang- und Endemarkierung verstehen. EDIFACT legt diese Logik fest und definiert den Datenaustausch. Die Semantik der Daten oder Nachrichten müssen aber von den Partnern selber vereinbart werden. Diese werden nach ISO 2382/4 als Datenelemente bezeichnet: *"Ein Datenelement (data element) ist ein Gebilde aus Daten, das im gegebenen Zusammenhang als Einheit betrachtet wird."*. Die Datenelemente stehen innerhalb eines Segments immer in einer fest definierten Reihenfolge. Anhand ihrer Position im Segment können sie identifiziert werden. **Eine Nachricht ist nach ISO 2382/16 eine geordnete Folge von Zeichen für die Weitergabe von Informationen**. [EDI93]

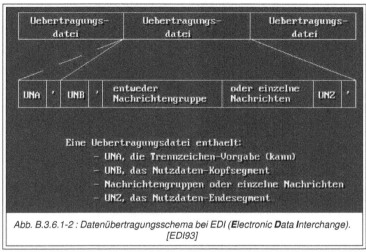

Abb. B.3.6.1-2 : Datenübertragungsschema bei EDI (Electronic Data Interchange). [EDI93]

Das deutsche Institut für Normung e.V. legt in Zusammenarbeit mit dem französischen und dem englischen Normungsinstitut AFNOR und BSI viele Normen zur Datenübertragung fest. Es existiert bereits jetzt eine Flut von Normungen, die von der Datenspeicherung bis zum Datenabruf reichen. Die Numerierungen der Normungen der verschiedenen Institute sind teilweise für die selben Normungen unterschiedlich. Sie werden jedoch im Laufe der Zeit immer mehr angeglichen. Ein wichtiger Bestandteil dieser Norm ist die OSI-Norm (Open Systems Interconnection). Er stellt einen Standard für die Verbindung offener Datenkommunikationssysteme dar. Verschiedene herstellerspezifische Netzlösungen beherrschen momentan den Markt. OSI soll mit einer international genormten einheitlichen Lösung die Vielfalt aufheben. OSI ist ein 7-Schichten-Modell und stellt OSI-Funktionen wie den Dateizugriff, Mitteilungsübermittlung, Transport über Netze, X.25-Weitverkehr, lokale Netze und Nicht-OSI-Anwendungen zur Verfügung. EDIFACT basiert vollständig auf diesem OSI-Modell. Dabei sind nicht nur technische Verfahren für den Datenaustausch (Schicht 1 bis 3) geregelt, sondern auch anwenderspezifische Kategorien (Schicht 4 bis 7). Bei dem steigenden Datenübertragungsraten auf elektronischem Wege der Firmen ist durch diese Normung ein nützliches Hilfsmittel für die *branchenübergreifende Übermittlung von Daten* gegeben. Es besteht jedoch die Gefahr, daß diese Normungen so allgemein und umfassend sind, daß sie von vielen Firmen nicht eingesetzt werden. Zum einen mit dem Argument, man wollte ja nur zum Beispiel zwei Dateien einmal im Jahr an seine Partnerfirma übermitteln und dazu bräuchte man kein komplettes OSI-Modell. Zum anderen sind viele Anwender und auch viele DV-Fachleute mit dem OSI-Standard noch nicht vertraut.

3.6.2 Programm-/ Methoden-Standards

Für die Programm- und Methoden-Standards gelten ähnliche Forderungen wie für die Daten. Es sind hier vordringlich die Anwenderprogramm-Oberfläche, die Bedienungsabfolge, die Funktionalität, die Programmiersprache und das Vorgehensmodell erwähnt. Die Einheitlichkeit der Funktionalität bedeutet zum Beispiel, daß für ein und den selben Zweck nicht unnötig viele Funktionen, in den verschiedensten Ausführungen existieren sollten. Dadurch würde eine *Definitions-Entleerung* verschiedener Funktionalitäten stattfinden. Der Anwender wüßte bei gleichzeitiger Anwendung dieser Funktionen bald nicht mehr, welche Funktion den geforderten Zweck erfüllt. Die Daten und die darauf zugreifenden Funktionen sind ohnehin in einem äußerst engen Zusammenhang, deren Trennung nicht ohne Folgen stattfinden kann. Daten und Funktionen stellen nach der objekt-orientierten Denkweise Objekte dar, mit Eigenschaften und mit Identitäten. Gleichzeitig mit der Vereinheitlichung von Daten und deren Semantik, die ich in dieser Arbeit propagiere, müssen die Funktionen, die Methoden, die auf die Daten zuzugreifen, und die Darstellung dieser Daten, als logische Konsequenz harmonisiert werden.

Die Anwenderprogramm-Oberfläche sollte einen sehr hohen Standard besitzen. Gerade durch die Client-Server-Anwendungen ist der Anwender gezwungen, mit verschiedenen Software-Produkten zu arbeiten. Dazu hat sich ein ganz bestimmter ergonomisch sinnvoller Standard entwickelt. Hier ist natürlich zum Beispiel der CUA- und der SAA-Standard zu erwähnen. Er ist ein offenes Konzept, das Standards, Normen, Regeln und neue Konventionen zusammenfaßt, und Techniken der Soft-ware-Entwicklung miteinbezieht. Dieses standardisierte *User Interface* wird auf verschiedenen Plattformen realisiert. Dies sind zum Beispiel: X-Windows, Windows NT, Motif, Open Look, MS-Windows, Presentation Manager, Macintosh, NeXTstep, Character Mode und Block Mode.

Die ISO/IEC/TR 10176 legt Richtlinien für die Erarbeitung von Programmiersprachen-Normen fest. Sie enthält Regeln für die Form und den Inhalt von Normen, für die Darstellung und zur Prozessor-unabhängigkeit. Die Programmiersprache COBOL ist beispielsweise in der DIN-Norm 66028 festgelegt: *"Die Norm legt die Programmiersprache COBOL (common business oriented language) fest, um den Austausch von COBOL-Programmen zwischen Datenverarbeitungsanlagen zu ermöglichen.*COBOL ist eine problemorientierte Programmiersprache, die hauptsächlich für betriebswirtschaftliche Anwendungen eingesetzt wird."* Desweiteren wird die Programm-dokumentation in der DIN 66230 definiert.
Die ISO28613 beschreibt die Office Document Architecture (ODA), die im wesentlichen Mechanis-men zur Beschreibung von Dokumentstrukturen, eine standardisierte Semantik zur Beschreibung von Regeln zur Dokumentgestaltung und eine Syntax zum Austausch dieser Informationen umfaßt.
Für das Verlagswesen wurde dagegen mit ISO 8879 die 'Standard Generalized Markup Language (SGML)' standardisiert, die stattdessen hauptsächlich eine Syntax zum Austausch von Dokument-strukturen ohne standardisierte Semantik für die späteren Bearbeitungsschritte umfaßt. Mit Hilfe dieser Sprache können die Benutzer die Gliederung ihrer Dokumente auszeichnen.
Es gibt also eine ganze Reihe von Normen für die Software-Methoden. Um einen kompletten Überblick zu bekommen, sei auf die im Kapitel *2.7.4 Informationsquellen für Methoden* angegebene Literatur verwiesen.

3.6.3 Organisations-Standards

Die Organisations-Standars teilen sich in die Standards aus Anwendersicht und in die der technischen Sicht. Im Kapitel *3.3 Offene Systeme, geschlossene Systeme* habe ich dargestellt, daß die anwenderseitige Organisation einen äußerst hohen Flexibilitätsgrad von ungefähr F=9 haben sollte, daß heißt die Betriebsmodelle, Datenmodelle, Entitäten und Relationen sollen möglichst individuell gestaltet werden, da sie einen großen Teil der inneren Identität eines Unternehmens ausmachen und ihren eigentlichen *Marktwert* darstellen. Die technische Organisation, also die Netzwerke, die technischen Schnittstellen, die Rechner und die Betriebsysteme sollen einem kleinen Flexibiltätsgrad F entsprechen und einem hohen Standardisierungsgrad S>0,95 (siehe auch Kapitel 2.6.1), da sie in den Bereich der Kommunikation fallen, also ein Medium wie zum Beispiel die Sprache. Die Organisations-Standards beziehen sich also hier auf die üblichen technischen Standards.

Trotz den Normungsbestrebungen der Normungsinstitute ISO und DIN, die das 7-Schichten-Modell OSI (**O**pen **S**ystem **I**nterconnection) propagieren, hat sich der TCP/IP-Standard (**T**ransmission **c**ontroll **p**rotocol / **i**nternet **p**rotocol) in sehr vielen Betrieben durchgesetzt. Viele Hersteller unterstützen zum Beispiel den SNMP-Standard (**S**imple **N**etwork **M**anagement **P**rotocoll) und gleichzeitig den CMIP-OSI-Standard in der Anwenderschicht (Schicht 7). So existieren momentan zwei Protokoll-Standards auf allen Ebenen der Übertragung - von der physikalischen bis zur anwenderorientierten Ebene. Für die Zukunft prognostizieren Netzwerk-Spezialisten die Koexistenz beider.

Im Bereich der Rechner und Betriebsysteme findet ebenfalls ein harter Konkurrenzkampf statt. Trotz der Portabilität verschiedener Betriebsysteme zum Beispiel in einem Client-Server-Netz, also die Möglichkeit von Brücken zwischen verschiedenen Rechnerwelten, existiert eine gewisse Effizienzeinbuße bei dem Einsatz verschiedener Systeme. Es zeichnet sich jedoch ab, daß viele Anwender diese **Einbußen inkauf nehmen, um die Vorteile, die ein System bietet, für bestimmte Zwecke zu nutzen.** Datenübermittlungen zwischen verschiedenen Systemen sind oft ohnehin nicht ständig gefordert, sondern langperiodische Vorgänge. Das Bild der optimalen Nutzung ergibt sich also aus einer **Kombination aus Zweckgerichtetheit verschiedener Systeme und die Einheitlichkeit der Schnittstellen:**

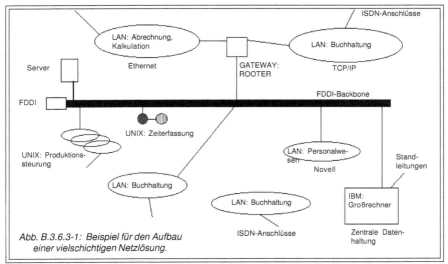

Abb. B.3.6.3-1: Beispiel für den Aufbau einer vielschichtigen Netzlösung.

Bei der Konzeption der technischen Organisation (Netzwerke), und übrigens für alle Komponenten des Informationssystems, könnte die Regel *'Für jeden Zweck sein Standard'* gelten.

Es wäre mühsam, und dies ist auch nicht der Zweck dieser Diplomarbeit, alle üblichen Standards hier aufzulisten und zu bewerten. Diese Aufgabe stellt sich bei der Konzeption von Informationssystemen, wenn also ein konkreter Zweck mit einem Informationssystem abgedeckt werden soll. Das Ergebnis dieser Diplomarbeit besagt jedoch: *Die Vielfalt der Produkte gibt dem Anwender die Möglichkeit, die Produkte einzusetzen, die für seine Aufgabe am effizientesten sind und muß den Nachteil der Inkopatibilität wettmachen. Der Anwender muß also immer entscheiden, mit welchem Produkt seine spezifische Aufgabenstellung am besten erledigt werden kann und trotzdem dem höchsten Standard entspricht. Spezielle Aufgabenstellungen müssen eben mit speziellen Produkten erledigt werden und sind gerade deswegen keine Standards!*

Trotzdem möchte ich hier den von ISO vorgeschlagenen OSI-Standard erläutern. Er definiert jede Kommunikation in *offenen Systemen* und unterteilt diese in sieben Ebenen oder Schichten. Die unterste oder die erste ist die physikalische Schicht und ist unter anderem für das Senden und Empfangen unstrukturierte Bitströme verantwortlich. Dieser Standard wird zum Beispiel in X.21 und V.24 festgelegt. Je höher die Schicht des OSI-Modells ist, desto anwenderbezogener ist sie. Es teilt sich also in einen technischen Teil und einen anwenderbezogenen Teil. Folgende Übersicht zeigt die sieben Schichten und deren Aufgaben:

Abb.: B.3.6.3-2: Das OSI-Modell für die offene Kommunikation in Informationssystemen, aus [Supp86].

Für die sieben Schichten existieren die verschiedensten Bezeichnungen. Wesentlich sind allerdings die Aufgaben jeder Schicht. Diese Aufgaben sind in der DIN-Normung genau definiert. Folgend ist ein Auszug aus der DIN-PERINORM für die Schicht 5 (hier als Kommunikationssteuerungsschicht bezeichnet) dargestellt:

Copyright 1990 by AFNOR, BSI, DIN:

Dokumentnummer	DIN ISO 8326
Ausgabedatum	1990-02-00
Dokumentart	ST*N
Aktualisierung	U

Titel   Informationsverarbeitungssysteme; Kommunikation
               Offener Systeme; Definition des
               verbindungsorientierten Basisdienstes der
               Kommunikationssteuerungsschicht; Identisch mit
               ISO 8326:1987
Kurzreferat: Das Basis-Referenzmodell fuer die Kommunikation
               Offener Systeme nach DIN ISO 7498 enthaelt als **fuenfte Schicht die
               Kommunikationssteuerungsschicht**. Diese bietet den Benutzerinstanzen
               Diensten an, um Verbindungen zwischen zwei Kommunikationspartnern herzustel
               len, mit den Kommunikationspartner die Anforderungen und Festlegungen fuer
               die Sitzungssetzung auszutauschen, Daten zu uebertragen, die
               Datenuebermittlung zu steuern und zu strukturieren, Berechtigungsmarken zu
               verteilen und die Verbindung abzubauen. Die Dienste der
               Kommunikationssteuerschicht sind notwendigerweise eng auf die Taetigkeiten
               der
               Benutzerinstanz bezogen.
Herausgeber   DIN Deutsches Institut fuer Normung e.V.
Sachgruppe   6983 Systeme. Datenkommunikation. Protokolle
Autor   NA Informationsverarbeitungssysteme
Originalsprache de* en
Intern. Übereinstimmung   ISO 8326-1987, EQV
Zitiert sind: CCITT T.62*CCITT X.215-1984*DIN ISO 7498*DIN ISO
               8327*ISO 7498*ISO 7498 ADD 3*ISO 8072*ISO
               8327*ISO/TR 8509
Mikrofilm-Nr.: 23147-A3*N005-2473
Seiten: 54
Preis (siehe Handbuch):   136,70 DEM
Suchbegriffe: ANFORDERUNG*BEGRIFFE*DATENAUSTAUSCH*DATENUEBERTRAG
               UNG*DATENUEBERTRAGUNGSVERFAHREN*DATENVERARBEITUNG*
               EDV*EIGENSCHAFT*INFORMATIONSAUSTAUSCH*INFORMATIONS
               VERARBEITUNG*KOMMUNIKATION*KOMMUNIKATIONSSTEUERUNG
               SSCHICHT*KOMMUNIKATIONSSYSTEM*OFFENES
               SYSTEM*OSI*RECHNERKOMMUNIKATION IN
               VERBUNDSYSTEMEN*RECHNERVERBUNDNETZ*STEUERFUNKTION*
               STEUERUNG

*Abb. B.3.6.3-3: DITR-Datenbankangaben des DIN/BSI/AFNOR für das 7-
Schichten-Modell des OSI-Standards. Hier für die Schicht 5.*

Für alle Schichten des OSI-Modells existieren in der DIN exakte Beschreibungen der Aufgaben. Sie sind zusammengesetzt aus vielen Einzelstandards und können unabhängig von einander zum Einsatz kommen. Hier seien einige, neben OSI und TCP/IP existierenden, herstellerspezifischen Netzwerk-Verfahren, die teilweise oder überhaupt nicht auf dem OSI-Modell aufbauen, aufgeführt:

- X.25   - OSF DCE
- DEC DECnet   - UI NCD
- IBM SNA   - Novell Netware
- DG XODIAC   - Banyan Vines
- Novell SPX/IPX   - LAN Manager
- Apple Talk   - Portable Netware
- Netbios

Ich möchte hier noch kurz auf die Organisation aus Anwendersicht eingehen. Dies betrifft nicht die Schicht 7 des OSI-Modells, sondern den Teil des Informationssystems, der die Organisation aus der Anwendersicht darstellt, also das Betriebsmodell, Relationen, Entitäten und Datenmodelle. Der von dem Unternehmen SAP festgelegte Rahmen durch die branchenübergreifende Software mit ihrem Betriebsdatenmodell auf den Plattformen R/2 und R/3 sind auch Organisations-Standards. Sie beziehen sich ausschließlich auf die Anwenderseite. Das starre Datenmodell bedingt, der objekt-orientierten Denkweise zufolge, starre Betriebsmodelle, Entitäten und Relationen. Ein Abweichen von diesem Modell bringt nur Probleme mit sich, die sich zum Beispiel bei Versionswechseln bemerkbar machen. Es bleibt einem Unternehmen, das die Software einsetzt, nichts anderes übrig, auf kurz oder lang sich an den Standard zu halten.

Die SAP-Software stützt sich also genau auf die Komponente einer Unternehmung, die am wenigsten standardisiert werden sollte, die Organisation aus der Anwendersicht. Es ist die Organisation, welche die Identität einer Firma charakterisiert. Im Kapitel *3.3* habe ich beschrieben, welche Folgen dies für das Unternehmen hat: **Der Zweck der Firma beschränkt sich, abgesehen von der Möglichkeit der ohnehin sehr einzuschrenkenden Individualisierung, auf den Zweck, den die von SAP zu Verfügung gestellte Software erfüllt.**

3.6.4 Benutzer-Standards

Der Benutzer steht hier für Benutzeranforderungen, Qualitätssicherung, Schulungen, Zuständigkeiten und Benutzer-Service. Wie ich in den vorangegangenen Kapiteln erörtert habe, sollen diese Kategorien nur zu einem geringen Anteil standardisiert werden. Der Flexibilitätsgrad soll dabei über F=30 liegen (siehe Kapitel *3.3*). Folgedessen existieren auch sehr wenige Standards auf diesen Gebieten. Die von dem Deutschen Institut für Normung DIN umfangreiche und stark propagierte Norm ISO 9000-X zur Qualitätssicherung für Software geht einen sehr pragmatischen Weg. Sie hat bestimmt ihre Gültigkeit wenn das *Ziel* oder der *Zweck* einer Software vollkommen klar ist. Nur in den seltensten Fällen ist jedoch die absolute Abgegrenztheit eines Software-Produktes gegeben. Es werden in dieser Norm Verfahren der Dokumentation, der Vorgehensweise - also der Software-Entwicklung und der Wartung festgelegt. Das Problem dabei ist jedoch, daß sich diese Verfahren derart schnell ändern und auch oft so produktspezifisch sind, so daß deren Festlegung eine überproportionale Komplexität erlangen würde. Die DIN 9000 hat viele Kritiker, gerade auch deshalb, weil diese Komplexität nicht in einem Normenpaket dargestellt werden könnte. Vergl. [Hauß93] und [Fourier]. Ich verweise hier auch auf das Kapitel *1.2.4 Standardisierung der Benutzeranforderungen*. Im folgenden ist ein Auszug aus dem DIN-Katalog dargestellt:

Dokumentnummer	**DIN ISO 9000 Teil 3**
Ausgabedatum	1992-06-00
Dokumentart	ST*N
Aktualisierung	U
Titel (Deutsch)	Qualitaetsmanagement- und
	Qualitaetssicherungsnormen; Leitfaden fuer die
	Anwendung von ISO 9001 auf die Entwicklung,
	Lieferung und Wartung von Software; Identisch mit
	ISO 9000-3:1991
Kurzreferat	Das Dokument enthaelt den Leitfaden fuer die
	Anwendung von ISO 9001 auf die Entwicklung,
	Lieferung und Wartung von Software.
Herausgeber	DIN Deutsches Institut fuer Normung e.V.
Sachgruppe	5520 Qualitaetssicherung und -ueberwachung.
	Zertifizierung
	6990 Programmierung. Software
	5520 Quality assurance and control. Certification
	6990 Programming. Software
	5520 Surete et controle de la qualite.
	6990 Programmation. Software
Intern. Übereinstimmung:	ISO 9000-3-1991, EQV*prEN 29000-3-1992, EQV
Zitiert sind	DIN 40041*DIN 55350 Teil 11*DIN 55350 Teil 12*DIN
	55350 Teil 13*DIN 55350 Teil 14*DIN 55350 Teil
	15*DIN 55350 Teil 17*DIN 55350 Teil 18*DIN 55350
	Teil 21*DIN 55350 Teil 22*DIN 55350 Teil 23*DIN
	55350 Teil 24*DIN 55350 Teil 31*DIN 55350 Teil
	33*DIN 55350 Teil 34*DIN ISO 8402*DIN ISO
	9000*DIN ISO 9000 Teil 2*DIN ISO 9001*DIN ISO
	9002*DIN ISO 9003*DIN ISO 9004*DIN ISO 9004 Teil
	2*DIN ISO 10011 Teil 1*DIN ISO 10011 Teil 2*DIN
	ISO 10011 Teil 3*DIN ISO 10012 Teil 1*DIN-TAB
	223*DIN-TAB 224*ISO 2382-1-1984*ISO 8402-1986*ISO
	9001-1987*ISO 10011-1-1990

Abb. B.3.6.4-1: Bibliographische Angaben der DIN ISO 9000 aus der DITR-Datenbank (PERINORM)

3.7 Informationsquellen für Standards

Viele nationale Vereine, die verantwortlich für die Standardisierung in den einzelnen Ländern sind, wie AFNOR in Frankreich, ANSI in den USA, BSI in Großbritanien und DIN in Deutschland, sind bei den Standardisierungsbestrebungen bei der ISO (International Standardization Organization) beteiligt. Die eigentliche Arbeit der ISO wird durch rund 150 Technische Komitees für die unterschiedlichen Bereiche der Standardisierung geleistet. Auf dem Gebiet der Telekommunikation wurden von der ISO in Verbindung mit IEC, CCITT und anderen Institionen wertvolle *Vorschläge* für die Festlegung von Kommunikationsprotokollen erarbeitet. Die ISO hat ihren Sitz in Genf.

Die Hauptaufgabe des ISO ist es allerdings *Vorschläge* auszuarbeiten. Sie hat keinen vorschreibenden Charakter. Die von ihr festgelegten Normen sind keine Vorschriften für den Hersteller oder den Anwender. Allerdings sollten von ihr nützliche Organisationshinweise, gerade im Zusammenhang mit der internationalen Harmonisierung als Impulse für die Wirtschaft angenommen werden.

3.7.1 Daten-Standards

Seit 1924 existiert der in Berlin gegründete Beuth Verlag und ist heute einer der größten technischwissenschaftlichen Verlage Europas. Besondere Merkmale des Verlages sind der Vertrieb technischer Regeln und Normen, besonders von DIN-Normen und sein umfangreiches Buchprogramm zu allen Themen der Normung.
Die Gründungsgesellschafter des Beuth Verlages waren das Deutsche Institut für Normung e.V. DIN und der Verein Deutscher Ingeniere VDI. Seit Jahresbeginn 1993 sind auch das Österreichische Normungsinstitut ON und die Schweizerische Normenvereinigung SNV Gesellschafter des Beuth Verlages. Ziel dieser neuen Kooperation ist es, Wirtschaft und Verwaltung einen möglichst umfassenden Service in allen Bereichen der Normung und technischen Regeln zu bieten.
In Planung sind der Ausbau der DIN-Taschenbuchreihe und die Mitentwicklung elektronischer Medien.

Der Verlag bietet nicht nur Informationen über aktuelle Normen an. Darüber hinaus veröffentlicht er Erfahrungen aus der nationalen und internationalen Normungsarbeit und gibt *Normungsmanagern* in den Firmen die Möglichkeit sich zum Beispiel über die Normungsarbeit in anderen Ländern zu informieren. Das Angebot des Verlages erstreckt sich über viele Branchen der Wirtschaft:

- Metalltechnik
- Bautechnik
- Elektrotechnik
- Informationstechnik
- Umwelttechnik/Energietechnik
- Chemische Technik
- Kommunikationstechnik
- Gesundheit
- Farbe und Textilien
- Normung (allgemein)
- Organisationstechniken
- Qualität
- Ausbildung
- Nachschlagewerke
- Zeitschriften

Natürlich richtet sich das Angebot nach der Nachfrage. In den Branchen, in denen viele Standards gefordert werden, existieren folglich auch viele Veröffentlichungen. Es ist also vorwiegend die Aufgabe der Anwender, sich um die Normeinhaltung zu bemühen. Der Verlag setzt sich das Ziel, dem Anwender möglichst umfangreiche Informationen über die Tätigkeiten anderer Firmen, Branchen, Länder und Organisationen zu liefern. Dies kann er aber nur, wenn der Anwender seine Wünsche durch eine große Nachfrage erkennen läßt.

Eine weitere wichtige Informationsquelle für Normen stellt die von dem Deutschen Informations-
zentrum für technische Regeln (DITR) in Berlin zur Verfügung gestellte Normendatenbank **DITR-
Datenbank** dar. Sie enthält alle Normen und Normentwürfe folgender Institutionen:

- AFNOR:	33.200
- TGL:	27.000
- DIN:	25.400
- andere:	18.400
- BSI:	16.400
- ISO/IEC	
CCITT:	15.300
- JIS:	12.000
- ASTM:	8.700
- ANSI:	8.500
- ON:	6.500
- Rechts-	
vorschr:	6.000
- EUROPAKET:	4.900
- SNV:	4.800
- UL:	500

SUMME: 187.600 Regeln

*Abb. B.3.6.4-2: Inhalt der DITR-Daten-
bank [EDI93]*

Die Datenbank kann sowohl vom PC als auch von einem Großrechner oder einer Workstation aus
gelesen werden. Sie ist in drei Sprachen (Deutsch, Englisch und Französisch) zu bedienen. Ein von
den drei großen Normungsinstituten DIN, AFNOR und BSI entwickeltes Programm PERINORM
zur Visualisierung und Selektion bestimmter Normen ist bei dem *Beuth Verlag GmgH Berlin,
Burggrafenstr. 6* erhältlich und kostet 3.700 DM. Sie ist *"die* Datenbank für Normung in Europa" und
wird monatlich erneuert. Verschiedene Firmen verwenden jedoch eigene, zum Beispiel in COBOL
geschriebene, ***Normverwaltungssysteme***, die auf die DITR-Datenbank zugreifen. Sie erlauben es,
eigene werksinterne Normungen zu verwalten und gleichzeitig auf alle europäischen Normungen
Zugriff zu haben. [EDI93] und [DIN]

3.7.2 Programm-/Methoden-Standards

Die Arbeiten des internationalen und nationalen Normungsinstituts beziehen sich auch auf die
Programmiersprachen, Vorgehensweisen beim Software-Engineering und auf die Software-Ergo-
nomie. Es sei hier auf die gleichen Quellen verwiesen, wie sie für die Daten-Standards gelten.
Allerdings geht es hier zum großen Teil um Normungen, dessen Wesensgehalt noch sehr stark in der
Entwicklung sind. Es handelt sich nicht um das bloße Festlegen bestimmter, einfacher Verfahren.
Die Verfahren selber, zum Beispiel die strukturierte Programmierung die in der DIN 66260
festgelegt ist, sind ständig im Wandel. Heute wird sie sehr stark durch objektorientierte
Programmiermethoden beeinflußt. Es sind also Verfahren, dessen Art sich im Laufe der Zeit stark
ändert, einerseits aufgrund sich verändernder Anforderungen, andererseits durch die Bereitstellung
immer besserer Techniken in der Mikroelektronik. Programm- und Methodenstandard sollten also
nicht einer so starken Normung unterworfen sein, wie Daten-Standards. Außerdem wird es
verschiedene Standards geben müssen, die für verschiedene Zwecke eingesetzt werden, obwohl ein
Standard theoretische ausreichen würde, aber viel zu allgemein wäre. Siehe dazu auch Kapitel *3.3
Offene Systeme, geschlossene Systeme.*

3.7.3 Organisations-Standards

Die Entwicklung der technischen Organisation - also Netzwerke, Schnittstellen, Rechner und Betriebssysteme - befindet sich noch voll in ihrer evolutionären Phase. Das heißt, es existieren viele Realisationen auf dem Markt, wobei alle verschiedene positive und negative Eigenschaften haben. Die einen sind zu komplex und bieten zu viel Funktionalität (z. B. OSI/ISO), die anderen sind zu einfach, dafür aber leicht zu installieren und zu bedienen (z. B. TCP/IP). Es wird sich herausstellen, welche Produkte wirklich den Aufgaben angemessen sind. Dabei wird es sicherlich verschiedene Standards geben, die verschiedene Zwecke erfüllen. Einfache Aufgaben werden mit einfachen Standards (z. B. Betriebssystem DOS) erfüllt werden. Natürlich wird es dadurch Schnittstellenprobleme geben. Diese Probleme können allerdings durch *Konverter* geschmälert werden. Außerdem ist zwischen zweckfremden Anwendungen oftmals die Kommunikation nicht ständig gefordert, sondern nur ein relativ seltenes Ereignis. H. Plickert beschreibt allerdings in *'Interoperabilität live üben'*, daß die Aufwendungen für Portabilität von 47 Milliarden Dollar 1991 auf 36,5 Milliarden Dollar abnehmen werden, weil die nötigen Standards der offenen Systeme für effizientere Schnittstellen sorgen. [CW,FOC93]

Der Standardisierungsprozeß der technischen Organisation ist heute demnach lediglich *Insidern* der Netzwerkkonzeption gänzlich bekannt. Trotzdem sollte bei der Realisierung und beim Einsatz jeglicher Kommunikationswerkzeuge der zwar verhältnismäßig umfangreiche aber sehr funktionale OSI-Standard in seinen sieben Schichten große Beachtung finden, auch wenn nur ein Teile aus ihm für den jeweiligen Zweck benötigt werden. Verantwortlich für diesen Standard ist *The International Organization for Standardization (ISO), CH-1211 Genéve 20.*

3.7.4 Anforderungs-Standards

Obwohl oder gerade weil die Qualität ein sich immer änderndes Kriterium darstellt, beschäftigen sich viele Institutionen mit der Problematik der Qualitätsicherung:

- Deutsche Gesellschaft für Qualitätssicherung, DGQ, Frankfurt am Main
- Forschungsgemeinschaft Qualitätssicherung, FQS, Frankfurt am Main
- Verein deutscher Ingenieure, VDI, Düsseldorf
- Verein deutscher Elektrotechniker, VDE
- Deutscher Normenausschuß, DNA
- Technische Überwachungsvereine, TÜV, Essen
- Deutsches Institut für Normung, DIN, Berlin
- Deutsches Institut für Gütesicherung und Kennzeichnung e.V. RAL, Bonn

Diese Institutionen haben sehr unterschiedliche Zielgruppen und damit auch unterschiedliche Aufgaben. Während das DIN auch aktiv an der *Qualitätsbestimmung* beteiligt ist, überwacht der TÜV hauptsächlich die Qualität verschiedener Produkte. Die Qualität richtet sich jedoch auf sehr viele und unterschiedliche Merkmale, so zum Beispiel auf die Sicherheit, Effizienz, Funktionalität, Korrektheit, Robustheit, Zuverlässigkeit, Aktualität, usf. Die Qualität ist desweiteren sehr zweckgerichtet und anwenderbezogen. Es gibt also Anforderungen an ein Produkt, einerseits des Anwenders - er will möglichst viel von seinem Produkt haben - andererseits von einer regelnden Instanz - sie richtet sich wohl vornehmlich auf die Sicherheit und Korrektheit des Produkts. Die Qualitätsbestimmung darf daher nicht nur den Normungsinstituten überlassen werden, sondern muß von den Anwendern aktiv mit gestaltet werden. (siehe auch Kapitel *1.2.4*)
Folgende Internationale Organisationen beschäftigen sich in Zusammenarbeit mit nationalen Organisationen mit der Normfestlegung und -prüfung:

- Association française de normalisation (AFNOR), Paris La Défense
- British Standards Institution (BSI), Milton Keynes, United Kingdom
- Japanese Industrial Standards Committee (JIS), Tokyo 100
- Österreichisches Normungsinstitut (ON), Wien
- Schweizer Normen-Vereinigung (SNV), Zürich
- International Organization for Standardization (ISO), CH-1211 Genéve 20
- Standardiseringskommissionen i Sverige (SIS), S- 10366 Stockholm
- European Organization für Quality (EOQC), CH-3001 Berne
- International Electrotechnical Commission (IEC), CH-1211 Genéve 20
- International Federation for the Application of Standards (IFAN), CH-1211 Genéve 20

Dokumentnummer	DIN 66285
Ausgabedatum	1990-08-00
Dokumentart	ST*N
Aktualisierung	U
Titel	Informationsverarbeitung; Anwendungssoftware; Guetebedingungen und Pruefbestimmungen
Kurzreferat	Zweck der Norm ist, Qualitaetsanforderungen an Software-Produkte festzulegen und Regeln aufzustellen fuer die Ueberpruefung, ob die Produkte die Forderungen einhalten. Anwendungssoftware, die die Pruefung bei einer anerkannten Pruefstelle bestehen, duerfen das DIN-Pruef- und Ueberwachungszeichen fuehren.
Herausgeber	DIN Deutsches Institut fuer Normung e.V.
Sachgruppe	6990 Programmierung. Software
Autor	NA Informationsverarbeitungssysteme
Originalsprache	de
Vorgängerdokumen	DIN V 66285(1985.10)
Zitiert sind	ANSI/IEEE 729-1983*DIN 55350 Teil 11*DIN 55350 Teil 12*DIN 66200 Teil 1*DIN 66230*DIN 66233*ISO 6592-1985*ISO 9127-1988*RICHT Durchfuehrungsbestimmungen fuer die Verleihung und Fuehrung des Guetezeichens RAL
SOFTWARE*RICHT	
	Normen der Reihe DIN 44300*RICHT Richtlinien fuer die Autorisierung von Pruefstellen fuer Software
Mikrofilm-Nr.	23158-E12*N006-1095
Seiten	8
Preis	47,50 DEM
Bemerkungen	Gilt nicht fuer Software fuer Sicherheitstechnik und Software, die in zu steuernde Hardware integriert ist.

Abb. B.3.7.3-1: Beispiel einer Normung für Qualität aus der DITR-Datenbank. [DIN] und [EDI93]

TEIL C:

1. SAP, das Unternehmen und sein Umfeld

1.1 Gründung und Philosophie

Fünf ehemalige IBM-Mitarbeiter gründeten am 1. April 1972 das Software-Haus SAP mit dem Firmensitz in Mannheim. Die Bedeutung der Firmenkürzel SAP ist **S**ysteme **A**nwendungen, **P**rodukte in der Datenverarbeitung. Das Anliegen der Firmengründer war es, *'Standardanwendungs-Software zu entwickeln und zu vermarkten'*. Im Jahre 1979 entstand ihre *2. Software-Generation* R/2, die bis in die heutigen Tage sehr weit verbreitet ist [SAP93]. Folgende Graphik faßt wichtige Ereignisse bei dem SAP-Unternehmen zusammen:

1972	1972: Gründung der Firma *"Systemanalyse und Programmentwicklung"* in Manneim als Gesellschaft des bürgelichen Rechts
1973	
1974	
1975	
1976	
1977	Gründung SAP GmbH
1978	
1979	R/2 Software-Generation
1980	
1981	
1982	236 Unternehmen arbeiten mit SAP-Software
1983	
1984	Gründung SAP (International) AG in Biel
1985	
1986	SAP das erste mal auf CeBIT in Hannover
1987	
1988	Umwandlung in Aktiengesellschaft
1989	12 Landesgeschäftsstellen, 1000 Mitarbeiter
1990	
1991	Über 700 Millionen Mark Umsatz
1992	Neue Landesgeschäftsstellen, R/3-Pilotkunde
1993	
1994	
1995	

Tabelle C.1.1-1: Wichtige Entwicklungs-schritte des Unternehmens SAP.

Anhand der Umsatzzahlen seit Gründung des Unternehmens läßt sich ersehen, welchen dynamischen Werdegang SAP vollzogen hat:

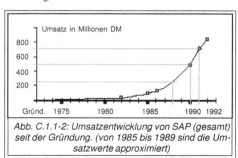

Abb. C.1.1-2: Umsatzentwicklung von SAP (gesamt) seit der Gründung. (von 1985 bis 1989 sind die Umsatzwerte approximiert)

Besonders ab dem Jahr 1982 stieg das Umsatzvolumen sehr stark an. Diese Entwicklung ist auf den damaligen Erfolg des SAP-Moduls *RF-Finanzbuchhaltung* zurückzuführen. Besonders große Industrieunternehmen in Deutschland setzten ab 1980 verstärkt die Software für die Kreditoren-, Debitoren- und Sachkontenverwaltung ein. Eng verbunden war damit die Rechnungsprüfung, der Einkauf, die Lager-Disposition, die Fakturierung und der Vertrieb.

Parallel zu dem Umsatz verlief die Mitarbeiterzahl des Unternehmens:

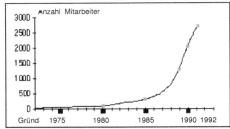

*Abb. :C.1.1-3: Anzahl der Mitarbeiter von SAP (ge-
samt) seit der Gründung.*

Das Unternehmen verzeichnete innerhalb eines Jahres teilweise Zuwächse von über 40 Prozent.
Zweifelsohne entdeckten die Verantwortlichen bei SAP eine Marktnische, auf die ich noch zu
sprechen kommen werde. SAP hat mittlerweile weltweit über 2000 Kunden in 31 Ländern.
Landesgesellschaften im Auslanc und *Geschäftsstellen* im Inland unterstützen die Kunden bei der
Installation und der Pflege der Software. Im Ausland wurde mit 69 Mio. DM der größte Umsatz in
den Vereinigte Staaten von Amerika erzielt. Erstaunlich ist auch der Markteinstieg in den osteuro-
päischen Ländern. Trotz der wirtschaftlich äußerst kritischen Lage vieler ehemaligen Ostblock-
Länder konnte SAP in der heutigen GUS fünf Kundeninstallationen, in der Tschechischen Republik
fünf und in Ungarn acht neue Kunden verzeichnen. Im Jahre 1991 begann die SAP mit dem
russischen Softwarehaus ZPS eire Kooperation.

SAP will sich in Zukunft verstärkt an die mittelständischen Unternehmen wenden. Mit dem Produkt
R/3, mit der dritten Generation der Software aus dem Haus SAP, soll dieses Vorhaben realisiert
werden. Um die dazu notwendigen Client-Server-Lösungen anbieten zu können, schloß die SAP mit
vielen Firmen Logo-Partner-Verträge für die Unterstützung auf mehreren Gebieten [SAP93]:

- B/I/G in Bad Oeynhausen
- biw n Weinstadt-Endersbach
- CompuNet in Köln
- DOGRO-Partner in Remshalden-Grunbach
- DVG in Oberhausen
- DV-Ratio in Hamburg
- GESY in Troisdorf
- Gfr Management-und Systemberatung in Münster
- Ketteler & Partner GmbH in Harsewinkel
- Keyboard Deutschland GmbH in Eschborn
- ORGA in Karlsruhe
- pdv in Bremen
- PU in Bonn
- Schmücker & Partner in Frankfurt
- SFG in Konstanz
- SLA GmbH in Borsinghausen
- Software Union in Ismaning
- S & P in Bielefeld/Sennestadt
- tele-daten-service tds GmbH in Heilbronn

Außerdem existieren Beteiligungen an der SRS GmbH in Dresden (45%) zusammen mit Siemens
Nixdorf Informationssysteme AG in München (45%) und der Robotron-Projekt GmbH (10%), um
den Vertrieb und die Entwicklung der R/3-Hardware- und -Software-Komponenten zu verbessern.
Mit der US-amerikanischen Firma Microsoft hat die SAP im Jahre 1993 einen Kooperationsvertrag
für Client-Server-Software unter der graphischen Oberfläche WINDOWS abgeschlossen.
IBM und SAP haben im Juli 1993 einen Vertrag abgeschlossen und wollen *"die Vorteile offener
Systeme und des Client-Server-Konzepts mit denen von Großrechnern und Datenbankservern
verbinden."* Insbesondere will SAP die von IBM entwickelte relationale Datenbank DM2/6000 auf

dem neuen R/3-System einsetzen. Desweiteren soll durch die Kooperation von IBM und SAP das IBM-Unix-Betriebssystem durch das R/3-System gestützt und unterstützt werden. Verl. [CZ93]

Das Unternehmen SAP gibt selbst 24,3 Prozent von ihrem Umsatz für die Forschung und Entwicklung aus. Für den diesen Bereich waren 1991 zum Jahresende 949 Mitarbeiter beschäftigt, das sind 35 Prozent der Beschäftigten.

SAP konnte bei einem Jahresumsatz 1991 von 707 Mio. DM einen Ertrag von 123,3 Mio. DM erzielen. Mit diesem Kapital investierte die SAP in neue Hardware und in den Neubau des Entwicklungs- und Vertriebszentrums. Der Personalaufwand stieg im gleichen Zeitraum um 44,5 Prozent. Er entspricht 296,3 Mio. DM, was 42 Prozent der Umsatzerlöse aumacht.
Interessant ist die Entwicklung des Umsatzes für Schulungen: *"Das Internationale Schulungszentrum hat sich zu einem bedeutenden Unternehmensbereich entwickelt. Im Geschäftsjahr 1991 betrug der Umsatz knapp 55 Millionen DM, das sind etwa 13 % des Gesamtumsatzes. 1991 wurden insgesamt 129 unterschiedliche Seminare durchgeführt."* [SAP93-A].

Ein Bestandteil der Unternehmensphilosophie von SAP ist *"das permanente Streben nach Markterweiterung. Im geographischen Sinne ist dies durch die weltweite Vermarktung der Produkte geschehen; die Internationalisierung der Systeme sowie die Gründung von Landesgeschäftsstellen in allen wichtigen Industrienationen der Erde waren die Voraussetzung. "* [SAP93-A, Seite 11]

Desweiteren ist eine wichtige Aussage seitens SAP hier zu erwähnen, die ich bis jetzt in keiner Broschüre, Geschäftsbericht oder sonstigen Unterlagen der SAP zu lesen fand. Aus den Schulungen und von SAP-Mitarbeitern ist immer wieder zu hören, daß sich der Kunde als Anwender der SAP-Software an die SAP-Lösung anpassen muß. Es wird dem Kunden, den Programmierern, den Mitarbeitern der Fachabteilung und den Führungskräften dieser Kunden-Firmen geraten , auf lange Sicht sich den SAP-Eigenschaften, wie Nummernkreise, Datenbankstruktur oder wirtschaftlichen Verfahren zu beugen. Diese Aussage deckt sich mit einem Ergebnis dieser Arbeit, das besagt, daß Individualisierungen an einer Standard-Software längerfristig vermieden werden sollen.
Die SAP gliedert sich heute in folgende Bereiche:

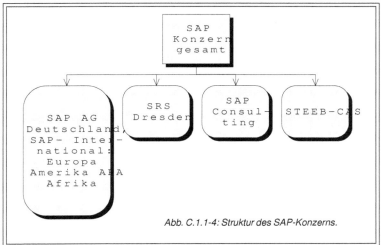

Abb. C.1.1-4: Struktur des SAP-Konzerns.

1.2 Die Produkte von SAP

Die Produktbezeichnung ist mit dem Firmennamen identisch und lautet SAP. Die Produkte der Firma SAP decken heute nahezu alle Bereiche der betrieblichen Anwendungen ab. Die Produkte gliedern sich in die Hauptanwendungsbereiche Rechnungswesen, Logistik, Personalwirtschaft, Office und Kommunikation. Anliegen der Firmengründer war es von Anfang an, *"Standard-Anwendungssoftware zu entwickeln und zu vermarkten"* [SAP93-C].

Die Software war von Beginn an in Module aufgeteilt. Ab dem Jahr 1979 war die 2. SAP-Software-Generation R/2 erhältlich. Dabei bilden die einzelnen Module verschiedene Bereiche des Betriebes ab. Folgende Aufstellung gibt einen groben Überblick über die zu verschiedenen Zeiten angebotenen Module:

R/2, 1983:

RM	Material-Disposition und -Kontrolle
	Einkaufsabwicklung
	Rechnungsprüfung
RM, RV	Lagerverwaltung
RM, RV	Materialbuchhaltung
RF	Finanzbuchhaltung:
	Kreditorenbuchhaltung
	Debitorenbuchhaltung
	Sachkontenbuchhaltung
RA	Anlagenbuchhaltung
RV	Verkaufsauftragsabwicklung
	Versandabwicklung

R/2, 1992:

RV	Vertrieb
	Versand
	Verkauf
RF	Finanzbuchhaltung:
	Kreditorenbuchhaltung
	Debitorenbuchhaltung
	Sachkontenbuchhaltung
RM	Material-Disposition und -Kontrolle
RM-PPS	Produktion-Planung-Steuerung
RM-K	
RA	Anlagenbuchhaltung
RK	Kalkulation
RK-K	Kalkulation
RP	
RB	Basis-Modul

R/3, 1993:

BC	Basis-System
BC-DS	Entwicklungsumgebung
BC-IM	Informationsmodell
FI	Finanz
FI-GL	Hauptbuchhaltung
FI-AR	Dibitorenbuchhaltung
FI-AP	Kreditorenbuchhaltung
FI-LC	Konzernrechnungslegung
PP	Prduktionsplanung
PP-MRP	Bedarfsplanung
SD	Vertrieb
SD-SLS	Auftragsabwicklung
SD-SHP	Versand
SD-BIL	Fakturierung
OC	Office & Communication
OC-EDI	SAP-EDI
CO	Controlling
CO-CCA	Kostenstellenrechnung
CO-JOB	Auftragskalkulation
AM	Anlagenwirtschaft
AM-AA	Anlagenbuchhaltung
MM	Materialwirtschaft
MM-BD	Grunddaten
MM-IM	Bestandsführung
MM-PUR	Einkauf
MM-IV	Rechnungsprüfung
MM-WM	Lagerverwaltung
HR	Personalwirtschaft
HR-ORG	Organisation & Planung
HR-PDP	Personalentwicklungsplanung
HR-PAD	Personaladministration
HR-TIM	Zeitwirtschaft
HR-PAY	Peronalabrechnung

Abb. C.1.2-1: Die Produkte von SAP in den Jahren 1982, 1992 und die Produkte auf der neuen Plattform R/3. [SAP93-B]

Wesentliche Merkmale der Produkte der Firma sind, nach eigenen Aussagen von [SAP93-A]:

> *"- Integration aller betrieblichen Bereiche*
> *- Modularität*
> *- Durchgängigkeit des Rechnungswesen*
> *- Branchenneutralität*
> *- Multinationalität*
> *- Trennung zwischen EDV-technischen Funktionen (Dialog- und Datenbanksteuerung) und betriebswirtschaftlichen An wendungen."*

Was ist unter dem ersten Merkmal 'Integration *aller* betrieblichen Bereiche' zu verstehen? In dem Informatik-Duden von 1989 ist über computerintegrierte Fertigung oder Computer-Integrated Manufacturing CIM nachzulesen: "*CIM ist ... die Integration der im Büro anfallenden Planungs- und Steuerungsdaten in die technische Fertigung und den Vertrieb.*" Es handelt sich bei den SAP-Produkten folglich um eine bestimmte Art CIM-Lösung.

Die Produkte sind durch ihre *Modularität* gekennzeichnet, wie das zweite Merkmal darlegt. Diese Modularität kennzeichnet sich dadurch aus, daß die verschiedenen Produkte für verschiedene Bereiche in den Betrieben zwar einzeln zu erwerben sind (also RM, RF, RA, RV, ...), aber wegen dem *integrierten und ganzheitlichen* Erscheinungsbild der Produkte in einem engen Zusammenhang stehen und es *'Sinn'* macht, alle Module einzusetzen. Der Vorteil, der sich für den Anwender ergibt, ist also, daß er nicht das ganze Paket auf einmal zu erwerben braucht, sondern innerhalb eines größeren Zeitraumes entsprechend seiner Liquidität sein Informationssystem Schritt für Schritt auf SAP umstellen kann.

Der Punkt der *Branchenneutralität* muß hier jedoch nachdrücklich falsifiziert werden. Wie ich in den nächsten Kapiteln zeigen werde, ist die SAP-Software für *investitionsgüterorientierte* Betriebe entwickelt worden und nicht für *markenartikelorientierte*. Diese Tatsache schlägt sich in vielen Komponenten der Software nieder. Es geht hier vordringlich um das Mengengerüst der Artikel, Kunden und Lieferanten.

Einen klaren Vorteil für den Anwender kann die *Multinationalität* darstellen. Durch die Einheitlichkeit der Informationsverarbeitung in einer Firma mit Außenstellen oder Landesgeschäftsstellen, Niederlassungen oder Vertriebsstellen, Kunden oder Lieferanten im Ausland kann SAP sehr hilfreich sein, da die *Währungsbehandlung* von SAP unterstützt wird.

Ich möchte hier noch kurz die Release-Numerierung der SAP-Produkte angeben:

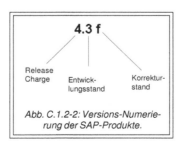

Abb. C.1.2-2: Versions-Numerierung der SAP-Produkte.

1.3 Die Kunden von SAP

Die Anzahl der Kunden von SAP stieg in den letzten Jahren ähnlich stark an wie die Anzahl der Mitarbeiter oder der Umsatz des Unternehmens. Die größte Kundengruppe findet sich im Bereich der Mittel- bis Großunternehmer. Besonders zu Beginn der achtziger Jahre konnte SAP viele Kunden aus diesem Bereich gewinnen:

Adidas	Hoechst
AEG	IBM
Allianz	Krupp*
Aral	Mannesmann
Beiersdorf	MBB
Bertelsmann	Melitta
Böhringer*	ShellOsram
RobertBosch	Porsche
Daimler Benz	Sony
DB	Telekom
ESSO	Thyssen*
	Volkswagen

* Einführung parallel mit Rosentahl

Abb. C.1.3-1: Auswahlliste der SAP-Kunden in Deutschland nach SAP-Angaben.

Folgende Welttafel zeigt die Verbreitung der SAP-Produkte anhand der Länder, in denen Firmen die Software einsetzen:

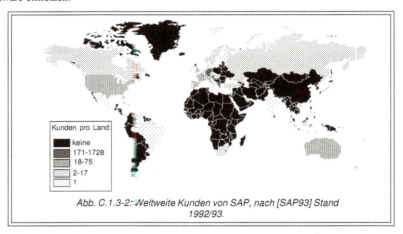

Kunden pro Land:
- keine
- 171-1728
- 18-75
- 2-17
- 1

Abb. C.1.3-2: Weltweite Kunden von SAP, nach [SAP93] Stand 1992/93.

Alleine in Deutschland kann SAP heute über 1.728 Installationen verzeichnen. Diese installierten Versionen beziehen sich fast ausschließlich auf die R/2-Generation von SAP. Erst im Jahre 1992 gab es einen R/3-Pilotkunden. Einer dieser ersten Kunden ist die Hoesch Rohr AG in Hamm. Sie fertigt mit etwa 1500 Mitarbeitern und etwa 450 Mio. DM Jahresumsatz geschweißte Stahlrohre für unterschiedliche Einsatzgebiete. Zum Produktprogramm gehören unter anderem Präzisrohre für den Maschinenbau und die Kfz-Industrie sowie Handels- und Transportrohre zum Beispiel für Ölgesellschaften und Energieversorgungsunternehmen. Während das frühere R/2-System bei Hoesch noch stark am Zentralrechner orientiert war, stellt die dritte Generation von SAP R/3 ein komplexes aus vielen Hardware-Systemen bestehendes Gebilde dar. Die Firma Hoesch in Hamm realisierte ein Client-Server-System auf der R/3-Plattform von SAP.

1.4 Das Datenmodell von SAP

Das Datenmodell von SAP basiert in der Version R/2 auf einer nicht-releationalen Datenbank-struktur. Es besteht aus Dateien, die in Segmente unterteilt sind. Folgende Datenbanken mit ihren Segmenten sind hier hauptsächlich zu nennen:

- KUN A (B, C) Kundendaten (Debitoren)
- MAR A (B, C) Materialdaten (Artikel)
- LIF A (B, C) Lieferantendaten (Kreditoren)

Die Datenbanken sind unternehmensweit gültig. Alle Änderungen und Abfragen beziehen sich auf diese Datenbanken. Die Segmentaufteilung, also die Struktur der Datenbanken, soll nicht von einem SAP-Anwender (auch nicht von einem ABAP-Programmierer) verändert werden. Lediglich Feld-ergänzungen können vorgenommen werden. Diese haben jedoch zur Folge, daß die Bildschirm-masken (Datenfelder) und die Operationen ebenfalls modifiziert oder neu erzeugt werden müssen.

Im Folgenden ist die Struktur der Kundendatenbank (KUN) und daran anschließend die der Materialdatenbank (MAR) dargestellt:

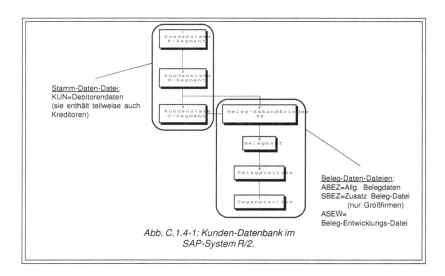

*Abb. C.1.4-1: Kunden-Datenbank im
SAP-System R/2.*

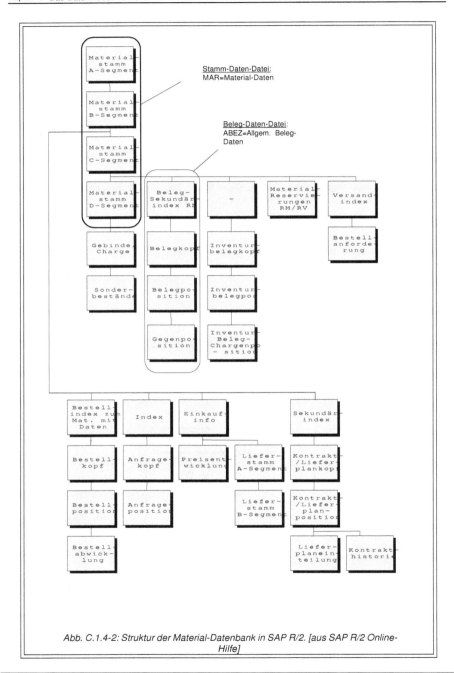

Abb. C.1.4-2: Struktur der Material-Datenbank in SAP R/2. [aus SAP R/2 Online-Hilfe]

Durch die Beleg-Daten-Dateien wächst das Datenvolumen oft sehr stark an. SAP speicher *alle Informationen* zu einem Geschäftsprozeß in diesen Beleg-Dateien ab. Zu einem Auftrag kann zum Beispiel nicht nur das Auftragsdatum und der Betrag ersehen werden, sonder alle relevanten und eingegebenen Daten, wie Anzahl der Positionen, Art der Positionen, usf. Ein Beleg wird jeweils zu einem Angebot, einem Auftrag und einer Rechnung erzeugt. Erst wenn der Auftrag vom Kunden bezahlt wurde, werden diese Beleg-Daten gelöscht. Dadurch entstehen bei der Firma Rosenthal unter Umständen Dateien mit über 130 Millionen Sätzen. Damit der Anwender kurze Zugriffszeiten auf diese Dateien hat, muß das Rechenzentrum der Firma mindestens alle zwei Tage einen Reorganisations-lauf über diese Dateien laufen lassen. Wenn diese Dateien diese Größe von über 100 Millionen Sätzen erreichen, kann diese Reorganisation jedoch aus Zeitgründen nicht veranlaßt werden, da sonst andere Batch-Jobs, die für den betriebswirtschaftlichen Ablauf notwendig sind, nicht mehr ausge-führt werden können.

Diese großen Beleg-Dateien hatten zur Folge, daß nach der SAP-RV-Einführung ein Vielfaches an Datenvolumen für den Betrieb notwendig war:

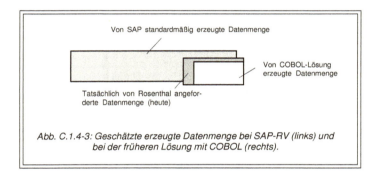

Abb. C.1.4-3: *Geschätzte erzeugte Datenmenge bei SAP-RV (links) und bei der früheren Lösung mit COBOL (rechts).*

Zusätzlich zu den standardmäßig von SAP erzeugten Dateien existieren bei der Firma Rosenthal noch weitere Dateien. Dies sind beispielsweise die Vertreter-Datei und die Künstler-Datei, die in die SAP-Struktur nur schlecht integriert werden können. Zum einen wegen der sehr speziellen Anfor-derung an die, für diese Anwendungen geforderten, Funktionen und zum anderen wegen dem grundsätzlichen Problem, neue Dateien innerhalb des SAP-Systems zu generieren.

Seit dem Release 4.3 können auf diese Datenbank auch simulierte SQL-Abfragen und -Operationen durchgeführt werden. Die übliche Arbeitsweise mit der Datenbank konzentriert sich jedoch auf die in ABAP zur Verfügung gestellten Operationen. Da im allgemeinen, und insbesondere bei der Firma Rosenthal, Anwendungen zu einem großen Teil aus individuell programmierten Modulen bestehen, greifen auch sehr viele Methoden auf die Datenstruktur der KUNA zu. Dies sind sowohl ABAP-Methoden als auch COBOL- oder dBASE-Methoden. Es gibt also einerseits Ergänzungen mit eigenen Mitteln und Mitteln der Standard-Software SAP und andererseits Modifikationen innerhalb des SAP-Systems.

Die Segmente sind nach verschiedenen Kriterien aufgeteilt. Das Segment A enthält allgemeine Daten, Segment B firmenspezifische und Segment C sachbezogene Daten [SAP93-J].

Das Datenmodell für R/2 ist nicht direkt bei der Firma SAP zu beziehen, sondern über die Vertrags-Firma IDS Scheer GmbH in Saarbrücken. Dieses Datenmodell ist aufgeteilt in die verschiedenen Module und kostet dort 5.000,- bis 10.000,- DM pro Modul. (Tel.-Auskunft SAP)

Das Datenmodell ist nach meinen Erfahrungen, die ich während der Erstellung dieser Arbeit gemacht habe, der kritische Punkt der SAP-Software. Es befindet sich in dem Bereich des Informationssystems, zusammen mit den Entities, den Relationen und den Betriebsmodellen, der in keinem Fall standardisiert werden sollte (siehe Abb. B.1.2.1-2). Da die Struktur im unternehmensweiten Datenmodell der SAP-Software jedoch weder im R/2 System, noch im R/3-System verändert werden soll, ist ein Anwender gezwungen, das SAP-Datenmodell einzusetzen. Die Erfahrungen haben gezeigt, daß immer wieder an dieses Datenmodell zusätzliche Felder angehängt werden, um den Anforderungen der Firma gerecht werden zu können. Die Datenstämme sind hierarchisch gegliedert und können von den Kunden zum Großteil in ihre Betriebs-Hierarchie übernommen werden:

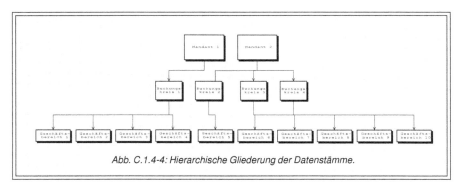

Abb. C.1.4-4: Hierarchische Gliederung der Datenstämme.

In den Modulen RV, RF und RA des R/2-Systems werden diese Gliederungen unterschiedlich bewertet. Während zum Beispiel in dem RF-Modul die Geschäftsbereiche als *Produktionsbereiche* angegeben sind, werden sie in RV als *Vertriebsbereiche* betrachtet.

Die Vertrags-Firma der SAP AG IDS Scheer GmbH in Saarbrücken ist bestrebt, das nicht relationale Datenmodell des R/2-Systems durch ein E/R-Diagramm darzustellen. Nach einer Anfrage bei dieser Firma, ob dieses Datenmodell zugänglich wäre, erzählte mir ein Mitarbeiter, daß dieses Datenmodell noch in Arbeit wäre und eine Vorversion könnte ich ausschnittsweise aus dem Bereich Rechnungswesen erhalten (siehe Abb. C.1.4-5). Da die Frima SAP jedoch noch aus den Anfängen der betrieblichen Datenverarbeitung entwachsen ist und die Datenstrukturen hierarchisch entstanden sind, kann ein Entity-Relation-Modell nachträglich nur schwer erstellt werden. Das Datenmodell des R/3-Systems wurde durch ein Entity-Relation-Modell visualisiert. Alle Module umfassen in kleingedrucktem Zeichenformat leicht eine Zimmerwand mit drei mal zwei Metern Größe.

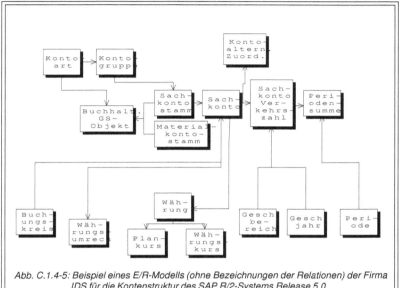

Abb. C.1.4-5: Beispiel eines E/R-Modells (ohne Bezeichnungen der Relationen) der Firma IDS für die Kontenstruktur des SAP R/2-Systems Release 5.0.

2. Beobachtungen bei der Einführung von SAP/RV

Während meiner Tätigkeit bei der Firma Rosenthal wurde das SAP-Modul RV der Version 4.3f eingeführt. Die Firma setzte bis zu diesem Zeitpunkt bereits die Module RF, RA, RM, RM-PPS und RM-K ein. Folgende Darstellung zeigt den zeitlichen Ablauf dieses Einführungsprozesses:

```
1972
1973
1974
1975
1976
1977
1978
1979 Lochkarten-Verarbeitung
1980
1981
1982 Einführung SAP/RF
1983
1984
1985 Einführung SAP/RA
1986 Einführung SAP/RM-PPS
1987
1988 SAP/RM flächendeckend
1989 Vorbereitung für SAP/RV
1990
1991
1992 1. Einführung von SAP/RV
1993 2. Einführung von SAP/RV
1994
1995
```

Abb. C.2-1: Zeitliche Darstellung des Einführungsprozesses der verschiedenen SAP-Module bei der Firma Rosenthal.

Zur Zeit der Einführung von SAP im Jahre 1982 war die Rechnerleistung 16-mal geringer als heute, dies waren drei MIPS (**M**illions **I**nstructions **P**er **S**econd). Der Massenspeicherbedarf betrug 7 Giga Byte und beläuft sich heute auf 110 Giga Byte. Auffallend bei dieser Entwicklung ist, daß die wesentliche Steigerung der Rechnerkapazität in den letzten Jahren zu verzeichnen ist. Seit dem Jahr 1989 stieg der Massenspeicherbedarf von 17,4 GB auf 110 GB, er hat sich also versechsfacht. Dies ist auf die Einführung der Module RM und RV zurückzuführen, wie aus der Abbildung C.2-1 ersichtlich wird.

Heute sind ca. 440 Terminals und über 200 Personal Computer im Einsatz. Die SAP-Anwender verteilen sich wie folgt auf die verschiedenen Module: RV-Auftrag und Versand 142, RM-Bestand 35, RM-PPS 10, RF und RA 40 und SAP-Zentral alle Module 31. Angesichts der sehr hohen Anzahl von RV-Anwender, ist es verständlich, daß die Rechnerkapazität mit der Einführung des RV-Moduls einen starken Anstieg erfordere.

Insgesamt sind 258 Mitarbeiter mit mindestens einem Modul von SAP beschäftigt. Heute werden täglich auf dem Zentralrechner 185.000 Transaktionen durchgeführt. Dabei werden durchschnittlich pro Monat 320.000 Zeichen verarbeitet.

2.1 Vorgehensweise

Bei der Einführung der SAP-Software verwenden und schlagen die Berater des SAP-Unternehmens ihren Kunden ein einheitliches Vorgehensmodell vor. Das Modell wird mit der Software-Installation mit ausgeliefert. Es soll dabei auch die Projektdokumentation vereinheitlichen. Folgende Graphik zeigt dieses Vorgehensmodell:

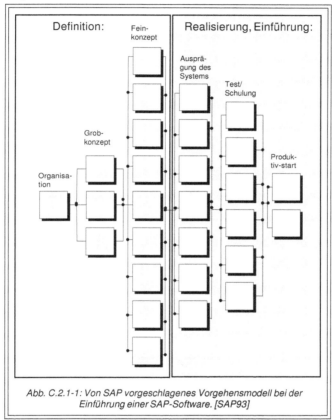

Abb. C.2.1-1: Von SAP vorgeschlagenes Vorgehensmodell bei der Einführung einer SAP-Software. [SAP93]

Dieses Vorgehensmodell enthält die sechs klassischen Projekt-Phasen: Hinführung, Auftrag, Planung, Anwender-Design, Realisierung und Abschluß (ähnliche Bezeichnungen für die Phasen auch üblich). Im Laufe meiner Arbeit bei der Firma Rosenthal konnte ich jedoch feststellen, daß dieses Modell bei der SAP/RV-Einführung im April 1993 lediglich einen sehr theoretischen Einfluß ausmachte. Bei dem ersten Einführungsversuch im Januar 1992 (vergl. Abb. C.2-1) mußten die Aktivitäten schon in den ersten Phasen wieder eingestellt, beziehungsweise wiederholt werden, da die Rechnerleistung des Zentralrechners (IBM) nicht ausreichend war. Über ein Jahr später am 14. April 1993, nachdem die Rechnerleistung gegenüber dem Vorjahr 1991 von 15 MIPS um 300 % auf 45 MIPS im Jahr 1992 erhöht wurde und der Massenspeicher von 70 auf über 90 (1993: 110) Giga Byte im gleichen Zeitraum aufgestockt wurde, konnte das RV-Modul in das Informationssystem integriert werden. Die Leistungssteigerung der Rechenanlage wurde 1992 mit dem Austausch des IBM-Hosts durch ein älteres, aber leistungsfähigeres Modell von COMPAREX realisiert.

2.2 Individualisierungsprozeß und Dokumentation

Grundsätzlich findet zwischen SAP-Standards und den Firmen-Standards vor und nach der Einführung von SAP ein gewaltiger Angleichungsprozeß statt. Folgende Graphik veranschaulicht diesen Prozeß:

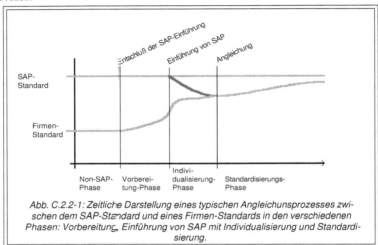

Abb. C.2.2-1: Zeitliche Darstellung eines typischen Angleichunsprozesses zwischen dem SAP-Standard und eines Firmen-Standards in den verschiedenen Phasen: Vorbereitung, Einführung von SAP mit Individualisierung und Standardisierung.

Vor der Einführung werden nicht nur Anpassungen der technischen Anlagen, also der Rechenanlagen, vorgenommen, sondern auch organisatorische und ablaufbezogene. Dies sind zum Beispiel die Anpassung von Numerierungen, wie Rechnungsnummern oder Artikelnummern. Bestand die Rosenthal-Rechnungsnummer anfangs aus einer zusammengesetzten Nummer - siehe unten -, so wurde sie durch die Einführung von RV auf die Belegnummer reduziert. Die Information, welchem Werk die Rechnung zuzuordnen ist, entfällt also bei SAP:

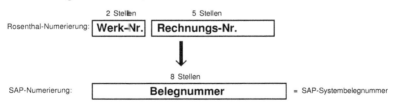

Die Kunden von Rosenthal, die ihre Nummernsysteme auch auf die alte Rosenthal-Numerierung abgestimmt haben, mußten somit ebenfalls die neue Numerierung übernehmen. Sie können aus der Rechnungsnummer nicht mehr die Werksnummer direkt ablesen. Die Vertriebsergebnisse der einzelnen Werke der Firma Rosentahl, die früher über diese, in die ganze Rechnungs-Nummer intigrierte Werksnummer, abgewickelt wurden, werden heute durch ein zusätzliches Feld mit dem Namen *Zuordnung* bewerkstelligt. Dieses Feld ist von SAP standardmäßig vorgegeben und kann als Sortierkriterium verwandt werden. Die SAP-Systembelegnummer wird automatisch und fortlaufend erhöht.

Bei dieser Anpassung handelt es sich vordergründig um eine Anpassung der Informationssystem-Komponente *Daten*. Vereinheitlichungen können hier also sinnvoll sein.

Eine weitere Diskrepanz zwischen dem SAP-Standard und dem Rosenthal-Standard betrifft die Kreditwürdigkeit eines Kunden. Die Debitoren-Buchhaltung der Firma Rosenthal betrachtete bisher die Kreditfähigkeit eines Kunden *auftragsbezogen*, und nicht *kundenbezogen*. Die DV/Org-Abteilung der Firma Rosenthal ergänzte die SAP-Software RV durch eine Methode, die bei der Neuerfasssung eines Kundenauftrages automatisch das Sperrkennzeichen aus dem Debitoren-Stammsatz in die Bewegungs-Datenbank für die Aufträge kopiert. Dadurch ist es der Firma Rosenthal möglich, mit dem Kunden bei einem Zahlungsverzug zu verhandeln. Gewisse Aufträge können somit für die Weiterverarbeitung freigegeben werden, und der Kunde erhält die Ware, obwohl er sich im Zahlungsverzug befindet.

Diese Individualisierung ist äußerst notwendig für das Erscheinungsbild von Rosenthal. Eine von SAP angebotene Methode existiert nicht. SAP bringt den Anwender Rosenthal also in folgendes Dilemma:

Y Entweder verwirft sie die Möglichkeit, mit dem Kunden auf der auftragsbezogenen Basis verhandeln zu können und läuft damit Gefahr ihn zu verlieren

Y oder sie paßt die SAP-Software ihren Bedürfnissen an, läuft damit aber Gefahr zu viele Individualisierungen zu machen. (siehe Kapitel B.2.6.1)

Ein weiteres Beispiel für die Notwendigkeit einer Individualisierung stellt folgende Graphik dar:

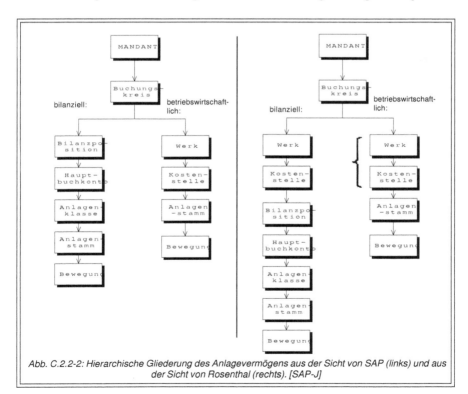

Abb. C.2.2-2: Hierarchische Gliederung des Anlagevermögens aus der Sicht von SAP (links) und aus der Sicht von Rosenthal (rechts). [SAP-J]

Um diese Anpassung zu bewerkstelligen, wurde ein ca. heute neun Bildschirmseiten langer Standard-ABAP von einem Rosenthal-Programmierer modifiziert. Heute ist unbekannt, welche Text-Sequenzen des ABAP´s standardmäßig enthalten waren und welche neu hinzugefügt wurden. Bezüglich der Dokumentation tut sich hier eine riesige Kluft zwischen dokumentierten Aktivitäten und tatsächlich vollzogenen Individualsierungsarbeiten auf. Der Programmierer des neun Bildschirmseiten-ABAP´s arbeitet heute nicht mehr bei der Firma Rosenthal und kann somit nicht mehr befragt werden.

Welche Aufgabe kommt einer Dokumentation, oder besser gesagt der gesamten Verwaltung des Individualisierungs-Prozesses, zu? Der Informatik-Duden aus dem Jahr 1989 gibt darüber folgende Auskunft:

"Verlauf und Ergebnisse aller Phasen müssen projektbegleitend dokumentiert werden. Alle diese Dokumente zusammen bilden die Dokumentation. Jedes einzelne Dokument ist an eine bestimmte Lesergruppe gerichtet. Anfänger geben sich oft damit zufrieden, in ihre Programme Kommentare einzustreuen. Dies hat wenig mit der anzufertigenden Dokumentation zu tun, aus der die Problembeschreibung, Lösungsansätze, der Entwicklungsprozeß, Entwurfsentscheidungen, Leistungsmessungen, Testumgebungen usw. hervorgehen. Die wichtigsten Teile der Dokumentation sind:

*- die **Benutzerdokumentation** (Leserkreis: Programmbenutzer),*
*- die **Entwicklungsdokumentation** (Leserkreis: Projektbeteiligte)*
*- die **Technische Dokumentation** (Leserkreis: Wartungspersonal).*

Bei größeren Projekten wird die Dokumentation zur Vereinfachung der Organisation rechnergestützt erstellt."

Es drängt sich bei der einer Individualisierung die Frage auf, welche Formen der Dokumentation dafür relevant sind. Soll der Benutzer über alle Änderungen informiert werden, oder nur über bestimmten Änderungen? Und in welcher Form soll er die individualisierten Programmabschnitte dokumentiert bekommen? Soll dies durch eine interaktive Bildschirmhilfe geschehen, wie es bei SAP R/2 nur bedingt möglich ist?

Bei den Untersuchungen zu dieser Arbeit fiel auf, daß das Thema der Dokumentation zwar immer für sehr wichtig erachtet wurde, trotzdem nie befriedigend gelöst werden konnte. So existieren verschiedene Ansätze. In den frühen Projektphasen wurden alle Aktivitäten mit einem Textverarbeitungssystem auf dem Großrechner durchgeführt (siehe Abb. C.2.2-3). Die anfangs, von einer externen Firma, vorgenommenen Individualisierungen in den RF-Modulen wurden ebenfalls mit diesem Verfahren erledigt. Durch die RV-Einführung und durch die Hinzunahme eines SAP/RV-Beauftragten, der bei der wechselseitigen Anpassung von SAP und Rosenthal behilflich sein sollte, komplizierte sich jedoch der Dokumentationsprozeß. Die durch den SAP-Beauftragten vollzogenen Änderungen wurden nur unzureichend dokumentiert und mußten immer wieder nachgeholt werden. Dabei verwendete ein Rosenthal-Mitarbeiter zusätzlich das Textverarbeitungssystem *Microsoft Word for Windows.*

Die Dokumentation ist also in mehreren Hinsichten problematisch:

1. Die Dokumentation verlangt beim Individualisieren mehr Arbeit.
2. Aus diesem Grund wird sie zu oft vernachläßigt.
3. Die Informations-Darstellung der Aktivitäten ist nicht gelöst.
4. Die textlichen Darstellungsformen nehmen unkontrolliert zu und können nur schlecht verwaltet werden.

Bei der Firma Rosenthal wurde bei den SAP-Individualisierungen die von der Firma SAP vorgegebenen Richtlinien bezüglich der Kundenmodifikationen angewendet. Diese wurden von SAP wie folgt definiert:

Modifikationskennzeichen:

Zur Beschreibung aller RAG-Modifikationen wird ein 9-stelliges Kürzel der folgenden Form vergeben:

Aufbau:

RAGnnnnnn

Kundenbezeichnung
(RAG)

Modifikationsnummer

Die Modifikationsnummer wird dem Namen der im M/Text angelegten Modifikationsbeschreibung entnommen.
Beispiel:
Im Dokument: 3.02.001 -> Modifikationsnummer 302001.

Kennzeichnung von Sourcecode-Änderungen:

1. Im Source-Kopf erfolgt stets eine Beschreibung der Modifikation in der Form:

    4.3F
    RAGnnnnnn   TT.MM.JJ   XY   Kurzbeschreibung der Modifikation
                                (XY: Kürzel des Bearbeiters)

2. Alle geänderten und neuen Zeilen werden durch das Modifikationskennzeichen ab Spalte 63 markiert.

3. Es dürfen grundsätzlich keine Original-Zeilen gelöscht oder überschrieben werden; eine Änderung erfolgt immer durch Kommentarisierung der Original-Zeile und gegebenenfalls Hinzufügen einer geänderten Zeile.

4. Alle Änderungen werden durch einen speziellen RAG-Rahmen zusätzlich hervorgehoben. Dieser Rahmen ist in dem Member KAEND der MOD-Source angelegt und kann von dort in die entsprechenden Member kopiertwerden.

Namenskonventionen:

Bei der Namensvergabe von eigenen Membern gelten folgende Konventionen:

	Konvention:	Beispiele:
Arbeitsgebiete:	90-99	SAPPG90
Dateien:	ZZxx	ZZIN
Domänen:	ZZxx	ZZPRG
Ass.:	DNN900 bis DNN999	D12979
	(NN: Arbeitsgebiet)	
Screen-Paint:	9000 bis 9999	ZVZLAG10 9000
	(1. Teil: Report-Name)	

Fehlermeldungen:
Message-ID:	Zx	ZZ 901
Felder: Nummern:	901 bis 999	
in eigenen	DDIC - T9xxx-ZZyyyyyy... (max. 30 Stellen)	
Tabellen:	ZZxx-ZZyyy	
	Ass. - T9xxZZnn (ZZnn)	
in SAP-		
Tabellen:	DDIC - Txxxx-ZZyyyyyy... (max. 30 Stellen)xxxx-ZZyyy	
	Ass. - TxxxZZnn, nn	

Zu beachten: Eigene Felder werden im DDIC ab der Feldgruppe 100 über eigene Unterstrukturen der Form ZZROSnn hinzugefügt; für jedes Feld ist eine entsprechende Domäne zu definieren.

Feldgruppen:	ab 100 (max. 127)	Group 100
Member (Ass.L):	YYYZZxxx	P12ZZCHA
	(YYY: SAP-Member-Kennzeichen)	
Menüs:	DZxxxx	DZZBST
Labels:	in neuem Modul ZZxxxnnn	ZZCHA100
	in altem Modul YYYYYZxx	STULPZ10
	(YYYYY: Modul-Name)	
Reports:	ZVxxxxxx in RV	ZVADBA01
	ZMxxxxxx in RM	ZMMBEW00
	ZZxxxxxx allgemein	ZZUPDTXT
Tabellen:		
ATAB:	T901x-T999z	T953P
	(RAG-Vereinbarung: RF 900-930, RM 931-959,	
	RV 960-999)	
DB/Q-Makro:	ZZxx	ZZIN
Transaktionen:	Zxxx	ZL10

Abb. C.2.2-3: Auszug aus den Modifikations-Richtlinien bei der SAP/RV-Individualisierung der Firma Rosenthal. [RAG93]

Projekt: NAab	Phase: Realisierung	
Vertriebssystem	Aktivitäts-Nr.: 3.01.001	1
SAP - RV	Akt.-Kurzbez.: Änderungen bzgl. MARA	

Status vom 8.1.91:

Alle nachfolgenden Aktivitäten müssen auf dem PROD-System gepflegt werden! Die Abnahme erfolgt durch Herrn ...

1. Anforderungsbeschreibung:

- Feldabgleich RAG/SAP ->
        z.T. " Umfunktionieren" von SAP-Feldern
        z.T. "Aufnehmen neuer Felder im Materialstamm
        siehe Dokument RMLMARA006 unter ORGA/SAP)
        (Beschreibung der Felder z.T. in RMLMARA0004 unter...)
- Default-Werte beim Anlegen von Material (TJ10)

Dynpro	Feld	default	Referenz
03202	Lager-Me	ST	x
03203	Ausgans.St.Klasse	1	x
03203	Sonderbestand	C	x
03203	Bruttogewicht		x
03203	Nettogewicht		x
03203	WWS-Identnr.	ohne copy	
03203	W/B.Kz.	ohne copy	
03203	Eigenfert. Zt.	5T	

- Dynpro D03203:
Felder STAKZ, SPERD bei Transaktion "Hinzufügen": falls in der Tabelle T964M ein entsprechender Eintrag bzgl. Buchungskreis/ Materialart (FERT) exisitiert, erhalten die Felder folgende Initialwerte:
Produktstatus (STAKZ): 99
gesperrt am (SPERD) : Tagesdatum

Bearbeiter: Herr Mustermann   Datum: 8.1./14.1.

Abb.C.2.2-4: Beispiel einer Entwicklungs-Dokumentation nach SAP-Richtlinien während der RV-Einführung.

Die von SAP festgestzten Dokumentations-Richtlinien sind zwar korrekt formuliert und können bestimmt alle Individualisierungen (= Modifikationen plus Ergänzungen) in die Dokumentation integrieren. Diese recht einfache, weil textliche, Methode birgt aber immer noch die vier Schwächen von Dokumentations-Verfahren, die ich auf der Seite 121 beschrieben habe, in sich.

Es stellt sich die Frage, ob die Dokumentations-Techniken also verbessert werden sollten oder ob die Dokumentation grundsätzlich vermieden werden sollte. Dokumente sind im eigentlichen Sinne Schriftstücke, die Informationen über beliebige Prozesse beinhalten. *'Die Dokumentalistik ist eine fachwissenschaftliche Disziplin, die sich mit den Problemen bei der Mechanisierung des Prozesses der Informationssammlung, -speicherung und -abrufung befaßt.'* [FDUD90]. Ist es sinnvoll, nahezu alle betriebswirtschaftlichen Bereiche des Unternehmens einerseits zu dokumentieren und andererseits in Standard-Software abzubilden?

Folgende Graphik verdeutlicht diese Problematik. Die Anwender einer zu stark dokumentierten Standard-Software laufen Gefahr, nicht mehr an die tatsächlichen Methoden und Datenstrukturen zu gelangen, da die Dokumente zu komplex und undurchsichtig werden.

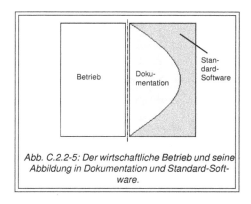

Abb. C.2.2-5: Der wirtschaftliche Betrieb und seine Abbildung in Dokumentation und Standard-Software.

Der Anwender einer Standard-Software ist also gezwungen, die Dokumentationen aller seiner Individualisierungen äußerst genau und möglichst gut lesbar zu gestalten und zu verwalten. Dazu bieten sich nicht nur schriftlliche Dokumente an. Heute können mit relativ wenig Aufwand Dokumente beliebiger Art erstellt werden, die über die rein textliche Darstellung hinaus gehen. Sie bieten zusätzlich die Möglichkeit, sehr einfach Bilder, Graphiken, Presentationen, verschachtelte Informationen oder Simulationen zu erzeugen. Es handelt sich hier vorwiegend um PC-Programme wie:

- Toolbook
- Persuasion von der Firma Aldus
- GRASP ...

Der Wunsch nach einer übersichtlicheren und visuelleren Dokumentationsmethode kam während der SAP-Individualisierung des RV-Moduls häufig von den Mitarbeitern der Firma Rosenthal auf. Die Firma SAP hat eine Präsentations-Compact Disk (CD) für ihre Kunden erestellt, um Interessenten einen besseren Einblick in die SAP-Software mit ihren komplexen Zusammenhängen geben zu können. Außerdem wird der PC als Medium zum Lernen genutzt. CBT-Kurse (Computer Based Training) sind ein zusätzliches Angebot zu den bisherigen Schulungen. [SAP-A]

Die *Dokumentations-Problem* ist bei vielen Anwendern nicht zufriedenstellend gelöst. Individualisierungen an einer Standard-Software SSW erfordern ein peinlichst genaues Dokumentieren. Versionswechsel der SSW oder der Umstieg auf ein anderes Produkt hätten sonst schwerwiegende Folgen. Der Aufwand für die Dokumentation und für die gezielten Änderungen an einer Standard-Software wird jedoch immer größer je komplexer die Standard-Software wird. Diesen Zusammenhang verdeutlicht folgende Graphik:

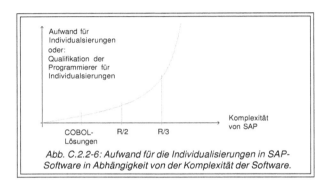

Abb. C.2.2-6: Aufwand für die Individualisierungen in SAP-Software in Abhängigkeit von der Komplexität der Software.

So gesehen befindet sich ein Standard-Software-Hersteller wie SAP in folgendem Dilemma:

Einerseits verlangen die Anwender, daß die Funktionalität der Produktes immer umfangreicher wird, was auch wegen der sehr großen Verallgemeinerung der Funktionalitäten verständlich ist, andererseits darf die Komplexität des Produktes nicht übermäßig ansteigen, da sonst der gesamte Dokumentations- und Verwaltungsaufwand zu hoch wird.

Es ist davon auszugehen, daß die Manager bei SAP sich dieses Konflikts bewußt sind, weswegen auch nicht jeder 'Kundenwunsch' realisiert wird. Das MKA-Modul für markenartikelorientierte Kunden, das von SAP schon seit im Release 4.3 angekündigt wurde, ist zum Beispiel auch im Release 5.0 noch nicht verwirklicht. Der Grund dafür ist, daß SAP eine *investitionsgüterorientierte* Software darstellt und keine *markenartikelorientierte*. Es handelt sich also um eine Software, die haupsächlich für die jenigen Betriebe angepaßt ist, die keine Konsumgüter herstellen, sondern Güter, die von der Industrie weiterverarbeitet werden. Es ist deshalb nicht verwunderlich, daß die ersten Kunden von SAP aus der Schwermetallindustrie kommen. Dies waren Firmen wie Krupp Stahl oder Hoesch.

Die Firma Rosenthal hat einen Artikelstamm in der MARA von über 180.000 Artikeln. Übliche Werte eines SAP-Anwenders übersteigen 20.000 nur selten. Die Grundvoraussetzungen bei der Firma Rosenthal sind also alleine schon wegen der Produktpalette völlig verschieden zu denen der anderen Anwender. Diese hohe Anzahl der Stammsätze in der MARA, die SAP-systembedingt nicht nur aus Artikeln der Firma Rosenthal besteht, sondern auch Halberzeugnisse und Rohstoffe enthält, entstehen sehr große Belegdateien. Rosenthal war dazu gezwungen eine zweite Belegdatei mit dem Namen *SBEZ* zu erstellen, die lediglich von wenigen Großbetrieben mit einem Jahresumsatz von über eine Milliarde Mark eingesetzt werden muß.

Um die SAP-Software den Bedürfnissen der Firma Rosenthal anpassen zu können, müssen also große *konzeptionelle* Veränderungen an der Software und an dem Unternehmen Rosenthal vorgenommen werden. Es handelt sich hier um Individualisierungen, die die Firmenstruktur sehr stark beeinflussen.

Modifikationen wie zum Beispiel an dem Mengenfeld der Auftragserfassungsmaske, bei denen aus einer Fließkommazahl mit drei Nachkommastellen eine Ganzzahl entsteht, sind zwar vordergründig nur Änderungen an einem Datenfeld, sie sind allerdings sehr eng mit der Datenstruktur und der Firmenstruktur verknüpft. In der Materialdatenbank MARA, in der auch die Artikel der Firma Rosenthal gespeichert sind, befinden sich verschiedene Entitäten, eben zum Beispiel Artikel und Rohstoffe, die alle verschiedene Mengenfelder haben müssen. Da aber in der gesamten MARA nur ein Mengenfeld definiert werden kann, müssen zusätzliche Konvertierungs- und Integritätsabfrageprogramme geschrieben werden, um die Daten verschiedener Eingabemasken auf ein Format für das Mengenfeld in der MARA zu übertragen. Diese Programme sind also auch echte Ergänzungen und Modifikationen und müssen dokumentiert werden.

Aus diesen Überlegungen ergibt sich der Aufwand, der betrieben werden muß, wenn bei einer individualisierten Standard-Software ein Versions- oder Release-Wechsel durchgeführt werden muß. Bei der Einführung und sehr starken Anpassung des RV-Moduls kann folgende, graphisch dargestellten Abhängigkeit des Aufwandes, bestätigt werden:

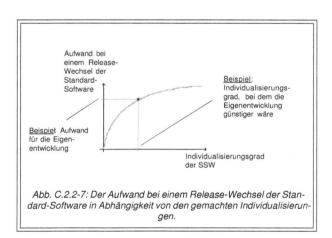

Abb. C.2.2-7: *Der Aufwand bei einem Release-Wechsel der Standard-Software in Abhängigkeit von den gemachten Individualisierungen.*

2.3 Angepaßtheit von SAP

Ein Unternehmen ist in hohem Maße darauf angewiesen, daß die eingesetzten Werkzeuge ihrem Zweck optimal angepaßt sind. Diese Angepaßtheit bezieht sich grundsätzlich auf drei Arten. Erstens soll mit einem Werkzeug eine Aufgabe möglichst wirksam erledigt werden können, zweitens soll das Werkzeug möglichst oft eingesetzt werden und drittens soll es nicht so spezielle Eigenschaften haben, so daß es nicht mehr verwendet werden kann, wenn sich die Aufgabe geringfügig ändert, es soll also flexibel eingesetzt werden können. Diese drei Forderungen beschreiben die drei Größen S, N und F.

Um das Maß der Angepaßtheit einer Standard-Software zu bestimmen, können die drei in dieser Arbeit erläuterten Größen herangezogen werden:

- der Standardisierungsgrad   **S**   (siehe Kapitel 2.6.1, Formel [4]),
- der Nutzungsgrad   **N**   (siehe Kapitel 2.6.1, Formel [6] und [9]),
- der Flexibilitätsgrad   **F**   (siehe Kapitel 2.4, Formel [1]).

Übersteigt eine der Größen ihren Grenzwert, ist von einer Einführung der Software abzuraten. Die Grenzwerte sind für die Komponenten des Informationssystems sehr unterschiedlich. Daher sei hier noch einmal eine tabellarische Zusammenfassung[2] für die einzelnen Grenzwerte der Komponenten angegeben:

Komponente des Informationssystems:	N = Nutzungsgrad	S =Standardisierungsgrad	F = Flexibilitätsgrad
Daten	> 0,95	> 0,95	0.11
Methoden	> 0,9	> 0,95	0,54
Organisation aus technischer Sicht	> 0,9	> 0,95	0,54
Organisation aus Anwendersicht	< 0,2	> 0,95 [1]	9
Benutzer	< 0,05	> 0,95 [1]	32

Abb. C.2.3-1: Zusammenfassung der Grenzwerte für die charakteristischen Größen Nutzungsgrad, Standardisierungsgrad und Flexibilitätsgrad einer Standard-Software.

Während Daten, Methoden und die technische Organisation einen sehr hohen Nutzungsgrad aufweisen sollten, also die vorhandenen Ressourcen möglichst stark für das operative Geschäft eingesetzt werden sollten, darf die Organisationsstruktur, also die Auf- und Ablauforganisation, schlecht hin die gesamte administrative und planende Organisation, und der Benutzer, nur zu einem geringen Teil auf den produktiven Teil konzentriert werden. Sie sind das Kapital des Unternehmens und müssen gegenüber der Konkurrenz hervorgehoben werden. Trotzdem muß dieser produktive Teil sehr stark den aktuellen Standards entsprechen, um nach Außen hin effektiv auftreten zu können. Dies äußert sich darin, daß alle Komponenten einen hohen Standardisierungsgrad von mindestens 0,95 aufweisen sollten. Der Flexibilitätsgrad ist eng verknüpft mit dem Nutzungsgrad und verhält sich reziprok zu ihm.

---

[1] Zwischen Standardisierungsgrad und Flexibilitätsgrad muß genau unterschieden werden. Obwohl die Komponenten Benutzer und die Organisation aus Anwendersicht nur zu einem kleinen Teil standardisiert werden soll (F>32und F>9), sollte dieser Teil auch tatsächlich (effektiv) den Standards entsprechen, also einen hohen Standardisierungsgrad besitzen.

[2] Diese Werte sind keines Falls endgültig und sind von Unternehmen zu Unternehmen sicherlich äußerst unterschiedlich. Sie sind aus den Gesprächen für diese Diplomarbeit heraus entstanden und sollen lediglich eine Größenordnung angeben.

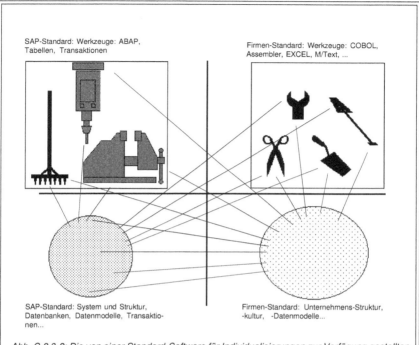

SAP-Standard: Werkzeuge: ABAP, Tabellen, Transaktionen

Firmen-Standard: Werkzeuge: COBOL, Assembler, EXCEL, M/Text, ...

SAP-Standard: System und Struktur, Datenbanken, Datenmodelle, Transaktionen...

Firmen-Standard: Unternehmens-Struktur, -kultur, -Datenmodelle...

Abb. C.2.3-2: Die von einer Standard-Software für Individualisierungen zur Verfügung gestellten Werkzeuge und die firmeneigenen Werkzeuge wirken auf die Standard-Software ein. Genauso wirken sie aber, durch die Existenz der Standard-Software, auf das betriebliche Informationssystem ein.

Wenn eine Standard-Software zusätzlich die Möglichkeit bietet, ergänzende Anwendungen zu erstellen, erschwert sich für den Anwender die Ermittlung des Nutzungs- und Individualisierungsgrades der Standard-Software. Da er viele seiner Individualisierungen mit den Mitteln der Standard-Software realisiert, benutzt er zwar den Standard der Standard-Software für die Anpassungen, die tatsächlichen Individualisierungen greifen aber auf die Dateien, Datenstrukturen oder Datenmodelle zu und verändern sie. Man muß den Nutzungsgrad also einteilen in den Nutzungsgrad der Werkzeuge der Standard-Software und den Nutzungsgrad der Standard-Software selbst. Für den Anwender stellt sich jedoch die Frage, ob er wirklich die Werkzeuge des Standard-Software-Herstellers verwenden will. Diese Werkzeuge nehmen nämlich bei weiterer Betrachtung nicht mehr die Stellung eines Individualisierungs-Werkzeuges ein, sondern die einer umfassenden Programmierumgebung.

Im Folgenden möchte ich die Werte für die Nutzungsgrade der Standard-Software SAP und die von ihr zur Verfügung gestellten Werkzeuge ABAP, Tabellen und Transaktionen angeben, die ich bei den Ermittlungen im Unternehmen Rosenthal gewonnen habe:

		Nutzungsgrad N der Werkzeuge von SAP:	Nutzungsgrad N der SAP-Struktur:
RF	**Finanzbuchhaltung:**	**0,8**	**0,15**
	Konsolidierung	0,0	-
	Schuldenkonsolidierung	0,0	-
	Kapitalkonsolidierung	0,0	-
	Analyse und Berichtswesen	0,0	-
	Unterjährige Abschlüsse	0,0	-
	Integration von internem und externem Konzernberichtswesen	0,0	-
	Kreditorenbuchhaltung	1,0	0,95
	Rechnungseingang	0,0	0,0
	Anzahlungen	0,0*	-
	Zahlungen	1,0	0,95
	Gutschriften	1,0	1,0
	Rechnungserfassung	1,0	0,9+
	Kontenanzeige	1,0	1,0
	Zentraleinkauf	1,0	1,0
	Debitorenbuchhaltung	1,0	0,9
	Verwaltung der Debitoren	1,0	0,9
	Rechnungen und Gutschriften	1,0	0,9
	Beleg- und Kontenbearbeitung	1,0	1,0
	Mahnverfahren	1,0	1,0
	(Zahlungsprogramm)		
	Hauptbuchhaltung		
	Sachkontenbuchhaltung	1,0	1,0
	Bilanzierung	0,0	0,0
	Gewinn- und Verlustrechnung	1,0	1,0
	Abschlußverfahren	0,5	0,5
	Berichtswesen	0,0	0,0
	Geschäftsbereichsbuchhaltung	1,0	1,0
	Erweitertes Hauptbuch	1,0	1,0
	Finanzmittelüberwachung		
	Budgetierung	0,0	0,0
	Ergebnisrechnung	0,0	0,0
	Provision	0,0	0,0
	Sachkontennachweis	0,0	0,0
	Versandliste	0,0	0,0
	Finanzcontrolling	0,0*	-
	Cash Management	0,0*	-
	Electronic Banking	0,0*	-
	Tagesfinanz-Status		
	Finanzanlagen	0,0*	-
	Finanzannahmen	0,0*	-
	Darlehen	0,0*	-
	Wertpapiere	0,0*	-
	Korrespondenz	0,0*	-
	Datenaustausch (Nürnb. Bund)	0,0*	-
	Datenaustausch (EDI)	0,0*	-

Abb. C.2.3-3: Geschätzte Werte für N, S und F des Informationssystems von SAP bei der Firma Rosenthal.

		Nutzungsgrad N der Werkzeuge von SAP:	Nutzungsgrad N der SAP-Struktur:
RF	**Anlagenwirtschaft**		
	Investitionscontrolling	1,0	0,0 !
	Investitionsplanung	0,0	0,0
	Wirtschaftlichkeitsrechnung	0,0	0,0
	Budgetierung	0,0	0,0
	Investitionskontrolle	1,0	0,0 !
	Auftrags- und Projektverwaltung	0,0	0,0
	AfA-Simulation	0,0	0,0
	Anlagenbuchhaltung		
	Anlagebewegungen	1,0	1,0
	Technische Anlagenverwaltung		
	Instandhaltungsplanung		
	Auftragsabwicklung		
	Instandhaltungscontrolling		
	Abrechnung		
	Controlling	0,0 (das gesamte Controlling)	
	Produktkostenrechnung		
	Erzeugniskalkulation		
	Auftragskalkulation		
	Kostenträgerrechnung		
	Profit-Center-Rechnung		
	Unternehmens-Controlling		
	Führungsinformationssystem (EIS)		
	Berichtsheft		
	Freie Recherche		
	Strategische Planung		
	Ergebnis- und Marktsegmentrechn.		
	Erlösrechnung		
	Absatz- und Ergebnisplanung		
	Deckungsbeitragsrechnung		
	Umsatzkostenverfahren		
	Kundenauftragsabrechnung		
	Ergebnisanalyse		
	Auftrags- und Proj.kostenabrechn.		
	Auttragsarten		
	Auftragsplanung		
	Obligoverwaltung		
	Auftragsabrechnung		
	Auftragsbericht		
	Kostenstellenrechnung		
	Kostenartenrechnung		
	Planung		
	Etatverwaltung		
	Abweichungsrechnung		
	Berichtswesen		
	Leistungsrechnung		
	Leistungsarten		
	Kostensätze		
	Abweichungsnachverrechnung		
	Prozesse und Dienstleistungen		

Abb. C.2.3-4: Geschätzte Werte für N, S und F des Informationssystems von SAP bei der Firma Rosenthal.

		Nutzungsgrad N der Werkzeuge von SAP:	Nutzungsgrad N der SAP-Struktur:
RV	**Vertrieb**	**0,8**	**0,4 bis 0,65**
	Anfrage	0,7	0,95
	Angebot	0,7	0,95
	Auftrag	1,0	0,95
	Versand	0,1	0,95
	Warenausgang	0,8	0,95
	Faktura	0,8	0,9
	Schnittstellen RF, RA, RM	0,8	0,8
	Datenaustausch (EDI)	0,0	-
RM	**Materialwirtschaft**		
	Einkaufs-Information	0,0*	-
	Einkaufsabwicklung	0,0*	-
	Bestellanforderung	0,0*	-
	Lagerabwicklung	0,0*	-
	Materialwirtschaft	0,5 (Ausw. nicht)	0,5
	Rechnungsprüfung	0,0*	-
	Instandhaltung	0,0*	-
RM-PPS	Produktion-Planung-Steuerung	0,1	0,9
RM-K	Produktion-Kalkulation	Test	
RA	**Anlagenbuchhaltung**		
	Bewertungsverfahren	1,0	1,0
	Abschreibungsverfahren	1,0	1,0
	Abschreibungsberechnungen	1,0	1,0
	Währungsbehandlung	0,0	0,0
	Auswertungen	1,0	0,75
	Zinsen	1,0	0,5
	Vermögenswerte	1,0	0,9
	Klassifizierung	1,0	1,0
	Fremdwährungen	0,0#	-
	Zulagen und Zuschüsse	1,0	0,0
	Simulation der nächsten Jahre	1,0	1,0
RK	Kostenrechnung	0,0*	-

Legende:

```
* =    Modul nicht vorhanden
- =    0,0 weil Modul nicht vorhanden
+ =    Nicht 1,0 weil in anderen
       Modulen N=0,0
# =    keine Anforderung von RAG
```

Abb. C.2.3-5: Geschätzte Werte für N, S und F des Informationssystems von SAP bei der Firma Rosenthal.

In den vorangegangenen Tabellen sind die verschiedenen Anwendungen strikt von einenander getrennt aufgeführt. In der Realität hängen viele Prozesse jedoch sehr eng zusammen. So werden zum Beispiel für die Abrechnung über die Einkaufsverbände für die Provision Daten aus dem SAP-Modul RV entnommen, den Einkaufsverbänden übermittelt und in dem Modul RF schließlich verbucht. Es ist verständlich, daß sich bei dieser starken Vernetzung aller Geschäftsprozesse Individualisierungen an der Standard-Software SAP auf die ganze Software, auf das ganze Datenmodell auswirken. Dies hat zur Folge, daß Individualisierungen nur kurzfristige Lösungen sein können. Langfristig kann dieses Informationssystem nur effizient genutzt werden, wenn Individualisierungen nur einen geringen Anteil ausmachen.

Im folgenden möchte ich auf das RV-Modul bei der Firma Rosenthal eingehen. Rosenthal ist das erste Unternehmen, das das RV-Modul in der Porzellan-, Keramik- und Glas-Branche einsetzt. Folgende Graphik gibt einen Überblick über die Integration des RV-Moduls:

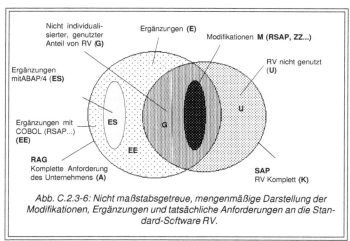

Abb. C.2.3-6: Nicht maßstabsgetreue, mengenmäßige Darstellung der Modifikationen, Ergänzungen und tatsächliche Anforderungen an die Standard-Software RV.

Um E, M und G bestimmen zu können, seien hier die Programme RSAP und ZZ... angegeben. Die RSAP-Programme (Rosenthal SAP) sind aus den COBOL-Programmen des Informationssystems vor der R/2-Einführung 1982 heraus entstanden. Sie stellen heute die Ergänzungen für die SAP-Software dar. Die ZZ-Programme sind COBOL- und ABAB-Programme hauptsächlich für das RV-Modul. Das Präfix ZZ vor dem eigentlichen Programmnamen wird von der Firma SAP vorgeschlagen, damit die Programmbezeichnungen der Standard-Programme von SAP nicht mit denen der Anwender verwechselt werden können - also um G und E zu unterscheiden.

Für die Numerierungen der Anpassung von RV an die Anforderungen von Rosenthal wurde, entsprechend den Projektphasen, dieses Nummernsystem zugrunde gelegt:

Rosenthal-Mitarbeiter und ein SAP-Beauftragter stellten auf der Grundlage dieser Dokumentations-numerierung weit über 500 Individualisierungen zusammen. Diese betreffen die Datenstrukturen, die Methoden und die Bildschirmmasken. Nach der im Kapitel *2.6.1 Entscheidungsverfahren* können alle dokumentierten Individualisierungen als Modifikationen und Ergänzungen aufgefaßt werden. Es können also für E und M größenordnungsmäßig 500 Anpassungen jeweils für Daten, Methoden und Masken angenommen werden.[1]

Der tatsächlich genutzte Anteil G des RV-Moduls läßt sich schwer ermitteln, weil keine Instanz alle eingesetzten Methoden kennen kann. Entweder ist jemand mit Problemen der Fachabteilungen beschäftigt, also mit anwendungsspezifischen Dingen, oder er ist mit der Realisierung der gewünschten Änderungen an der SAP-Software beschäftigt, so daß ihm der Gesamtüberblick fehlt. Hinzu kommt, daß der gesamte Funktionsumfang auf Schulungen nicht übermittelt werden kann, zumal viele Anwender gar nicht das aktuelle, gerade geschulte Release im Haus zur Verfügung haben.

Je größer und komplexer die Software ist, desto schwieriger ist es, G zu ermitteln. Falls es nicht gelingen sollte, diesen Anteil zu ermitteln, befindet der Anwender sich in einer *sehr starken Abhängigkeit* vom Software-Hersteller, da er Gefahr läuft, aus Gründen der Übersichtlichkeit eher auf einen vom Hersteller vorgeschriebenen Standard zurückgreifen zu müssen. Für diese Arbeit möchte ich für G lediglich Beispielwerte angeben:

$$\overline{G} = \begin{pmatrix} 900 \text{ Bildschirmmasken,} \\ 700 \text{ Daten-Strukturen und} \\ 800 \text{ Methoden.} \end{pmatrix}$$

$$\overline{E} = \begin{pmatrix} E_1 \\ E_2 \\ E_3 \end{pmatrix} = \begin{pmatrix} \text{Anzahl an Ergänzungen an Maskenfeldern} \\ \text{Anzahl an Ergänzungen an Datenstrukturen} \\ \text{Anzahl an Ergänzungen an Methoden} \end{pmatrix}$$

$$\overline{M} = \begin{pmatrix} M_1 \\ M_2 \\ M_3 \end{pmatrix} = \begin{pmatrix} \text{Anzahl an Modifikationen an Maskenfeldern} \\ \text{Anzahl an Modifikationen an Datenstrukturen} \\ \text{Anzahl an Modifikationen an Methoden} \end{pmatrix}$$

$$\overline{G} = \begin{pmatrix} G_1 \\ G_2 \\ G_3 \end{pmatrix} = \begin{pmatrix} \text{Anzahl an unverändert genutzte Maskenfeldern} \\ \text{Anzahl an unverändert genutzte Datenstrukturen} \\ \text{Anzahl unverändert genutzte Methoden} \end{pmatrix}$$

Für den Individualisierungsgrad ergibt sich dann folgender Wert:

$$I = \frac{V}{G} = \frac{E \cup M}{G} = \frac{\text{Ergänzungen in RV} \cup \text{Modifikationen in RV}}{\text{Nicht veränderte und genutzte Teile aus RV}}$$

$$= \frac{\left| \begin{pmatrix} 500 \\ 500 \\ 500 \end{pmatrix} \right| + \left| \begin{pmatrix} 500 \\ 500 \\ 500 \end{pmatrix} \right|}{\left| \begin{pmatrix} 900 \\ 700 \\ 800 \end{pmatrix} \right|} = \frac{\sqrt{500^2 + 500^2 + 500^2} + \sqrt{500^2 + 500^2 + 500^2}}{\sqrt{900^2 + 700^2 + 800^2}} =$$

$$= \frac{\sqrt{750.000} + \sqrt{750.000}}{\sqrt{1.940.000}} = \frac{1732,05}{1392,8} \approx 1.24$$

Und daraus ergibt sich der Standardisierungsgrad:

$$S = \frac{1}{1 + I} = \frac{1}{1 + 1,24} \approx 0,45$$

---

[1] Diese Werte sind lediglich grob geschätzte Werte. Eine genaue Untersuchung sollte der Modifizierer slebst bewerkstelligen, da der Einblick von einem Außenstehenden für eine nur aus der Dokumentation ergründetete Bewertung nicht ausreichend ist.

Wenn G, M und E summiert wird, erhält man die kompletten Anforderungen an die Software A (siehe Kapitel 2.6.1, Formel [8]). Das Verhältnis von $\dfrac{E \cup M}{A}$ gibt das Maß der Änderungen im Vergleich zu den tatsächlichen Anforderungen an. In diesem Fall beträgt dieses Verhältnis:

$$\frac{500 + 500}{500 + 500 + 800} = \frac{1000}{1800} \approx 0,56$$

Also mußten ca. 60 % der tatsächlichen Anforderungen modifiziert oder ergänzt werden.

Folgende Aufstellung zeigt die Arten der Individualisierungsmöglichkeiten und die Folgen für den Anwender. Da alle diese Änderungen dokumentiert werden müssen, können sie im Idealfall nachvollzogen werden und E und M kann ermittelt werden. Diese Tabelle gibt über den tatsächlich genutzten Anteil G der Standard-Software keine Auskunft. Er kann nur durch intesives Beschäftigen mit der Standard-Software selbst durch Schulungen, Anwendung oder Selbstudium ermittelt werden.

Individuali-sierungen	Modifi-katio-nen	aufbau-ende	Standard-Kategorien* werden verwendet um weitere Funktio-nen zu realisieren.	X d
		erset-zende	Standard-Kategorien* werden kopiert und in der Kopie weitere Funktionen realisiert.	X d
		kürzen-de	Standard-Kategorien* werden verwendet und gewisse Funk-tionen 'ausgeschaltet'.	X d
	Ergän-zungen	mit eigenen Mittel	Eigene Programmier-Methoden werden verwendet um zusätzli-che Anwendungen zu realisie-ren. (zum Beispiel COBOL mit Zugriff auf SAP-Datenbank)	x d
		mit Mitteln der SSW	Vom Standard-SW-Hersteller angeb. Mittel wie ABAP´s, Tabellen, ... werden verwendet um neue Anwend. zu erzeugen.	x d

Legende:
X = erzeugt Versionen-Effekt (siehe Kap.2.6.1)
x = kann Versionen-Effekt erzeugen
d = muß dokumentiert werden

*) Kategorien sind zum Standard-ABAP´s, Standard-Dateien, Standard-DB, Standard-Tabellen, Standard-Masken, ...

Abb. C.2.3-7: Klassifizierung der Individualisierungen an einer Standard-Software (am Beispiel von SAP).

An folgendem Beispiel möchte ich diese verschiedenen Möglichkeiten einer Individualisierung aufzeigen. Da die Datenbank von SAP keine relationale Struktur hat, müssen die Programmierer der Anwenderfirma mit Dateien, Datensätzen und Datenfeldern arbeiten. So haben sie zum Beispiel die Möglichkeit, die von SAP auch erlaubt wird, Datenfelder (in Abb. C.2.3-8 Feld D) in Datensätze einzufügen. Die meisten Datensätze haben in ihrem Aufbau freie Stellen, die nicht mit Daten gefüllt werden, so daß dort eigene Felder eingefügt werden können:

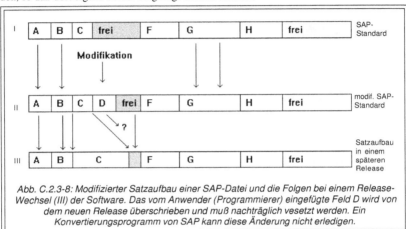

Abb. C.2.3-8: Modifizierter Satzaufbau einer SAP-Datei und die Folgen bei einem Release-Wechsel (III) der Software. Das vom Anwender (Programmierer) eingefügte Feld D wird von dem neuen Release überschrieben und muß nachträglich vesetzt werden. Ein Konvertierungsprogramm von SAP kann diese Änderung nicht erledigen.

Natürlich vergibt SAP Richtlinien, nach denen neue Felder nur in bestimmten Bereichen vom Anwender eingefügt werden sollen (zum Beispiel nur am Satzende). In der Praxis werden diese Vorgaben allerdings in vielen Fällen nicht beachtet. Dies ist nicht auf die Mutwilligkeit der Programmierer zurückzuführen, sondern auf die Dringlichkeit der Realisierung bestimmter Funktionen, die für den operativen Einsatz der Standard-Software SAP notwendig sind. Der Programmierer steht quasi vor dem Dilemma, die Richtlinien von SAP zu unterlaufen oder gewisse Funktionen nur mit erhöhtem Aufwand und zeitlicher Verzögerung fertigstellen zu könnnen.

3. Hinweise zu der Sprache ABAP/4

Die Firma SAP bietet dem Anwender die Möglichkeit mit einer SAP-spezifischen Programmiersprache Individualisierungen an der Standard-SAP-Software vorzunehmen. Dabei geht es um die Bearbeitung von Dialogmodulen, interaktives Reporting, Tabellenbearbeitung, 'tunen' und 'tracen', sowie 'debugging'. Es können also dadurch anwenderspezifische Verfahren in SAP abgebildet werden. SAP bietet dem Anwender eine Reihe von Standard-ABAP's an, die viele Geschäftsprozesse unterstützen. Diese ABAP's können vom Anwender teilweise verändert werden, oder er kann sich völlig neue Programme in ABAP schreiben.

Individualisierungen sind also grundsätzlich erlaubt und vorgesehen. Sie werden durch die Bereitstellung dieser Programmiersprache, die nur in der 'SAP-Welt' angewendet werden kann, von SAP unterstützt. ABAP ist also eine *proprietäre* Sprache. Sie wird weltweit von ca. 100.000 Programmierern verwendet (2000 SAP-Kunden, wobei jeder Kunde schätzungsweise durchschnittlich 50 ABAP-Programmierer beschäftigt).

Diese Überlegungen führen zu zwei Schlußfolgerungen:

1. SAP-Software ist grundsätzlich dazu vorgesehen individualisiert zu werden. Dies hat zur Folge, daß es durch diese Individualisierungen nahezu keine Firma gibt, die den Standard von SAP tatsächlich zu 100 Prozent einsetzt.

2. ABAP ist eine *proprietäre* Programmiersprache, die von verhältnismäßig wenig Programmierern eingesetzt wird. Sie kann dadurch nicht den Reifegrad besitzen, wie zum Beispiel COBOL oder C.

Im Folgenden möchte ich auf die Elemente der Sprache eingehen und die Grenzen aufzeigen.

3.1 Die Elemente der Sprache

Die Elemente sind kaum unterschiedlich zu anderen Programmiersprachen. Teilweise sind die Namen identisch mit COBOL, C oder BASIC. Auch die Quelltext-Strukturierung ist in ähnlicher Weise möglich wie in anderen Sprachen:

```
DO 12 TIMES.
        IF ZPRROGN = ´0´.
                IF MC-PRBED GT 0.
                        IF ANZMOUE GT 11.
                                ZPROGN = (MC-PRBED * ANZMOU ) / 1000.
                        ENDIF.
                        ZREFE2 = MC-PRBED.
                        ZREICHW = ( ZLABST / ZREFE2 ) * 10000.
                        ZANZMOUE = ANZMOUE * 100.
                        IF ZREICHW LT ZANZMOUE.
                                REJECT.
                        ENDIF.
                        ELSE.
                        ZREICHW = 0.
                        ZKZNE = ´N´.
                ENDIF.
        ENDIF.
        CASE ZX.
                WHEN 1. A = B.
                WHEN 2. B = A.
        ENDCASE.
ENDDO.
```

Abb. C.3.1-1: Quelltext-Ausschnitt aus einem ABAP/4-Programm.

Es ist möglich, Assembler-Unterprogramme aufzurufen um zeitkritische Anwendungen zu realisieren. Auch das modulare Programmieren ist möglich indem Unterprogramme und Bibliotheken mit eingebunden werden können. Auffällig an dem Befehlssatz der Programmiersprache ABAP ist allerdings, daß viele SAP-spezifischen Befehle existieren, wie zum Beispiel: SEGMENTS, TRANSFER DYNPRO d, GENERATING, ENQUEUE, DELETE Txxx, DOWNLOAD r, ...

3.2 Eigenarten von ABAP/4

ABAP/4 wird oft als Sprache der vierten Generation bezeichnet. Allerdings enthält sie Elemente, die überlicherweise nicht zu denen der vierten Generationssprachen zählen. Dies sind zum einen die Möglichkeit Prozeduren zu erzeugen und zum anderen die begrenzte Abfragemöglichkeit komplexer Abfragen.

Ein großes Problem der Version ABAP/4 stellt die nummerische Verarbeitung dar. Die Rechenfunktionen Division und Multiplikation haben teilweise lediglich eine Genauigkeit von fünf Prozent. Die Typumwandlungen verhalten sich ähnlich wie in der Programmiersprache BASIC. Zeichen und nummersiche Variablen oder Ganzzahlen und Fließkommazahlen werden ohne Meldung konvertiert. Die Meldungen bei Fehlzuweisungen von Variablen oder bei der Verwendung von nicht deklarierten Variablen sind bei ABAP/4 ungenügend. Folgendes Beispiel verdeutlicht wie unempfindlich ABAP/4 sowohl im Interpreter-Modus als auch im Compiler-Modus arbeitet:

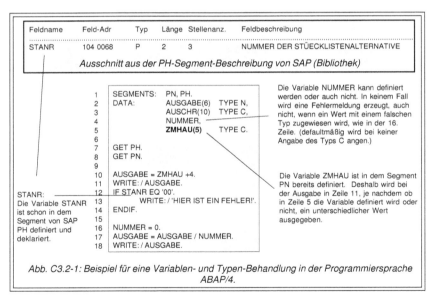

Feldname	Feld-Adr	Typ	Länge	Stellenanz.	Feldbeschreibung
STANR	104 0068	P	2	3	NUMMER DER STÜECKLISTENALTERNATIVE

Ausschnitt aus der PH-Segment-Beschreibung von SAP (Bibliothek)

```
 1    SEGMENTS:  PN, PH.
 2    DATA:      AUSGABE(6)    TYPE N,
 3               AUSCHR(10)    TYPE C,
 4               NUMMER,
 5               ZMHAU(5)      TYPE C.
 6
 7    GET PH.
 8    GET PN.
 9
10    AUSGABE = ZMHAU +4.
11    WRITE: / AUSGABE.
12    IF STANR EQ '00'.
13               WRITE: / 'HIER IST EIN FEHLER!'.
14    ENDIF.
15
16    NUMMER = 0.
17    AUSGABE = AUSGABE / NUMMER.
18    WRITE: / AUSGABE.
```

Die Variable NUMMER kann definiert werden oder auch nicht. In keinem Fall wird eine Fehlermeldung erzeugt, auch nicht, wenn ein Wert mit einem falschen Typ zugewiesen wird, wie in der 16. Zeile. (defaultmäßig wird bei keiner Angabe des Typs C angen.)

Die Variable ZMHAU ist in dem Segment PN bereits definiert. Deshalb wird bei der Ausgabe in Zeile 11, je nachdem ob in Zeile 5 die Variable definiert wird oder nicht, ein unterschiedlicher Wert ausgegeben.

STANR:
Die Variable STANR ist schon in dem Segment von SAP PH definiert und deklariert.

Abb. C3.2-1: Beispiel für eine Variablen- und Typen-Behandlung in der Programmiersprache ABAP/4.

Die Konsequenz dieser ABAP-Erscheinung ist, daß der Programmierer bereits alle Variablen in allen Standard-Segmenten kennen muß, um bei seiner Variablen-Erfindung nicht ständig Gefahr zu laufen, zufällig eine bereits in einem Segment definierte Variable zu erfinden, mit der es dadurch natürlich zu folgenschweren Programmfehler kommen kann.

Dem wirkt SAP entgegen, indem die in SAP verwendeten Variablen üblicherweise eine Länge von fünf Zeichen haben. So kann der Programmierer Verwechslungsfehler ausschließen, indem er seine Variablen z. B. nur vierstellig gestaltet.

4. Quintessenz

Wie ich in dieser Arbeit gezeigt habe, sollte bei der Einführung einer Standard-Software darauf geachtet werden, daß gewisse Bereiche des Betriebes nicht von dieser Standard-Software betroffen sind. Diese Bereiche sind sicherlich von Firma zu Firma unterschiedlich. Es hat sich jedoch herausgestellt, daß folgende betriebswirtschaftlichen Anwendungen nicht *ausschließlich* durch eine branchenübergreifenden Standard-Software abgedeckt werden dürfen und können:

- Bilanzierungswesen,
- Berichtswesen,
- bestimmte Bereiche der Kalkulation,
- Konsolidierung,
- Provisionsabrechnungen in bestimmten Branchen,
- firmenspezifische Verfahren.

Bei der Suche nach einer passenden Standard-Software sollte folgender Leitsatz die Entscheidung maßgeblich beeinflussen:

Eine gute Standard-Software kann nur dort greifen, wo schon umfassende Standards existieren.

Das Informationssystem ist in die Bereiche Daten, Methoden, Organisation und Benutzer zu unterteilen. *Eine* Standard-Software sollte, trotz der dadurch erzielbaren verlockenden Effektivität, nie alle Komponenten dieses Systems abdecken.

SAP kann Bereiche des wirtschaftlichen Betriebes, die allgemein vereinheitlicht sind, sehr gut abdecken. Allerdings sollten bestimmte - oben genannte - Bereiche einen hohen Flexibilitätsgrad behalten, damit die Konkurrenzfähigkeit des Unternehmens nicht durch starre Vorgaben gefährdet ist.

Die von SAP angepriesene Offenheit ihrer System - besonders die von R/3 - darf den Anwender nicht darüber hinwegtäuschen, daß gewisse Komponenten immer proprietär bleiben müssen, um den Anwender an SAP zu binden:

- die Datenbank ist keine relationale DB, also nur von SAP zu benutzen.
  *(SAP lehnt entschieden die Verantwortung für ihr System ab, wenn der Anwender
  z. B. mit MS-EXCEL auf die Daten von SAP zugreift)*
- die systemintegrierte Programmiersprache ABAP/4 ist nur in der SAP-Umgebung einsetzbar.

SAP-Module sollten also nur unter bestimmten Voraussetzungen eingesetzt werden. Durch die Einführung dieser Software kann ein entsprechendes *know how* in wirtschaftlichen Bereichen miteingekauft werden. SAP ist auf die Umsetzung betriebswirtschaftlicher Anwendugen in Informationssysteme spezialisiert. So kann SAP diese Software effektiver erstellen, als eine DV-Abteilung eines anderen Betriebes. Diesen Effekt kann der Anwender sich zunutzen machen indem er Komponenten dieser Implementierung einsetzt. Drei Punkte sollte der Anwender jedoch beachten:

1. Periodische Versionswechsel sind zwingend, denn:
   - Schulungen werden nur für den aktuellen Versions-Stand angegoten und
   - alte Versionen werden nicht mehr gepflegt und unterstützt.
2. Versionswechsel sind nur möglich, wenn die Software *nur gering individualisiert* wurde.
   SAP *'zwingt'* damit den Anwender, sich an den SAP-Standard zu halten.

3. Dadurch läuft die Anwender-Firma Gefahr, ihre konkurrenzfähigkeit zu verlieren.

Solange die SAP dem Anwender nicht die Möglichkeit bietet, seine betrieblichen Anforderungen selbst und ohne Abweichungen vom Standard der SAP-Software in Datenmodelle abzubilden, ist er vollkommen an SAP gebunden. Dem Vorteil von SAP, über ein laboriertes Datenmodell zu verfügen, ist also entgegenzuhalten, daß dadurch Modifikationen und Ergänzungen nur sehr eingeschränkt möglich sind. Der Anwender muß also einen Kompromiß zwischen der Übernahme eines von SAP vorgefertigten, sehr umfassenden und komplexen Datenmodells und der firmeneigenen Datenmodellation finden. Beide Extreme können ihn in Schwierigkeiten bringen. Eine komplette Eigenendefinition aller Entitäten ist viel zu aufwendig und kann das Unternehmen von üblichen Standards isolieren. Andererseits kann ein verallgemeinertes, starres Datenmodell von SAP nicht den Zweck des Anwenders effizient erfüllen. Der Anwender muß also versuchen, trotz des Anspruchs der *Ganzheitlichkeit* (Vergl. Kapitel C.1.2) von SAP, seine eigenen, notwendigen Entitäten zu identifizieren und in Software abzubilden.

Der Grundansatz von SAP, nämlich die komplette *Übernahme der Verantwortung* für das Informationssystem eines Kunden, kann also von dem Anwender nicht akzeptiert werden. Er muß sein Informationssystem vielmehr einteilen in Daten, Methoden, Organisation und Benutzer (vergl. Abb. B.1.2.1-2). Dabei kann er die Grenze zwischen operativen und strategischen Kategorien ausmachen. Die strategischen Elemente dürfen nicht oder nur sehr wenig von SAP betroffen sein. Trotz des Versuchs, auch diese zu vereinheitlichen (siehe Kapitel 3.6.4, *DIN 9000*), muß der Anwender seine betrieblichen Eigenheiten erkennen, da sie seine Konkurrenzfähigkeit erhöhen. In diesem Zusammenhang definiert die Gesellschaft für Management und Organisation AG in Hamburg 1988 Standard-Software als "*Vorgefertigte Programme, die identische Aufgabenstellungen bei nicht identischen Anwendern in gleicher Art bearbeiten. Ob, inwieweit und welche Standardsoftware eingesetzt werden kann, erfordert eine genaue Untersuchung der Anforderungen und eine detaillierte Kenntnis der am Markt angebotenen Produkte. ...*" [GMO88, S. 164].

Grundsätzlich kann also für alle operativen Elemente des Unternehmens - wie in Abb. B.1.2.1-2 dargestellt - eine Standard-Software zum Einsatz kommen. Sie sollten möglichst standardisiert werden. Eine Standard-Software, die auf diese Standards aufsetzt, kann sehr effizient sein, da sie nicht individualisiert zu werden braucht. Software, die an das Einsatzgebiet angepaßt werden muß, sollte vermieden werden. Falls sie trotzdem zum Einsatz kommt, müssen alle Änderungen und Ergänzungen äußerst genau dokumentiert werden (vergl. Abb. B.2.6.1-4). Dazu *müssen sehr gute Dokumentationswerkzeuge* verwendet werden.
Die Möglichkeit, umfangreiche Individualisierungen mit Werkzeugen der Standard-Software vorzunehmen (z. B. ATAB, ABAP), muß eventuell als *Trojanisches Pferd* angesehen werden (vergl. Abb. C.2.3-2, C.2.2-6 und C.2.2-7). Sie lassen es zu, Ergänzungen und Modifikationen an der Standard-Software zu bewerkstelligen, garantieren dem Anwender also dadurch die geforderte *Flexibilität*. Allerdings muß er diese Anpassungen teuer bezahlen, nämlich dann, wenn ein Release-Wechsel des Software-Herstellers angeboten wird. Auch das von SAP in R/2 5.0 angebotene Implementionware-Modul SAP-IMW, das dem Anwender bei einem Release-Wechsel oder einem Neueinstieg in SAP einen roten Faden bieten soll, darf den Kunden nicht darüber hinwegtäuschen, daß Individualisierungen immer mit einem Mehraufwand verbunden sind und dadurch die Effizienz einer Standard-Software schmälern.

Quellenverzeichnis Literatur

[BEUTH1], **Software zum Standard-Leitsungsbuch (StLB)**, Verlag GmbH, Burggrafenstraße 6, 1000 Berlin 30

[Born88], Dr. Worfgang Bornträger, Frma Rosenthal, Selb,**Organisationskultur im Unternehmen**, *Bemühungen und Erfahrungen in der Praxis*, Überarbeitetes Referat , Hamburg, 14. Juli 1988

[COMM88], **Im Kreislauf der Wirtschaft**, *Nachschlagewerk für die Wirtschaft,* Commerzbank Rosenheim

[COMPUTERWOCHE, Heft 1], **Synergie hat ihren Preis. Wie sich die Software-Branche den steigenden Anforderungen stellt.**, *Zeitschriftenaufsatz: Computerwoche Extra, (1991) Heft 1, Seite 8-11, 16 (5 Seiten, 9 Bilder).*
[CW, FOC93], Computerwoche Focus, vom 15.10.93, **Interoperabilität live üben**,S. 47, von Dr. Helmut Plickert
[CW, 21, ´93], Computerwoche 21, 1993,

[CZ90], Computerzeitung, Band 22, Heft 15, Seite 12-14, 1990

[CZ93], Computer Zeitung Nr. 30+31/29.Juli 1993, Seite 4, **Kooperation: SAP soll IBM beim Unix-Geschäft helfen,** *Ausbau von Unix-DB2 für R/3-Einsatz geplant*

[Darw85], *Dr. rer. nat. Gottfried Zirnstein* über **Charles Darwin**, *Biographien hervorragender Naturwissenschaftler,* BSB B.GI Teubner Verlagsgesellschaft, Leipzig 1985, 5. Auflage, Bestell-Nr. 666 059 2

[Dahm91], *Vielfältige Einflußfaktore. Neuere Auswahlmethoden erleichtern die DBMS-Kaufentscheidung.* *Zeitschriftenaufsatz: Die Computer Zeitung, Band 23 (1991) Heft 22, Seite 10, 37 (2 Seiten, 2 Tabellen).*

[DIN], Unterlagen des Deutschen Instituts für Normung, Perinorm, Berlin

[EDI93], **Informations-Diskette über EDI** von GLI, *Gesellschaft für Logistik und Informationssysteme mbH, Keferloher Strasse 24, 8013 Haar, TEL +49-89-45 30 40 0, FAX ++49-89-45 30 40 22*

[FDUD90], **Fremdwörter-Duden**, 1990

[Fisch75], **Das große Fischer Lexikon in Farbe**, Fischer Taschenbuch Verlag GmbH, Frankfurt a. M, ISBN 3 436 02345 0

[Flatz91], **Ich bin schon eher eine Ratte**, *Ein Gespräch zwischen Justin Hoffmann und Flatz* , Herausgeber: Wolfgang Häusler, Bregenz, ARS ELECTRONICA, Linz, ISBN 3-900873-01-1

[Fourier], **Qualitätsmanagement im Chaos**, Dr. Fourier Unternehmensberatung, Hannover Tagungsband, Proceedings, QUALITY´93, Messe Stuttgart, S. 244-245

[Fromm], **Ethik und Politik**, Beltz Verlag Weinheim, *Erich Fromm*, ISBN 3 407 85604 0

[FROMME93], **Management von Projekten der Informationstechnologie**, Seminar IT-Projektmanagement ,Bodo J. Frommelt, Juni 1993, 8201 Gro karolinenfeld, FH Rosenheim

[GilPro87], **Vernetztes Denken im Management,** *Eine Methodik des ganzheitlichen Problemlösens* , Prof. Dr. Peter Gomez und Dr. Gilbert, J.B.Probst, Hochschule St. Gallen, 1987, Die Orientierung Nr. 89, Schweizerische Volksbank

[Glob93], Zeitschrift Supervisor Juni 19 3,**Global Village**, *Globally Integrated Village Environment* Bericht von *Franz Nahrada*, A-1010 Wien, Biberstr. 11

[GMO88], GMO Lexikon, **Ein ABC der Informationsverarbeitung und der Führungsberatung**, Gesellschaft für Management und Organisation FG, Hamburg 2/88

[Gramm89], *MMS - Die MAP-Applikationsdienste für die industrielle Fertigung,* M. Brill und U. Gramm, Elektronik *Heft 3 (S. 50-54), 4 (S.76-80), 5 S.98-102) und 6 (S.74-80), Franziz-Verlag GmbH, 1989*

[Hauß93], *Ulrich Haußmann,* **TQM-Naturgesetze bestimmen die Qualitätsorganisation**, Linde AG, Aschaffenburg Tagungsband, Proceedings, QUALITY´93, Messe Stuttgart, S. 236-243

[Hähn92], *Hähnel-W,* **Nur Standards sichern die SW-Investitionen. Zukuenftige Entwicklungen von komplexen Grossprojekten.** Verfasser: Hähnel-W.; Institution: Ruhrkohle Niederrhein, D., Quelle: Zeitschriftenaufsatz: Computerwoche Focus, (1992) Heft 2; Seite 24-26 (3 Seiten, 3 Bilder).

[Hofs91], *Douglas R. Hofstadter*, **Gödel, Escher, Bach**, *Ein endlos geflochtenes Band*, dtv/Klett-Cotta
ISBN 3-608-93037-X, ISBN 3-423-11436-3

[Jona84], **Das Prinzip Verantwortung**, *Hans Jonas*, Versuch einer Ethik für die technologische Zivilisation, suhrkamp
taschenbuch, ISBN 3-518-37858-7

[Kalo93], *Peter Kalokowski (Deutschlandfunk)*, **Technik und Angst**, Tagungsmanuskript zum Thema Technik und Angst
an der RWTH Aachen im Oktober 1993., Deutschlandfunk Tag für Tag, 25.10.1993

[Kofu91], **Kunfuzius Gespräche** (LUN-YU), Reclam Verlag Leipzig, ISBN 3-379-00004-3

[Kurbel, Strunz], **Handbuch Wirtschaftsinformatik**, C.E.Poeschel Verlag Stuttgart, Hrsg. Kurbel, Strunz
ISBN 3-7910-0499-9

[Lerner-E.], **Zukunftsorientierte DBMS-Konzepte. Wirtschaftliche Wege in die relationale Welt.** Zeitschriftenkurzaufsatz: Die Computer Zeitung, Band 23 (1991) Heft 22, Seite 9 (1 Seite, 1 Bild).

[LunYu89], **Konfuzius Gespräche. Lun Yu.**, Hrsg. u. übers. v. Wilhelm, Richard. 50.-52. Tsd, 1989. 224 Seiten, 4 Abb.
Diederichs Gelbe Reihe 22 'Diederichs, E /VM' Kt DM, ISBN 3-424-00622-X

[Malik81], **Management-Systeme**, Dr. Fredmund Malik, Hochschule St. Gallen, 1981, Die Orientierung Nr. 78,
Schweizerische Volksbank

[Mana], **technologie & management**
    A - Ausgabe 2/92, von Dietger Hahn, ab Seite 10
        Entwicklungstendenzen der strategichen Führung
    B - Ausgabe 4/92, von Kurt Detzer, Seite 25 bis 33
        Auf der Suche nach ethsicher Orientierung
    C - Ausgabe 4/92, von Zhai Lilin, Shanghai, Seite 36 bis 38
        Der Weg der goldenen Mitte - Eine Weisheit des Konfuzius
    D - Ausgabe 2/92, von Zhai Lilin, Shanghai, Seite 41 bis 45
        Yi Jing - Das Buch der Wandlungen: Von der Veränderung nach Maß
    E - Ausgabe 3/91, von Birgid S. Kränzle, Seite 38 bis 47
        Schlanke Produktion
    F - Ausgabe 3/92, Seite 48
        Physik - Natur - Verantwortung,
        "Wie Mensch und Welt sich in der Wissenschaft begegnen"
    G - Ausgabe 3/92, Buchbeschreibungen:
        Ganzheitlichkeit, "Auf der Suche nach dem ganzheitlichen Augenblick", Seite 49
        Postmans Technopol: "Das Technopol" von Neil Postman, Seite 46

[PC93], PC-Magazin 39/93 Mi. 22. Sept. 93., **Statistische Werte zur Tabellenkalkulation**, Seite 53

[Pfeif89], **Kompatibilität und Markt. Ansätze zu einer ökonomischen Theorie der Standardisierung**, *Pfeifer Günter*
H., Nomos Uni-Schriften, ISBN 3-7890-1857-0

[Plat], *Platon*, **Der Staat**, Wilhelm Goldmann Verlag, München, Goldmanns Gelbe Taschenbücher, Band 891, 892

[Popp77], *Karl R. Popper*, **Die offene Gesellschaft und ihre Feinde**, Francke Verlag, Bern, München, 1977
[Popp80], *Karl R. Popper*, **The Growth of Scientific Knowledge**, Vittorio Klostermann Texte Frankfurt am Main,
ISBN 3-465-01355-7

[GilGom], **Vernetztes Denken im Management**, Schriftreihe <Die Orientierung>,*Prof. Dr. Peter Gomez, PD Dr. Gilbert*
J.B. Probst

[Post91], **Das Technopol**, *Die Macht der Technologien und die Entmündigung der Gesellschaft*, Neil Postman, 1992,
Fischer Verlag GmbH, Frankfurt a. M., ISBN 3-10-062413-0

[Probst93], **Organisation**, *Strukturen, Lenkungsinstrumente, Entwicklungsperspektiven*, Gilbert J. B. Probst, mi-Verlag

[RAG93], **Daten über die DV-Rosenthal**, Zusammenstellung von Roland Biedermann 1993

[Reis], **Einführung in die Komplexitätstheorie**, von Karl Rüdiger Reischuk, B.G. Teubner Verlag Stuttgart
ISBN 3-519-02275-3

[roro89], Computerlexikon, rororo Verlag, 1989

[Röd89], **Prüfung von Software auf die Grundsätze ergonomischer Dialoggestaltung.** Verfasser: Rödiger-K-H; Piepenburg-U.; Institution: Forsch.gruppe f. Softwaretech. und Software-Ergonomie, Berlin, Hamburg, D. Konferenz-Einzelbericht: Berichte des German Chapter of the ACM, Band 32, Quelle (1989) Stuttgart: B.G. Teubner, Seite 163-173 (11 Seiten, 6 Tabellen, 6 Quellen), ISBN 3-519-02673-2.

[Rose], **Standard bringt Durchbruch fuer elektronischen Dokumentenaustausch.,** Unterlagen im einheitlichen, Datenformat. DIN-Institut will Normen künftig, im internationalen SGML-Datenformat anbieten. Verfasser: Rose-B., Quelle: Zeitschriftenkurzaufsatz: VDI-Nachrichten, Band 46 (1992), Heft 36, Seite 25, (1 Seite, 2 Bilder).

[Rose79]**, Die Rosenthal Story,** Hermann Schreiber (Menschen), Dieter Honisch (Kultur), Ferdinand Simoneit (Wirtschaft), Econ Verlag, Düsseldorf, Wien, ISBN 3 430 18049 X

[Rose90], **Geschäftsbericht Rosenthal AG '90**
[Rose92], **Geschäftsbericht Rosenthal AG '92**

[Saga93], *Carl Sagan, Ann Druyan,* **Schöpfung auf Raten,** *Neue Erkenntnisse zur Entwicklungsgeschichte des Menschen,* Droemer Knaur, ISBN 3-426-26-26207-X

[SAP91], **Geschäftsbericht SAP AG 1991**

[SAP93], **SAP AG, Postfach 1461, Max-Planck-Str. 8, 69190, (Postfach-PLZ: 69185)**
    A - Geschäftsbericht SAP AG 1991
    B - SAP-System R/3 Informationen 1992
    C - SAP Zahlen Daten Fakten 1992/93
    D - System R/3 Rechnungswesen
    E - System R/3 Logistik
    F - Mehr Transparenz durch gezieltes Informationsmanagement
    G - SIEMENS/NIXDORF R/3 LIVE, 1992, Best.Nr.: U9503-J-Z111-1
    H - SAP R/3 Mittelstand-Logo-Partner Stand 20. April 1993 /og
    I - System R/3 Architektur
    J -Funktionsbeschreibung R/2-RF, RA, RM, 1982, 1986, 1989

[Saun80], *P.T. Saunders,* **An introduction to CATASTROPHE THEORY,** Cambridge University Press, London, New York, Rochelle, Melbourne, Sidney, ISBN 0 521 23042 X hard covers, ISBN 0 521 29782 6 paperback

[SCHEER], **Wirtschaftsinformatik,** *Informationssysteme im Industriebetrieb,* Springer-Verlag, *ISBN 3-540-18703-0*

[Supp86], **MAP-Datenkommunikation in der automatisierten Fertigung,** *J. Suppan-Borowka und T. Simon,* Datacom, 1986 (2. Auflage)

[SVD89], **Standard-Software versus Eigenentwicklung,** SVD-Tagung 1989 (nur Kopien von Folien)., Zürich, CH, 17. Mai 1989, Institution: Schweizerische Vereinigung für Datenverarbeitung, Der Konferenz-Gesamtbericht enthält 5 Vorträge zu den Themengruppen:
    1. Standard- oder Individual-Software
    2. Bedeutung des Einsatzes von Standard-Software
    3. Warum Eigenentwicklung von Anwender-Software
    4. Realisation und Einsatz von Führungsinformationssystemen auf Basis der Standard-Software SAP
    5. Kombination von Standard-Software und Eigenentwicklung am Beispiel TRAVISWISS

Zürich, CH., Konferenz-Gesamtbericht: (1989) Seite 1-137(Nicht paginiert) (137 Seiten, Bilder, Tabellen, Quellen).

[TeleHaus93]
Informationsunterlagen des Telehauses, Telekommunikationszentrums Oberfranken e. V. (Tehlehaus), Bürgerreuther Str. 7a, 8580 Bayreuth
Die Entwicklung der Telekommunikation, Wirtschaftliche Herausforderung, Politische Konsequenzen Veranstaltung des Telekommunikationszentrums Oberfranken im Kloster Banz, 4./5.10.93
Mit folgenden Beiträgen:
Die Auswirkungen der Telekommunikation auf Wirtschaft und Gesellschaft als politische Herausforderung von *Eberhard Sinner, MdL*
Telekommunikation und Nutzerakzeptanz von *Norbert Kordey, empirica GmbH, Bonn*

[Völz82], *Horst Völz*, **Grundlagen der Information I**, *Theorie und Anwendung vor allem in der Technik* , Akademie-Verlag Berlin 1982, Akademie der Wissenschaften der DDR, Zentralinstitut für Kybernetik und Informationsprozesse,ISBN 3-608-93037-X. ISBN 3-423-11436-3

[Völz91], *Horst Völz,* **Grundlagen der Information**, Akademie-Verlag Berlin 1991, Zentralinstitut für Kybernetik und Informationsprozesse, Berlin (643 Seiten, 253 Bilder, 173 Tabellen), ISBN 3-05-500779-4.

[WRS93], WRS Verlag, Planegg, **Orga-Handbuch**, Organisations- und Musterhandbuch, Gruppe 8, Seite 35, Heft 1/93, ISSN 0942-0207

Abbildungs- und Tabellenverzeichnis

Formelverzeichnis

Abkürzungsverzeichnis

Index

Diplomarbeiten Agentur

Die Diplomarbeiten Agentur vermarktet seit 1996 erfolgreich
Wirtschaftsstudien, Diplomarbeiten, Magisterarbeiten, Dissertationen
und andere Studienabschlußarbeiten aller Fachbereiche und Hochschulen.

Seriosität, Professionalität und Exklusivität prägen unsere Leistungen:

- Kostenlose Aufnahme der Arbeiten in unser Lieferprogramm
- Faire Beteiligung an den Verkaufserlösen
- Autorinnen und Autoren können den Verkaufspreis selber festlegen
- Effizientes Marketing über viele Distributionskanäle
- Präsenz im Internet unter **http://www.diplom.de**
- Umfangreiches Angebot von mehreren tausend Arbeiten
- Großer Bekanntheitsgrad durch Fernsehen, Hörfunk und Printmedien

Setzen Sie sich mit uns in Verbindung:

Diplomarbeiten Agentur
Dipl. Kfm. Dipl. Hdl. Björn Bedey
Dipl. Wi.-Ing. Martin Haschke
und Guido Meyer GbR

Hermannstal 119 k
22119 Hamburg

Fon: 040 / 655 99 20
Fax: 040 / 655 99 222

agentur@diplom.de
www.diplom.de